教育部高校思想政治专项项目一类项目（14JDSZ1015）

自媒体
话语权研究

许 哲 著

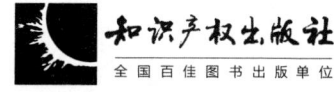
知识产权出版社
全国百佳图书出版单位

图书在版编目（CIP）数据

自媒体话语权研究/许哲著. —北京：知识产权出版社，2018.8
ISBN 978-7-5130-5796-7

Ⅰ.①自… Ⅱ.①许… Ⅲ.①传播媒介—舆论—研究 Ⅳ.①G206.2

中国版本图书馆 CIP 数据核字（2018）第 195985 号

责任编辑：刘　江　　　　　　　责任校对：潘凤越
封面设计：SUN 工作室　　　　　责任印制：刘译文

自媒体话语权研究

许　哲　著

出版发行：	知识产权出版社有限责任公司	网　　址：	http://www.ipph.cn
社　　址：	北京市海淀区气象路50号院	邮　　编：	100081
责编电话：	010-82000860 转 8344	责编邮箱：	liujiang@cnipr.com
发行电话：	010-82000860 转 8101/8102	发行传真：	010-82000893/82005070/82000270
印　　刷：	北京嘉恒彩色印刷有限责任公司	经　　销：	各大网上书店、新华书店及相关专业书店
开　　本：	720mm×960mm　1/16	印　　张：	16.75
版　　次：	2018 年 8 月第 1 版	印　　次：	2018 年 8 月第 1 次印刷
字　　数：	272 千字	定　　价：	60.00 元
ISBN 978-7-5130-5796-7			

出版权专有　侵权必究
如有印装质量问题，本社负责调换。

序

刘同舫[*]

21世纪,人类社会已经逐步步入虚拟社会,尤其近几年来自媒体的出现加速了这一进程。我国的经济社会发展也进入了"新常态",机遇与挑战并存,农耕文明、工业文明和信息文明在社会生活各领域交相辉映,激辩、问题与争鸣也层出不穷,需要当下的人文社会科学学者更加主动地探讨、理性地分析、科学地应对,为社会主义初级阶段的治理出谋划策,为人民福祉的提升贡献更多见地。自媒体话语治理这一领域,与政府关切、民间关注都具有密切的联系,与顶层设计、社会治理有密切的聚合,与理论创新、实践创新有紧密的碰撞,需要更加强调"理论自觉""开拓创新"和"求真务实"。而这也必须成为人文社会科学学者在进行理论探索与社会实践过程中时刻铭记的重要遵循。

许哲是我指导的2015级博士生,研究方向是网络治理与网络思想政治教育。他有文理交叉的学科背景和学术优势,又有长期在一线工作的实践经验。他结合自身的实践积累,选择了一个具有时代意义的议题——自媒体话语权治

---

[*] 刘同舫(1966~),湖北天门人,法学博士,教育部长江学者特聘教授,浙江大学马克思主义学院院长、教授、博士生导师、一级学科带头人,浙江大学"文科领军人才"。享受国务院政府特殊津贴,入选国家高层次人才特殊支持计划("万人计划")领军人才、全国文化名家暨"四个一批"人才、"国家百千万人才工程"国家级人才,被授予"国家有突出贡献中青年专家",获评全国"高校思想政治理论课教师年度影响力标兵人物",入选广东省委宣传部"宣传思想文化领军人才"和"十百千工程"优秀人才。在《中国社会科学》《哲学研究》《教育研究》《马克思主义研究》《光明日报》《人民日报》等发表论文200余篇,其中在《中国社会科学》发表7篇,被《新华文摘》等转载54篇;出版学术专著、译著、教材15部;主持国家社科基金项目4项、省部级项目11项,优秀等级结题6项,免于鉴定2项;获教育部人文社会科学研究优秀成果奖2项,省哲学社会科学研究优秀成果奖5项;入选"国家哲学社会科学成果文库"1项。

理——进行相关学术研究。我国已经成为世界网络第一大国，拥有全世界数量最多的网民。由于新技术对于每个话语主体的赋权，以自媒体为代表的技术革命正极大地改变着人类话语的版图。自媒体等网络技术对全体国民的世界观、人生观和价值观产生了巨大的影响。

中共中央先后召开了文艺工作座谈会、新闻舆论工作座谈会、网络安全和信息化工作座谈会等，这些会议对于以自媒体为代表的媒介话语权给予了高度重视。在实际宣传工作中相关部门也作出了一些适应性的变革，形成了一套初见成效的经验做法。但是这些做法基本停留在经验积累的层面，需要提升至理论的高度。针对如此崭新的实践以及理论现状，如何既有理论高度，又有实践宽度地进行研究，是社会科学必须面对的一个时代命题。

在这方面，许哲费了不少时间，花了很多心思、下了大量功夫。他在刚入学时就曾与我交流此议题，而后对此一直思考，不断深挖。本书在理论上，从自媒体话语复杂多元的现状出发，以复杂性科学为基调，结合与此一脉相承的自组织理论、治理理论、微观话语权理论和传播学理论等多学科知识，对自媒体话语的困境和原因进行探讨。在话语权建构路径上，他以困境与原因为出发点，将各种理论灵活运用于解决实践问题之中，体现了较高的理论素养和解决实践问题的能力。他的研究在同类研究中具有一定的前瞻性和创新性，可以为相关议题的进一步研究提供参照、借鉴乃至批评的"靶子"，也具有一定的实际参考价值。

学术研究是一个凤凰涅槃，不断自我否定与完善的过程。许哲在本书撰写过程中，常与我分享其在研究上取得寸进的喜悦、摸索中突破瓶颈的快感。虽然这一领域变化迅速，必须与时俱进，但是他因为喜欢而乐于其中。诚然，兴趣是最大的动力。缺失了兴趣与爱好，是无法将碎片化的时间与精力凝聚于一点之上不断推动研究，将孤独的苦修视为一场享受的旅程的。也许因为他时间上较为仓促，精力上较为有限，本书仍存在一些不足之处。例如，本书借用了大量传播学、政治学、管理学等学科的学术语言，未能完全将其融汇于某一学科之下，采用较为通俗的言语加以阐释。在对策相关章节中，对于具体做法的建构跳跃性较大，不是十分明晰。在现有研究的基础上，可以进一步明晰话语引导的目的。毕竟，话语技术不能替代话语本身。而这些，也是本书付梓之后，相关研究还可进一步完善与深化的地方。

前　言

近年来，随着网络信息技术的进步，自媒体已经成为当下大众的主要信息来源。人们通过各种自媒体平台获取的信息越来越多，通过传统课堂教育、大众媒介所获取的信息越来越少。自媒体话语呈现出主体平等化与去中心化、内容个性化与小众化、形式多元化与碎片化、传播即时化与社区化、媒介草根化与跨界化的特点。传统媒介话语权作为统治阶级有组织、有目的、有计划对社会成员思想道德以及行为准则施加影响的活动，与自媒体话语环境存在一定的矛盾。在这种背景下，传统话语权面临一系列的困境。为了在新的媒介环境下掌握意识形态工作的主动权，维护国家意识形态的安全，我们必须加强自媒体话语权相关理论以及实践的研究。

本书运用多学科的理论以及知识，分析自媒体话语的复杂性现状，探求传统话语权面临的困境及其原因，寻求自媒体语境下媒介话语权的建构策略。

首先，本书梳理自媒体话语权的基本理论。在明确自媒体与话语权相关概念的基础上，分析它们之间的关系：一方面它们具有结构上的内在统一性；另一方面自媒体凸显了自媒体话语权采取微观复杂性视角的必要性。

其次，探索在微观复杂性视角下自媒体话语权运行的规律。话语权受自媒体影响，具有微观动力学的显著特征：一为协同性，通过微观个体竞争合作过程进行话语生产；二是自主性，由个体自主决策与行为，推动话语系统的发展；三是有序性，微观权力在微观上似乎是无序的，宏观上却是有序的。

再次，本书探讨自媒体话语权的困境和原因。以话语形成三要素（表达的资格、表达者的地位和表达的空间）为框架，分析自媒体话语权所面临的困境：话语权失落、话语主体地位更迭以及话语空间泛化。然后与以上困境一一对应，分析自媒体话语权困境的原因：其一，过度脱媒化，统治者不再垄断话语权，其话语中介职能瓦解；其二，过度自媒化，受众的自我赋权让其话语游离于主流话语之外；其三，过度泛媒化，封闭的话语空间被开放的泛媒介化生活所取代，造成公共领域私人化以及私人领域公共化。

最后，构筑自媒体话语权建构策略。第一，话语再中介化。通过培育外在条件、建构动力机制、建立引导机制，推动话语平台良性发展。第二，教育自主化。采用群体自我教育法，在伦理以及法律底线之上，建立宏观约谈引导、中观行业自治、微观平台自律的自我教育机制。第三，时空有序化。建构时空有序化的具体策略：一是在时间上通过碎片化整合营销传播促进话语时间有序演化。二是将空间分为三类：在物理空间上通过场景营销、仪式再造的方式进行虚拟场景空间的规训；在精神空间上把握话语的自相似分形规律以及超循环规律进行话语引导；在社会空间上改进空间规训技术，以逐步摸索自媒体内容分级制度以及主体分级制度。

通过以上策略重构话语中介平台，构筑话语主体自治机制，并利用自媒体话语传播的时空规律的方式进行话语治理，方可能在自媒体多元化、碎片化的语境下引导自媒体话语进行自组织进化，从而发展出符合要求的自发话语秩序。

目 录

绪 论 ……………………………………………………………………（1）

 第一节　研究背景与研究意义 …………………………………（1）
  一、研究背景 ……………………………………………………（1）
  二、研究意义 ……………………………………………………（2）
 第二节　研究综述与评析 …………………………………………（4）
  一、国外研究现状 ………………………………………………（4）
  二、国内研究现状 ………………………………………………（5）
 第三节　研究思路 …………………………………………………（6）
 第四节　研究方法与创新尝试 ……………………………………（9）
  一、研究方法 ……………………………………………………（9）
  二、创新尝试 ……………………………………………………（12）

第一章　自媒体话语权基本理论 ……………………………………（13）

 第一节　自媒体概述 ………………………………………………（13）
  一、自媒体的概念 ………………………………………………（13）
  二、自媒体的特征 ………………………………………………（15）
  三、自媒体的形态和发展 ………………………………………（17）
 第二节　话语权界定及其理论发展 ………………………………（20）
  一、话语权的内涵 ………………………………………………（20）
  二、自媒体话语权的内涵 ………………………………………（22）
  三、自媒体话语权的特征 ………………………………………（23）
  四、话语权理论的发展 …………………………………………（28）

第三节 自媒体与媒介话语权的关系 …… （30）
  一、自媒体凸显话语权的微观视角 …… （30）
  二、自媒体凸显话语权的复杂性视角 …… （34）

第二章 自媒体话语权运行规律 …… （40）
第一节 自媒体话语系统的竞争协同性 …… （41）
  一、竞争激发系统活力 …… （41）
  二、协作放大竞争效果 …… （42）
  三、竞争协作推动系统发展 …… （43）
第二节 自媒体话语主体的行为自主性 …… （43）
  一、自媒体充分竞争决定文化上自我与自在 …… （44）
  二、自媒体开放自由决定伦理上自主与自治 …… （46）
  三、自媒体多元互动决定过程中自决与自觉 …… （47）
第三节 自媒体话语系统的宏观有序性 …… （48）
  一、自媒体话语系统的时间有序性 …… （49）
  二、自媒体话语系统的空间有序性 …… （53）

第三章 自媒体话语权的困境 …… （58）
第一节 传统话语权失落 …… （59）
  一、传统话语权实施乏力 …… （60）
  二、传统话语权权威消解 …… （62）
第二节 传统话语主体地位更迭 …… （69）
  一、二元对立模式被打破 …… （70）
  二、受众话语权崛起 …… （71）
  三、受众话语权滥用 …… （74）
第三节 传统话语空间泛化 …… （80）
  一、话语权传播封闭格局瓦解 …… （80）
  二、话语权中心控制模式消亡 …… （85）

第四章　自媒体话语权困境归因 (93)

第一节　话语中介瓦解 (93)
一、科层组织中介功能崩溃 (94)
二、大众媒介中介功能式微 (100)

第二节　话语主体游离状态加剧 (105)
一、自我封闭导致意见极端 (106)
二、兴趣沟通形成信息闭环 (110)
三、空间碎片化引起规训低效 (119)
四、个体原子化导致道德失灵 (126)

第三节　公私边界消解 (130)
一、话语权与公私领域的界限 (132)
二、公共领域私人化 (137)
三、私人领域公共化 (139)

第五章　自媒体视域下话语权建构策略 (142)

第一节　推动话语平台良性发展 (142)
一、培育良性发展的外在条件 (143)
二、建构良性发展的动力机制 (161)
三、建立良性发展的引导机制 (177)

第二节　引导话语主体自我教育 (198)
一、自我教育机制的建构原则 (199)
二、底线伦理及法律规制机制 (201)
三、宏观约谈引导机制 (207)
四、中观行业自治机制 (209)
五、微观平台自律机制 (211)

第三节　促进话语时空有序演化 (215)
一、促进话语时间有序演化 (216)
二、促进话语空间有序演化 (227)

结　论 …………………………………………………………（247）

参考文献 …………………………………………………………（250）

后　记 …………………………………………………………（254）

绪 论

第一节 研究背景与研究意义

一、研究背景

随着互联网技术的发展，无论一般的草根民众还是社会精英，都不约而同地步入自媒体时代。自媒体最典型的特征为"人人都是通讯社、人人都有麦克风"。其在技术上鼓励共享，个体在接收信息的同时可以方便地发布并同时传播自己的观点，通过数字科技将个体与全球知识体系对接。所以，自媒体具有区别于传统媒介的显著特征：在主体上体现平等化与去中心化，在内容上呈现个性化与小众化，在形式上凸显多元化与碎片化，在传播上表现出即时化与社区化，在载体上显示草根化与跨界化。而这些特点对于传统话语权的主体地位、话语权威、传播效果都有所削弱，给话语权建构带来严峻的挑战。

在新形势下，中共中央先后召开文艺工作座谈会、新闻舆论工作座谈会、网络安全和信息化工作座谈会、全国高校思想政治工作会议。在这些会议中，以自媒体为代表的媒介话语权备受重视，相关会议提出：在新闻舆论工作中，要坚持党性原则，坚持马克思主义新闻观，坚持正确舆论导向；在网络与信息化建设中，要发挥网络引导舆论、反映民意的作用。以习近平同志为核心的党中央已经意识到自媒体时代话语权所面临的重大挑战，并将其提到重大工作的议程上来。习近平主席亲自担任中央网络安全和信息化领导小组组长，并在全国宣传思想工作会议上强调："根据形势发展需要，要把网上舆论工作作为宣传思想工作的重中之重来抓。"❶ 可见，坚持把握网络宣传工作的领导权、管理权，牢牢把控媒介话语权，是加强马克思主义意识形态主导地位，巩固全党全国各族人民团结奋斗的局面，实现中华民族伟大复兴的共同思想基础的重要保障。

二、研究意义

随着我国成为世界网络第一大国，以自媒体为代表的众多新兴技术极大改变了青年一代的话语行为并深刻影响其世界观、人生观、价值观。在此背景下，我国宣传工作已经做出一些适应性的变革，建立了一套有效的经验做法，取得了初步成效。但是，目前很多做法依旧停留在技术以及经验的层面，仍未上升到科学以及理论的层面。所以，本书尝试对自媒体话语权相关问题进行总结、提炼与规划。

1. 理论价值

话语权理论以及传播学理论在自媒体时代遇到诸多困境与挑战，探求其中的原因以及应对之策具有十分重要的理论价值。

（1）有利于把握媒介话语权的微观规训本质。自媒体话语权在本质上是微观权力的规训，微观权力论总的方法论原则是反基础主义、反本质主义，主张从权力内部微观元素生成以及相互协调的关系角度把握宏观上的权力结构。这一立场，与协同动力学方法论反对静力学的思维方式，主张重点研究系统中各部分如何以协调一致地合作来产生整体结构的方法论原则是一致的。自媒体为话语权的微观规训提供了去中心化、动态化、微观化的理想环境。相反，传统宏观话语权已经无法适应自媒体时代的要求。所以，自媒体语境下的话语权应该是一种微观权力，应该按照微观权力运行的话语规律进行。

（2）力求寻找建构自媒体语境下媒介话语权的有效策略。随着信息科技的发展，话语权面临转移与重新分配的局面。受众直接暴露在以社交网络为依托的自媒体辐射范围内，不考虑媒介环境而单纯讨论封闭以及静态下的传统话语权已经没有意义。不仅如此，全社会话语权也面临同样的困境与挑战：统治

---

❶ 把网上舆论工作作为宣传思想工作的重中之重［R/OL］.（2013-10-31）[2018-06-15]. theory.people.com.cn/n/2013/1031/c40537-23387807.html.

者所垄断的话语权格局被打破，话语权由传统单向、线性的模式转变为双向、互动的微观权力模式。可见，自媒体时代的到来对话语权在内容以及形式上都提出全新要求。因此，本书力求突破在某一具体空间的限制，而从媒介角度分析自媒体时代话语权困境的表现及其原因，并在归因的基础上建构自媒体话语权的有效策略。

（3）力求把握网络话语权理论的复杂性。其一，话语权的实现在本质上是复杂的。当下主流话语的实现并不理想，原因在于其试图将一个简单的理论框架强加于复杂的媒介传播过程之上的理论冲动，忽视了话语的实现本质上是一个复杂的教育过程。其二，受众是复杂的。人作为一种社会性关系的存在具有主观能动性和自主选择能力，是最复杂的因素，兼具开放性、封闭性、个体（差异）性、主观性、多元性、偶然性。其三，媒介环境是复杂的。宣传引导不是单向的过程，个体内部要素的自我完善需要与外界双向的信息和物质交流，受各种复杂环境的影响。网络社会为个体提供了一种虚拟的自然环境与社会环境体验，其信息和物质交流影响却是真实的，而且日益成为个体信息的主要供体。现实环境本质上是复杂的，网络社会中尤其社交网络领域的去中心化、及时性、碎片化的特征使得网络舆论环境更加呈现一种无中心的复杂面相。其四，话语实现过程是复杂的。自媒体话语的实现过程本身就是一种舆论引导过程，具有时空复杂、引导过程和结果复杂、衡量目标复杂等特性。复杂性科学提供了一个崭新的视角，将其引入话语权领域，有助于人们从本质上把握话语权实现过程的特点和规律，运用非线性思维、坚持开放性、把握整体性、发挥自组织自我演化功能，以求达到提高话语规训的目的。

2. 实践意义

信息化时代，研究如何在纷繁复杂的自媒体平台上建构有效引导的话语权，将具有十分重要的实践意义。

（1）有益于掌握宣传工作的主动权。在信息化社会，探索自媒体话语传播的特点，在自媒体平台上加强宣传教育工作，有利于提升我国政府机关掌握话语权的主动性，有利于提升我国社会主义主流思想实践的有效性，从而掌握宣传工作在自媒体时代的主动权。

（2）有利于保障我国意识形态领域的安全。当今社会网络快速发展，以自媒体为代表的网络平台也逐渐成为意识形态斗争的主阵地。自媒体在话语场域中的迅速发展，严重冲击原有思想的防御能力，在相当程度上削弱党在意识形态领域的话语能力，稀释了主流话语建构的效果。因此，开展对自媒体话语权建构的相关研究，对于在新的话语形势下，保障意识形态领域的安全具有十分重要的意义。

第二节　研究综述与评析

一、国外研究现状

国外一直以来对话语以及话语权相关研究十分重视，对其探索经历了逐步深入的发展过程。

"话语"（discourse）源自语言学范畴，论述源自古希腊时期亚里士多德、柏拉图关于修辞和诗歌的著作，而后逐渐泛指在特定社会语境中人与人之间交流沟通的具体言语行为。19世纪中叶，话语研究逐渐系统化。随着学科交融的发展，话语蔓延到哲学、法学、人类学等众多领域。在话语研究的理论中，较有代表的有"对话理论"（巴赫）、"语言是存在的家"（海德格尔）、"言语行为理论"（奥斯丁）等。在话语权理论中，具有代表性的有"文化霸权理论"（葛兰西）、"交往理论""合法化理论"（哈贝马斯）、"权力话语"（福柯）。他们都视话语为"力量"。除此之外，"泛符号化"理论（罗兰·巴特）、"仿像"理论（鲍德里亚）等也极大地丰富了话语权研究。

话语的研究离不开其与社会权力互相缠绕的关系，话语权从话语与权力的关系出发，意指通过说话来控制行为和舆论的权力，是话语潜在的现实影响力。在众多话语权理论中，福柯的"权力话语"理论是颇具影响力的，其首先将权力引入话语范式。话语是其最基本的理论分析工具，福柯认为话语并非仅仅反映了控制及其斗争的关系，其本身也是一种斗争，是"为了话语及用话语而进行的斗争"，因此，话语"乃是必须控制的力量"。[1] 他将话语与权力

---

[1] 米歇尔·福柯. 话语的秩序［A］//谢立中编. 西方社会学经典读本［M］. 北京：北京大学出版社，2008：787-810.

统一于话语权这个概念中。在他的理论中,话语权是以话语为载体的工具。他通过对现代社会微观权力规训机制的研究,关注权力与知识的关系,探究权力如何通过话语展现,以及如何以各种规训手段渗透社会各个角落。

英国费尔克拉夫的著作《话语与社会变迁》❶继承发展了福柯的许多话语理论,他对于话语的研究更加贴近真实的权力。与福柯不同的是,他认为话语作为一种意识形态的实践活动,在一定程度上建构甚至改变世界的意义。政治实践性的话语不仅仅作为权力斗争的方式,更重要的是权力斗争的场所。在实践过程中话语斗争的焦点是习俗本身以及表达这些习俗与权力的话语方式。

西方对"话语"及"话语权"的研究具有较强的开拓性,为本书提供了极佳的理论借鉴。本书将在吸收相关话语权理论的基础上探讨新媒体话语权的建构。

二、国内研究现状

在有关话语权的一般研究上,依据在中国知网上的检索结果,2004～2017年各年度关于"话语权"的研究数量分别为151、294、503、511、583、687、805、745、688、709、780、827、892、941,可见国内对于话语权的研究随着个体对自我权益的关注呈现稳步上升的趋势。这是社会经济发展个体对自我权益关注逐步提升的必然结果。就研究视角而言,相关学术论文涉及哲学、管理学、经济学、法学、文学、教育学、政治学、国家关系、社会学、传播学、语言学等众多学科,成为众多学科无法绕开的研究视角。就研究侧重点而言,这些研究主要分为两个阵营:其一,以学科为立足点,以话语权为视角,以学科相关关键词为研究重点。如《国际关系研究话语权之争》一文,即以国际关系学科为立足点,围绕"国际关系"这一关键词展开,探索在国际关系中我国话语影响力的提升之道。❷ 其二,对话语权自身的理论以及实践的研究,如冯广艺的《论话语权》一文,从话语权分布的类型入手论述话语权的重要

---

❶ 费尔克拉夫. 话语与社会变迁 [M]. 殷晓蓉,译. 北京:华夏出版社,2003.
❷ 陈小鼎,王亚琪. 国际关系研究的话语权之争 [J]. 国际安全研究,2013 (5):108-124.

性。❶ 这两种研究都为话语权的进一步研究奠定了坚实的基础。

第三节 研究思路

本书以微观话语权理论的话语形成三要素（表达的资格、表达者的地位和表达的空间）为框架，分析意识形态话语权的困境在教育主体（去中介化，即脱媒）、教育对象（过度自媒化）以及话语空间（过度泛媒化）的三方面表现，以此三方面为出发点，分别探索话语困境的原因、对应的自媒体话语权的特质以及建构策略，形成较为清晰的逻辑进路（见图 0-1）。

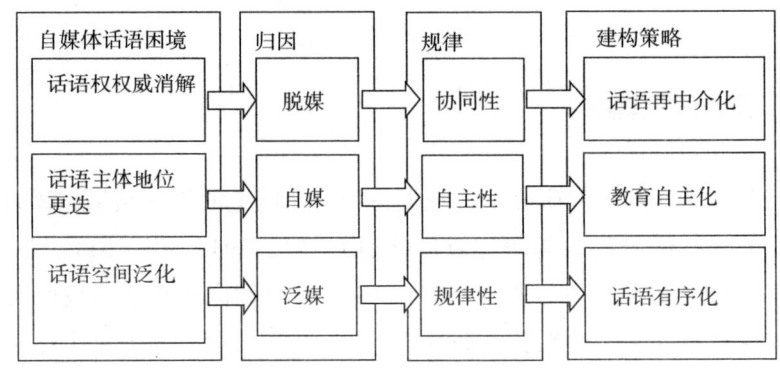

图 0-1 研究思路

第一步，首先分析以下基础概念与范畴：自媒体的内涵、形态与发展以及时代特征；话语权的内涵、自媒体话语权的内涵、自媒体话语权的特征。在分析相关内涵与关系的基础上，进行逐步研究。

第二步，自媒体视域下话语权的困境。微观话语权理论认为，话语即权力。其多元、去中心化、弥散化的权力状态与自媒体时代话语去中心化、小众化、碎片化、多元化的话语形成分布格局相契合。本书尝试以微观话语权理论为工具进行话语权研究，以福柯微观话语权理论中的话语理论三要素（表达的资格、表达的地位和表达的空间）为出发点，逐步分析自媒体时代话语权

---

❶ 冯广艺. 论话语权 [J]. 福建师范大学学报（哲学社会科学版），2008（4）.

存在的困境：其一是话语权威消解，传统意识形态话语权的失语与失落；其二为话语主体地位更迭，大众话语权的觉醒与失范；其三为话语空间泛化，自媒体话语形成过程的外溢与失序。

第三步，自媒体视域下传统话语权困境归因。与以上三大困境一一对应，分析困境形成的原因：其一为话语中介的瓦解（去中介化），话语必须通过一定组织中介进行生产与传播，自媒体发展造成话语的去中介化（金融学、传播学称为"脱媒"）。这种困境在微观上表现为组织内部科层组织模式的困境，宏观上表现为社会组织之间中介的困境——工业社会的话语中介为大众媒介，大众媒介的中介功能在自媒体时代存在失真困境、过滤困境以及超载困境。其二为话语主体游离状态加剧。类似于新教徒无须通过神职人员、宗教组织自身便可以直接与上帝进行沟通，脱离了宗教组织的束缚，自媒体技术让所有个体无须通过组织或者大众媒介就可以进行话语生产与传播，这实质上是技术对个体的赋权。这导致话语主体相对于传统组织游离状态的加剧（传播学中称为"自媒化"，意为以自己为媒介或中介）。而这具体表现为自媒体话语的混乱状态：群体极化、信息茧房、话语分裂以及权责失衡。其三为话语封闭空间解体，公私边界消解。技术的进步导致媒介的泛化（传播学上称为"泛媒介化"，即"泛媒"），表现为媒介种类、数量不断增加，以及随着传感器、物联网、智能家居以及智能穿戴设备对日常生活的渗透，"万物皆媒"的时代到来，"媒介"与"非媒介"的界限模糊。媒介泛化导致传统将公共领域与私人领域区分开来的界限消解。封闭空间的解体表现为一方面公共领域私人化，以郭德纲师徒恩怨引发全民大讨论为例，公共生活被大量个人话题所挤占，导致公共生活空间被私人领域挤占而缩减；另一方面为私人领域公共化，以王宝强之妻马蓉出轨为例，个人的隐私受到侵犯乃至贩卖。

第四步，自媒体话语权的生产传播规律。在分析困境及其原因之后，必须进一步探究意识形态话语权的运作规律，才能进行有的放矢的建构。

自媒体时代的话语权必须与自媒体生产传播规律相适应而实现微观转向。传统媒介规训的过程中，由于技术的局限，教育对象的位置、过程、效果、需求都是难以获知的，例如编辑很难得知读者有什么个性，他/她在书本的什么地方折上了一个角，画了一个什么样的记号，所以只能追求宏大叙事进行意识形态的暴力压制。自媒体时代下，所有个体的行为由于被数字化，对行为的监视、记录、归类、建模、分析使对个体行为作出精确诱导成为可能。话语的规训从"扫射"转化成精确制导的"点杀"。看起来似乎所有个体都是其自身基于自主意识而作出的选择，其个体行为只是基于大数据的刺激而作出的应激反应或者条件反射。从这种意义上讲，个体犹如牵线木偶一般，是可操控的。随着数据的积累，对个体规训的精确制导将在不断的循环反馈中越来越精确，这将不断强化规训的结果。

从运行规律上看，自媒体时代的话语权具有微观的协同动力学特质。微观权力理论否定了权力的实体意义，强调以"力量关系的术语来思考权力"。[1] 它另辟蹊径，透过权力的动力学模式以解析权力复杂体系中各差异个体间的竞争（战争）与协同状态（协同性）。在权力结构似乎静止平衡的表面之下，个体发挥能动性在特定微观动力学模式中冲突、合作、竞争（自主性）。自媒体视域下的规训真正实现了从宏观向微观的转向，通过考察微观层面权力个体间相互作用，可从宏观上把握自媒体话语领域的话语规律（规律性）。因为这个系统能在无外力直接干涉的条件下，自行从无序走向有序，从低级有序走向高级有序，所以其具有自组织性。

第五步，自媒体视域下话语权建构策略。与自媒体话语权的三大困境（话语权的去中介化、话语主体游离状态加剧、话语封闭空间解体）相对应，建构自媒体话语领导权。

其一，话语再中介化。面对话语中介的瓦解，新制度主义认为应该将组织内部的强关联关系变为弱关联关系，采取"脱耦"策略。自媒体话语权的建构应该抛弃既往封闭的、企图"搞定一切"的"微软模式"（对应"计划经济"模式），而采用苹果APP商店或者安卓市场的"经营城市"模式（对应"市场经济"模式），只需要经营好话语平台，以话语平台为中介，让各话语主体跟随平台中介引导的方向竞争与协同，便可以类似市场经济发展模式一样实现话语场域的繁荣，同时实现话语权的领导。再中介化的措施包括：第一，培育有序竞争的外在条件，其主要研究如何保证系统开放，如何培育系统的活力，如何引导系统的演化以及如何构建系统发展的非线性机制。第二，建构有序竞争的动力机制。通过竞争与协同的方式构建有序竞争的动力机制。以协同

---

[1] 米歇尔·福柯. 必须保卫社会［M］. 钱翰，译. 上海：上海人民出版社，1999：249.

机制为例，如何设计人才与资本融合、媒介融合的协作机制是重中之重。第三，建立有序竞争的引导机制。传统媒介话语采用封闭、单向的模式已经不适应自媒体话语传播现状。自媒体传播场域是具有开放性、平等性、竞争性的信息自由市场。在信息市场中，应该以话语受众为中心：首先以使用与满足理论为基础，吸引并引导受众主动参与信息生产与传播；其次通过诱导受众行为以实现个体规训，从内在因素出发通过生理以及心理因素引导个体欲望，从外在因素出发营造群体环境激励或压制个体行为，从营销角度出发通过话语营销行为培育用户忠诚度；最后还可以通过流程再造，例如通过类似滴滴打车评价、跑步分享排行榜等游戏化生存的方式为话语行为设置虚拟场景，并赋予其意义的泛游戏化方式进行规训。

其二，治理自主化。培育自媒体使用主体的自治机制。首先，通过理论以及实践两个角度证明话语自由竞争的市场机制拥有自我净化的机制。其次，建构话语自我净化的自治机制：第一，宏观上建立"威权弹性治理"模式，总结网信办"约谈式"治理自媒体行为乱象的成绩与可改进之处；第二，中观上规范行业自治的机制；第三，微观上完善平台自律的自治。

其三，空间有序化。把握媒介话语有序演化的话语规律。在时间规律上，探索如何整合碎片化时间的"整合营销术"。在空间规律上，除了话语演变的分形结构方法外，探索如何基于微观话语权的规训空间技术促进空间有序化。

第四节 研究方法与创新尝试

一、研究方法

本书试图以复杂性科学的方法论为框架，❶ 在微观权力理论、系统分析方法、自由秩序理论、自组织理论以及治理理论一脉相承的复杂性理论框架内，力求将自组织理论、文化学理论、教育学理论、复合系统理论、信息论方法、行政管理方法等有机结合起来，将管理学、教育学、新闻学与传播学、社会学

---

❶ 郑永廷等．思想政治教育方法论［M］．北京：高等教育出版社，1999：175-180．

等多门学科统一于综合教育法的"多维理论分析构架"中。

1. 复杂性科学方法

经典科学认为事物之间的关系是单向直线的因果关系，通过严格的客观规律可以预测任何事物。这种观念长期以来误导着人们。复杂性科学是在人类社会和技术越来越复杂的背景下对经典科学反思中产生的。它突破了简单描述客观事物的局限，而对事物构成原因和演化过程进行更加真实的展示，从而发展成为一种全新的科学研究方法论。

对事物复杂性的探索和应用是复杂性科学的基本使命。复杂性科学的具体研究方法包括隐喻方法、模型方法、数值方法、计算方法、仿真方法、综合集成方法等。这些方法具有以下的特点：第一，实践优位的立场，将旧唯物主义"主客二分"的认识论困境加以破除，在"实践—认识"的主客体循环互动过程中得以推进研究以及实践。第二，兼容并包的思路，在复杂性的背景下对传统的各种研究方法进行超越，在坚持的前提下超越整体论和还原论。第三，文理交叉的优势，将人文主义与科学主义两种截然不同的方法论体系加以融会贯通。❶

在笔者看来，复杂性科学更重要的方面是为人们的理论以及实践探索提供了一种崭新的世界观和方法论，在这种世界观和方法论的指引下，任何复杂系统都具有以下特征：

第一，非线性。与传统机械连接的线性联系相区别，复杂性系统是非线性的有机动态系统。复杂系统内部各要素相互联系、相互影响、相互制约。在非线性作用下，任何细微变化都可能对整个系统产生极大影响。

第二，开放性。开放是复杂性系统活力的来源。复杂系统只有在与环境进行物质、能量与信息交换，才能保持内部各要素逐渐从低级向高级，从无序向有序的进化。

第三，整体性。复杂系统内部各要素是有机联结的，整体大于各部分之和，整体具有部分所不具有的特性。内部各要素不能被机械地分解。如果为了分析方便可以将子系统进行单独研究，但是必须将其置于系统整体的背景之下。

---

❶ 武杰，刘煊，孙雅琪．复杂性科学的主要方法及其基本特征［J］．系统科学学报，2016（11）：28-30．

第四，自组织性。系统内部诸要素能在不受外部力量干扰的前提下进行自我调节和自我净化。在既竞争又协同的作用之下，系统保持一种自我进化的态势，从而导致系统的功能性以及秩序性增强。

以上这些特征，有助于我们重新解读媒介话语系统的复杂性并将其运用于实践。[1]

2. 系统分析方法

系统分析方法是将需要解决的问题视为一个整体系统，综合分析系统诸要素，并寻找解决问题的可行性方案的方法。兰德公司作为世界顶级的咨询公司，将系统分析作为在不确定情况下对问题的缘由以及本质进行确定的研究策略。它能在复杂多变的环境下将咨询目标加以明确，挖掘各种具有可能性的方案，依据一定标准比较以上方案。通过这种系统分析法能够从复杂环境和复杂问题中进行较为科学的决策。所以，系统分析方法是在复杂性科学的框架内进行的具体咨询决策方法。

系统分析方法一般依据以下的步骤：目标确立、模型建立、系统优化、系统评价。在进行系统分析的过程中必须结合内部条件与外部条件、长远利益与当前利益、整体利益与局部利益。总体而言，系统分析方法就是结合各种可行性方案，分析各种变量要素以及它们之间的关系，确定方案然后进行评价、选择以及优化。

3. 跨学科研究法

跨学科研究法也称为"交叉研究法"，是综合运用多种学科的方法、理论和成果对某一课题进行综合性研究的方法。在科学技术快速发展的当下，学科知识在高度分化发展的过程中同时又高度融合成为统一的整体。目前，网络尤其是自媒体话语发展的问题涉及多视角、多学科，对其进行理论以及实践探讨绝对不可能局限于某一个甚至某几个学科中。

当下自媒体话语权面临诸多重大挑战，这些挑战不是某学科可以单独予以阐释和解决的。从多学科的角度开展综合性的研究，方可能在把握整体性、系统性的基础上提升研究的有效性。本书力求学习并借鉴传播学、社会学、人类学、政治学、经济学、管理学、教育学等多个学科领域的知识。根据自媒体话

---

[1] 张浩. 复杂性科学方法在思想政治教育中的应用 [J]. 理论与改革，2011 (5)：108-110.

语研究的实际需要，从方法交叉、理论借鉴、内容整合等几个层次进行多学科的综合性研究。

二、创新尝试

在创新尝试上，不敢妄言太多，所谓的创新，只能算是在学习的基础上进行的一些总结性尝试。

第一，学术创新。本书力求以话语权理论为铺垫，以自媒体语境的现实为依据，以微观话语权理论为出发点，分析当下的困境并由此深入研究其原因，同时根据自媒体语境的特殊语境分析话语权的运行规律，根据其规律进行自媒体语境下的话语权建构。力求使困境、原因、建构策略更贴近自媒体话语的真实境况。

第二，方法创新。本书力求以复杂性理论为结合点，将传播学、管理学、政治学、法学、教育学等多门学科统一于复杂性科学的方法框架内综合协调运用。以此让话语权的建构更符合自媒体话语的复杂性规律，提高理论以及实践指导性，争取在众多学者研究的基础上有所寸进。

第一章　自媒体话语权基本理论

近年来，关于自媒体话语权的探讨成为理论研究以及实践探讨的热点，这是由于话语权在网络时代，尤其在自媒体发展普及的背景下所遇到的理论与实践困境所决定的。在梳理话语权发展的基础上研究其内涵、发展以及特征，是探求自媒体语境下话语权建构的理论基础。

第一节　自媒体概述

一、自媒体的概念

自媒体是大众传媒发展的重要成果。其概念源自2003年美国智库的研究："自媒体：受众如何塑造未来的新闻信息"（*We Media：How audiences are shaping the future of news and information*）。其将自媒体界视为"普通大众经过数字科技赋能，将自己与全球知识体系对接而产生的分享自身经历和新闻的途径"。❶ 国内关于自媒体的概念基本源自于此。

2004年美国专栏作家丹·吉尔默在对互联网媒体发展进行分析和总结时，并未在《自媒体》（*We the Media*）中使用"WE MEDIA"一词，而依旧沿用"We the Media"，中间的单词"the"表明"WE MEDIA"并非实词。丹·吉尔默在此报告中阐述了网络技术导致信息权力的转移。❷ 她认为媒介发展大体可分为三个阶段：第一阶段为传媒媒体或新闻媒介1.0时代，此时的媒介以报

---

❶❷ Shayne Bowman Chris Willis. We Media：How audiences are shaping the future of news and information［M］. The Media Center at The American Press institute, 2003：5.

纸、广播、电视为代表。本阶段的特点体现为信息生产者与受众在信息资源获取上的不平衡。媒体主导了信息的生产与传播，大众只能单纯接受信息。第二阶段为新媒体时代（NEW MEDIA）或新闻媒体 2.0 时代，此时的媒介依托互联网等数字通信技术发展起来，具有实时性强、速度快的特点，信息的方便快捷让重视受众交互的设计开始出现，如门户网站出现信息评论功能。第三阶段即为自媒体（WE MEDIA）时代，以博客、微博等依靠社交网络交互传播的方式。自媒体时代每个个体既为信息接受者，又为信息生产者。传统信息生产者与受众之间的不平衡状态被打破，其更多着眼于在自媒体时代草根可以突破传媒媒介的垄断，获得了独立的话语权，从而直接进入公共话语领域。

IBM 在 2010 年的报告中，将"自媒体"定义为不断增长的用户使用群体，他们能够比较、整合、编辑、创造和分享内容，从而增加他们的知识以及媒介体验。[1] 在这个概念中，自媒体依然没有脱离传统媒介的影子，被视为一种个性化的社交杂志，比如在脸书（Facebook）的发展初期，其定位为利用新闻馈送（News Feed）信息流服务为用户提供个性化的媒介服务。可以看出，此概念更多体现了 IBM 作为一个蓝色工程师的"工科男"特质，更多地突出了自媒体的功能性。而后美国《连线》杂志将新媒体定义为"所有人对所有人的传播"。这没有突出新媒体的"新"，却更像是对自媒体的定义，简单明了地突出了自媒体自主、自由的传播特质。

国内对于自媒体亦没有统一的概念。丁柏铨认为，自媒体是信息传播技术发展至较高阶段的产物，其主要特征是凭借传播高科技，任何主体只要具备一定条件，便可以利用手中可以支配的媒体，相对自由地披露信息和发表意见。[2] 闵大洪认为，自媒体是普通人利用当时当地能够得到的简便传播工具，制作自己可以施以控制的某种新闻平台，借由该平台，不但可以将普通人的观念进行公共表达，形成有效交流，而且这种思想活动如果具备其他社会条件，可能转化为集体行动。[3] 以上概念，更多突出了自媒体的传播及时性、个体平等性以及发布自由性。但是其同时具有以下缺点：一是没有突出其互联网语

---

[1] 李怡. 从"参与式新闻"谈起：自媒体概念的演变［R/OL］.（2014 - 03 - 23）［2018 - 06 - 15］. media. people. com. cn/n/2014/0323/c150621 - 24712637. html.

[2] 丁柏铨. 论自媒体时代公众舆论表达的特点［J］. 新闻爱好者，2014（7）：7 - 8.

[3] 赵银红. 自媒体时代农民工维权表达研究［M］. 北京：经济日报出版社，2016：80.

境，似乎传统的个人制作新闻的平台，比如个人电台，甚至出版社似乎也可以被囊括于其概念之中。二是没有突出其互动合作的共享特性。当下自媒体最突出的特点为以社交网络为依托，通过自组织群体的互动合作完成信息的传播与生产。

因此，基于以上分析可见，自媒体的概念为以社交网络为依托进行信息自主生产传播与信息自由协作相结合的传播形态。

二、自媒体的特征

从媒介发展的角度来讲，人类社会至今已经经历了三个阶段：精英媒体、大众媒体以及个人媒体，分别与农业时代、工业时代、信息时代的人类组织方式相匹配。随着信息科学技术对人类组织模式的影响日益深远，我们已经步入自媒体时代。其传播方法、理念以及由此所决定的内容已经渗透社会及其每个个体的生产、学习及其生活方式。相对于大众媒体而言，自媒体具有以下特征。

第一，主体平等化与去中心化。传统的大众媒介时代，受众根本没有选择信息的话语权力。专业把关人把持了报纸、广播、电视等媒介的话语权。这些机构都是科层制的等级组织，信息经过这些组织的挑选、重组，受众无法接收到源头的信息，只能是被动的接受者。自媒体时代，任何个体可以自主选择感兴趣的话题、信息以及与此相关联的自组织。功能强大的手机等设备以及方便快捷的 APP 是自媒体时代的基础设施，让每个个体都能随时随地分享所思、所见、所感。在自媒体话语语境中，因为个体的平等也让传统媒介的中心地位瓦解，传统意义上的"中心"已经不复存在，取而代之的是去中心化的网状架构。

第二，内容个性化与小众化。自媒体时代，所有个体都可以成为话语生产者而被激发出极大的创作热情。自媒体的"自"强调自我、自在与自由。在呼吁表达上用户倾向于"话语创新"，热衷于"话语重构"，极力突出话语内容的个性化以争夺话语注意力，表达方式上也更注重推陈出新。先发布，后过滤的话语把关模式在传播机制上保证了个性化内容的传播。因此，不同需求的受众具有满足各自话语需求的技术条件，其选择自主性极大提升。每位受众依据自身兴趣关注不同的信息源，自主决定自媒体公众号的关注或者取消。由此，在每个个体面前呈现的信息是截然不同的，传播内容由此而分众化。话语的版图由此逐渐分裂，经过社交网络的进一步强化，终于形成一个个面向小众的话语圈。

第三，形式多元化与碎片化。自媒体时代，在信息技术迅猛发展的条件下，电信、互联网、广播电视广播平台三网融合，手机、电视、VR等传播媒介日益多样。传播形式不断创新，形成文字、视频、音频、图片、动画等多媒体形式。多元的媒介形式赋予受众更多的媒介体验，同时也为话语生产者提供更多样化的话语传播手段，丰富了话语市场的生态。与此同时，多元化的话语内容以及表现形式让话语版图呈现碎片化的分布状态。宏大架构下逻辑严谨、结构严密的话语系统不复存在，取而代之的是多元主题、多元表达形式互相混搭的大杂烩。没有统一的主题，没有规整的结构，杂乱的、无序的堆积在一起。逻辑已经不重要，重要的是能否迎合需求；深度已经被遗忘，留下印记的是快感；话语的大厦已经坍塌，剩下一地的碎片。

第四，传播即时化与社区化。自媒体以社交网络为依托，传播速度的电光火石击穿了地域与行业的藩篱。传播的及时性造就了互动的便捷性，信息生产者与消费者之间互动的低耗与高频模糊了信息发布者与接受者之间的界限，满足了信息生产反馈的要求。只要有一个端口，在世界任何角落便可以介入自媒体的话语之网，同步地与他者交往、与群体互动。任何角落所发生的点滴，只要进入自媒体话语场，便可以零时差地到达这个网络的任何一个节点，让所有用户都无差别、全方位地参与到事件的发展进程中，而不仅仅是一个被动的旁观者。传播的即时化导致互动的便捷，让世界上任何角落的个体方便地通过某一热点、某一兴趣甚至某一关键词聚集到一起。相同的关注让具有类似特征的人具有共同的目标而组织成为社区。因为共同的目标，社区里所有个体围绕目标而互动协同成为自组织群体。频繁的互动让协同成为具有即时反馈性的条件反射，而不像传统媒介一样让受众觉得他们的反馈犹如泥牛入海。即时敏感的反馈让社区具有了旺盛的生命力，这反过来刺激独立或合作的话语生产。

第五，媒介草根化与跨界化。自媒体时代，话语的去中心化结构让话语主体地位平等，话语边界模糊。一方面，平等地位让话语生态逐步走向草根化、平民化。所有人都拥有了自主选择信息的权力，话语生产者为了争取更大的话语市场，不得不采用接地气的话语内容、话语形式与传播方式，低下头来争夺受众有限的注意力资源，干巴巴的生硬说教只能招致嘲讽乃至无视。另一方面，中心的缺失让边界也成为虚设。传统话语的层级结构下，所有的信息围绕中心形成固定的流通路径，因此不同领域的信息大体上只能在不同领域中被循环。在中心缺失的前提下，向心力的缺失让信息流动指向随意且无序，原本的边界因而容易被冲破而实现跨界。自然界某一生态系统内部是互相依存，又互相制约的。与自然界一样，话语生态系统中一个领域中的信息因为已经经过多轮博弈，彼此之间已经有了互相的行动预期，因此具有相当的话语"免疫"能力。如果冲破了领域的界限而进入另一个领域，被"入侵"的领域将因为他者的进入而产生"鲶鱼效应"。就如同支付宝以及网络金融对传统金融业的冲击，这种跨界将冲击乃至颠覆原话语规则。这也正是自媒体时代跨界现象层出不穷的原因。

三、自媒体的形态和发展

反观自媒体发展脉络，大致可区分为三个阶段：自媒体发展初期、自媒体发展爆炸期、自媒体发展集约期。

1. 自媒体发展初期（2003～2010 年年初）

2003 年博客在中国开始发展，2009 年微博上线，2010 年微博初步普及，在近十年里，有过博客的幽幽生长，慢慢思索，也有过微博的火爆蔓延，全民游戏。新浪微博于 2009 年 8 月开始内测，9 月添加@功能、私信、评论、转发功能，11 月开始通过第三方软件或插件发布信息。截至 2010 年 10 月底，新浪微博用户数超越 5 000 万，日均发布微博数达 2 500 条。

这一时期是中国自媒体的启蒙时期，用户基数的增大为话语市场的繁荣准备了基本条件。在这一时期，自媒体更多的只是一种无组织化的存在，自媒体人如游侠般在话语空间里随处游荡，话语行为基本由兴趣所导引。也许是话语空间被压抑太久，只要手持移动终端，便可以时时刻刻分享所见、所得、所思、所感，一时之间话语成了一场全民普及的狂欢游戏，刷微博成为一种让所有人上瘾的事情。少数意见领袖意识开始释放自身表达欲，在热点事件中与传统媒介抢夺话语权。然后各行业组织逐渐意识到自媒体的强大威力，逐步进入自媒体话语场建立公众号以发表言论、维护形象、与用户互动。这一时期,自媒体的及时性、灵活性、开放性、互动性都让用户第一次真实地感受到对话语权真真切切的拥有,并可以通过自媒体话语场收获更多信息、更多资源、更多关系。

2. 自媒体发展爆炸期(2010~2015年)

随着微博用户基数的增大,话语场的力量逐步显现。2010年成为全民"织围脖"的元年。截至2010年10月,我国微博服务用户规模超越1.25亿,累计活跃账户突破6 500万,在2010年舆情热度前50排名的舆情事件中,由微博首次曝光案例占22%。在众多的舆情事件中,自媒体话语场起到了推波助澜的作用。对于普通用户而言,听闻发生公共事件的第一反应便是上微博围观、转发、吐槽。而2010年8月新浪微博曝光开封高考生"被调包"事件,被称为微博改变命运的经典事件。在这些事件中,草根意见领袖、明星大V、行业大咖逐渐成为话语场中的执牛耳者,享受着每天批阅"奏章"式的话语快感。由话语解放所带来的快感给网民也带来了一次自媒体话语的行动启蒙。经历了2010年的全民微博狂欢后,2011年年底微博热度逐渐衰减。2012年8月,微信公共平台正式推出,自媒体犹如获得了第二级的助推火箭,在新的平台获得第二次生命,自此公众号在微信平台上取得了较为稳健的发展。

在微博"发烧"期间,众多公众号,包括新浪微博平台本身逐渐探索如何通过话语场获得实际利益。这种探索延续至微信时代。从最开始以敏感事件、热点话题圈粉,到以卖萌、卖怪、"卖笑"的单打独斗,逐步发展形成一套标准化流程:养号蓄力,抱团合力,背书卖力。❶ 由此,自媒体为了生存、盈利、分工、避免同质化、自我净化、自我治理等目的,逐渐形成自媒体联盟。这种结盟的趋势到2015年年底达到高潮。但是这一时期的联盟性质比较单一、成员之间联系比较松散,通过协议等方式互相支持,共同发展。联盟以"组织"的名义对外争取广告,对内进行分配并提取中介佣金,同时兼具协调成员关系的功能。如WeMedia自媒体联盟是最早成立的民间合作组织,其宗旨在于促进自媒体人价值的分享与挖掘,已经签约自媒体行业精英约500人,

---

❶ 自媒体:狂欢的由来与变现[R/OL].(2013-06-07)[2018-06-15]. https://www.huxiu.com/article/15490/1.html.

覆盖用户逾 7 000 万。❶

3. 自媒体发展集约期（2016 年至今）

经过自媒体发展的爆炸期，受众关注点迅速分散，阈值逐渐提高。在过度碎片化的话语场景中，最终出现大批专业化自媒体平台，开始整合自媒体话语场的尝试。今日头条、凤凰号、百家号、搜狐号、企鹅号等专业自媒体平台逐渐占据主流自媒体话语市场，吸引大量用户注意力的同时也获得了大量话语利益。

专业化自媒体平台的出现是自媒体、受众、广告商与传统媒体在话语场域中多重博弈的必然结果。对于自媒体而言，具有专业化平台这一"经纪人"，自媒体人可以专注于优质内容的生产，利用平台传播优势扩大影响力，与自媒体形成利益共分的共同体。对于广告商而言，由于自媒体用户过于分散，借助专业化自媒体平台，便可以发挥其媒介经营、用户匹配、海量用户、运作便利等中介性优势，实现广告的有效投放。对于用户而言，通过自媒体专业平台可以以极低的时间以及精力成本获得自身所关注、所喜欢的信息。自媒体平台通过用户使用数据的精细化画像，借助独立的 DMP 系统（数据管理平台），在与自媒体人、用户、广告商的互动中处于信息链的核心。通过整合信息的生产与消费，统一上下游话语资源，为话语生产消费上下游提供中介性服务，从而整合用户的注意力资源，同时构筑自我良好品牌形象，实现整体话语利益的最大化。

以今日头条为例，其在阅读领域里充分运用了人工智能技术，为每位受众提供不同的资讯，日活跃量 3 000 万，每天 5 亿多次点击，人均日停留超过 50 分钟。该平台是通过以下三个步骤完成个性化信息推送的：第一步，用户把个人兴趣"贡献"给 APP。通过记录个人在资讯上阅读时间、点击、评论、收藏、转发、上拉、下滑，今日头条获得了海量用户的大数据。通过大数据的加持，加上合理的算法架构，便可以产生良好有效的预测信息，为用户推送精准的信息。第二步，将资讯与用户进行匹配。此处通过两个逻辑完成，其一为投票逻辑，通过同一种类的用户对某一条信息是否喜欢（投票通过），如果喜欢，机器将觉得这条资讯适合此用户，从而推荐给他。其二为用户特征，通过

---

❶ 沈维梅，邵林. 自媒体的组织化表现形态研究 [J]. 新闻知识，2017（5）：7 - 10.

用户的阅读行为，系统将为用户进行数据画像，并为其打上各种标签。如某位用户标签为：广东佛山人、北京工作、临时上海出差（记录用户地理位置），25～35岁，已婚，有一男孩，程序员。通过这些标签分析用户兴趣趋向，并进行先后排序，再依据用户行为以及环境影响将资讯与用户相匹配。推送给用户的文章，就是某些方面与用户个体相类似的人，通过他们的阅读行为"投票"选出来的，"投票"便为数据经过算法得出的结果。第三步，通过数据报告指导用户行为。通过海量移动互联网用户行为习惯大数据的发布，为相关用户提供具有高价值的应用信息和研究资料。2015 年，今日头条进行了 6 场大型"算数"（算法＋数据）活动，发布了广东、山东、天津 3 个省份的用户阅读数据报告，以及手机、汽车、明星数据报告，为用户提供指南，为政府、媒介、大型晚会、行业协会提供数据报告。这些数据为社会提供了高分辨率的动态"话语地图"，例如 2014 年关注时政资讯的，并非上海、北京的用户，而为山西，因为该年度其腐败案件曝光率高。再比如，对于广东美食，哪种美食最受关注，点心还是粥，粥是瑶柱粥还是皮蛋粥。这些都可以通过用户的使用数据分析得出。❶

第二节　话语权界定及其理论发展

一、话语权的内涵

1. 话语的内涵

"话语"（Discourse）是一个具有不确定性的术语，泛指语言交际构成中所说的话。从语言学的角度，话语具备文本（Text）的性质，是严肃的说话行为。一般而言话语用来指代居于交际场景中的动态性话语，而 text 一般用于指代脱离交际语境的静态文字记录。❷ 它是一种具有完整性、连续性的信息传递

---

❶ 林楚方. 今日头条如何玩转大数据［J］. 新闻与写作，2015（11）：19－21.
❷ 宋英杰. 语言学重点难点探析［M］. 成都：西南交通大学出版社，2014：218.

活动。❶ 而言语（Parole）是一种个人性质的口语，语言（Langue）是一种客观的差异体系。言语具有言者的在场性，语言是一种客观存在的不在场性，话语却是居于言语与语言的在场与不在场之间。因此，话语从生产方式的角度解读，向来是实践的、历史的。所以，话语作为动态性运动的存在，人与人之间的互动关系便成为其运动起来的必要中介，因此话语具有社会性。话语由此是特定社会语境中人与人具体的言语沟通行为，一般而言包括语境、说话人、受话人、沟通、文本等要素，可以视为话语意旨、话语方式和话语场的合作产物。

20世纪，话语概念逐渐突破了语言学的范畴，扩展到哲学、人类学、政治学、历史学等领域，泛指具有特定实践功能和意义价值的表达性思想客体，如哲学话语、政治话语、历史话语、文化话语。微观话语权理论认为："话语"既非个别简单的字词组合，亦非规则所限定的意义，而是由符号所构成且不止局限于这些符号。福柯更强调正是"不止"让话语区别于语言和言语，是需要重点研究以及描述的。❷ 话语不仅仅是"中介"，各种各样的"话语"组成了历史文化，其本质上是人类的重要活动。人类通过话语获得一切知识，通过话语与世界相关联。诺曼·费尔克拉夫也认为，话语不仅反映社会关系与社会实体，还建构社会关系与社会实体。❸ 两位话语大师的研究突破了单纯的语言学范畴，与社会理论相结合并突出了其社会建构功能。美国学者福克斯和米勒借助话语理论解读后现代公共行政，提出"公共能量场"理论。他们通过批判传统的行政政治分离公共行政价值、泰勒的科学管理理论以及韦伯的科层制解构了宪政主义、制度主义和社群主义。通过分析以意义为目标的政策以及话语正当性，他们认为传统公共行政是沟通缺失的话语霸权体系，而公共政策场所应该为一个展示社会话语的公共能量场，话语应该在很大程度上成为表达意愿乃至权利的方式，是一种言谈、对话、交流、辩论、说服的活动。❹

2. 话语权的内涵

话语权很难被人们精确地定义。然而，"权"这个词可解析得出"权利"

---

❶ 王鸿生.语言与世界［M］.济南：山东友谊出版社，2007：78.
❷ 米歇尔·福柯.知识考古学［M］.谢强，等译.北京：生活·读书·新知三联书店，1998：6.
❸ 费尔克拉夫.话语与社会变迁［M］.殷晓蓉，译.北京：华夏出版社，2003：3.
❹ 查尔斯·J.福克斯，休·T.米勒.后现代公共行政——话语指向［M］.楚艳红，等译.北京：中国人民大学出版社，2002：99.

和"权力"两层语义。"话语权"相应可解析为话语的权利和话语的权力。第一，意味着作为重要权利的话语权。通过话语表达是人类区别于动物的一种重要标志，话语是人类的重要前提。话语权理论强调，人类世界任何脱离"话语"的东西都是不存在的。现代社会，话语更是公民的重要政治权利。法国社会学者布尔迪厄认为，话语"即有权利通过语言来运用自己的权力"，而不仅仅是单纯的"能说"。❶第二，话语权是重要的权力。话语权理论直截了当地声明"话语即权力"，将话语作为理解世界的方法和手段，同时又是掌控世界的武器和工具。话语权力不仅仅是现实力量的体现，更反过来塑造现实社会。因此，从这两个角度出发，话语权的定义为：话语权就是阐释和支配话语的权利和权力，基于话语的社会性，其在本质上是对话语背后的价值判断和意识形态进行塑造和引导的资格与力量。因此，话语权的性质包括多层意思：其一，一种静态的权利，是个体表达意见以争取话语利益的权利。其二，一种动态的权力，是话语拥有者试图通过话语斗争从而主导经济、政治、文化权力的过程。其三，具有较强的技术性，区别于基于暴力的权力，话语权在自媒体语境下一般采用规训的手段，通过运用叙述策略、议程设置、数据预测等方法，交叉使用诱导、暗示、感染、说服等方式引导个体决策与群体舆论，让人们"自愿"按照设定方式思考并决策，其中的技术性因素较为突出。其四，受现实格局制约。话语权的取得以及维系，主要决定因素并非话语本身，而是由话语背后的现实利益以及力量格局决定的。话语权只是现实政治、经济与文化现实的一种客观反映。

二、自媒体话语权的内涵

话语权是统治阶级阐释并支配话语的权利和权力。统治阶级一方面对话语加以阐释，在探索自身话语体系的基础上论证其合法性以及合理性，建构其自身的权威；另一方面支配话语，意味着其为自身意志转化为社会的思想以及行为准则的社会实践活动，这是统治者凭借一定的地位、在一定的话语空间、依靠一定的社会化机制所进行的社会化活动。

---

❶ 杨善华. 当代社会学理论 [M]. 北京：北京大学出版社，1999：76.

因此，话语权是由以下因素所决定的：第一，话语者的权威。传统话语权所有者具有知识的权威、法理的权威。知识权威体现在话语权所有者将成熟的特定知识、政策向受众传授并同时赋予其遵守的责任，受众由于知识水平的落差只能接受并按照教育者的知识发展路线图成长。法理权威是由政治经济优势决定其在话语地位上天然地比受众高，可以居高临下地进行说教。第二，话语者的地位。我国的话语体系是一种制度化的社会事实，不仅仅是社会历史实践。话语权由法律规定并在政治、经济、文化机构中形成制度化的运作。制度化的安排规定了接受主流话语是任何公民的义务和权利，同时也奠定了话语权所有者的优势地位。第三，话语的空间。话语权源自其社会化的运行机制，其基本要求是由党和国家所决定的，而其运行是在社会话语的空间中实现的。传统话语权系统的运行，是由相对封闭性的社会组织自身状况所决定的。其包括单位组织内部的行政管理、信息传送、观念整合等方面。这种相对封闭的组织模式在传统媒介的语境中具有较高的效率。在自媒体开放多元的语境中，这种模式受到极大的挑战。在自媒体语境中进行话语权建构必须尊重自媒体空间话语传播的规律。

因此，自媒体话语权是统治阶级阐释并支配自媒体话语的权利和权力，是统治阶级支配权与受众信息自主生产传播以及信息自由协作的权力在自媒体空间的有机结合。

三、自媒体话语权的特征

自媒体话语权是借助于自媒体平台实现其话语权力的，其话语形式、内容、传播都与传统话语有所不同。所以，自媒体话语权具有与传统话语权一样的特征，也有自身不同的特点。

1. 自媒体话语权的政治方向性

福柯认为话语具有权力的内涵，试图将权力问题纯粹化。"话语一旦产生，即受到若干程序的控制、删选、组织和再分配，即权力的形式"。❶ 福柯将传统权力问题的两种理论模式都归结为"经济还原论"，一种为以契约论为

---

❶ 孙运梁. 福柯刑事法思想研究［M］. 北京：中国人民公安大学出版社，2009：161.

代表的法权论，一种是以马克思为首的权力目的是维护生产关系的经济学模式。他认为马克思的分析确实让人们知晓了"阶级""生产关系"等宏大概念，但对于反映并维护生产关系的"权力"究竟为何物并没有直接阐述。福柯的质疑的确有助于我们加深对权力的理解，但是福柯将话语视为权力的重要实践，这种实践活动位于社会活动的关系网中，必定受到社会经济文化乃至历史的影响。生产关系、社会关系的地貌嬗变必定导致话语权力的变迁。因此，话语权力必须考虑政治等诸多因素的影响，福柯企图将话语权纯粹技术化的观点是偏颇的。话语权从根源上来自于"政权"所产生的"力量"，与权力、权威当然理应紧密结合。所以，话语权具有显著的政治性。

为了维护统治阶级的统治，话语权当然地具有鲜明的政治性，其核心任务为有效地将统治阶级的需要、立场以及由此所产生的纲领、决策转化为实际执行的动力，为政治目标服务。因此，政治原则是话语权潜在的实践逻辑。自媒体话语的平等性与现实社会客观存在的阶级或者阶层落差之间存在难以协调的矛盾。当下自媒体所营造的虚拟世界与现实世界又互相交融于一体，现实社会的诉求溢出到自媒体语境中，通过去中心化的话语结构被放大而容易形成蝴蝶效应。这对如何达成现实世界政治目标提出了全新的课题。

习近平总书记在十九大报告中指出："中国特色社会主义进入新时代，我国社会主要矛盾已经转化为人民日益增长的美好生活需要和不平衡不充分的发展之间的矛盾。"❶ 这是在我国社会主义事业发展的重要时期，基于我国基本国情的深刻变化所作出的重大判断。虽然当下阶级矛盾已经不是我国的主要矛盾，阶级性可以不那么明显，但是其政治导向性依然是十分重要的。习近平总书记在谈及宣传工作的时候强调，"意识形态工作是党的一项极端重要的工作"，"宣传思想工作一定要把围绕中心、服务大局作为基本职责，胸怀大局、把握大势、着眼大事，找准工作切入点和着力点，做到因势而谋、应势而动、顺势而为。"❷ "围绕中心、服务大局"便是强调把政治方向性置于首要的位置。坚持正确的政治方向，就应该站稳政治立场，坚定宣传党的理论和路线方

---

❶ 党的十九大文件汇编［M］．北京：党建读物出版社，2017：8．
❷ 习近平：意识形态工作是党的一项极端重要的工作［R/OL］．（2013 - 08 - 20）［2018 - 06 - 15］．www.xinhuanet.com/politics/2013 - 08/20/c_117021464.htm．

针政策，坚定宣传中央重大工作部署，坚定宣传中央关于形势的重大分析判断，坚决同党中央保持一致。

2. 自媒体时代话语权的引导性

话语权是统治阶级所主导的社会利益表达机制，因此不能离开其所处的文化经济背景。在当下的话语场域中，社会环境多元化，主体从本身利益最大化出发，营造舆论、设置议题。在自媒体的舆论场中，所有个体都具有平等话语权，同时也缺失了话语中心的向心力，各种话语显得更为杂乱无章，犹如喧闹的集市。在无序的集市环境中，能获得最大利益往往是嗓门大的、让人惊奇的、夺人眼球的。话语平台由此而真正成为你方唱罢我登场的舞台，上面有各种意识形态力量在话语丛林中争斗。政治、经济、文化的各种矛盾在自媒体多元、自由的话语空间中被放大。因此，话语权更应该承载起利益表达所带来的复杂关系与情绪的责任，通过整合话语多样性避免话语无序化，从而引导利益诉求，有效整合整个社会的话语力量。

自媒体时代话语权的引导性目的在于帮助公民树立正确的主体观念，引导公民理性应对各种网络舆情，引导公民正确解读国家的基本方针政策，在自媒体舆论场中重构话语引导权。自媒体话语权引导可以为显性的，也可以为隐性的。显性引导可以通过建立主流意识形态自媒体话语阵地，以合适的形式生产受众乐于接受的正能量话语产品。隐性引导可以通过用户在自媒体话语场线上线下及其互动的各种活动，在体验式浸染环境中实现潜移默化的规训功能。

3. 自媒体话语权的媒介性

话语权必须依存于一定社会环境并受其制约。与传统话语权所区别的是，自媒体话语权处于"媒介化"的语境之中。自媒体技术伴随着网络技术发展而来，这让传统的话语传播模式从"一对多"的广播模式转向"多对多"的复合媒介模式。借由社交网络的支撑与渗透，媒介营造了一个全时段、全方位覆盖的话语场。此时的媒介不仅仅是一种传播信息的技术手段，实际上已经内化成为所有使用者的一种全新生活方式，它已经像空气一样笼罩着所有使用者。人依靠多元的媒介介质以及媒介形式可以进行身体不在场的虚拟化在场呈现。话语权以社会生活为基础，亦必然依托于媒介化的平台之上。同样的，媒介已经超越话语的表达以及传递信息的工具性功能，发展成为一种日常的话题产生、社会组织基本介质，成为话语权所赖以生存以及发展的土壤。

自媒体时代下"媒介化"构成话语权的基本语境，由此而带来话语权的媒介性。个体日常交流、经济发展、政治变革、文化生产的话语都在相当程度上依赖媒介而进行。经济、政治、文化话语在媒介上的解码、传播、变异将带来整个社会图景的变革。以往媒介只能硬邦邦地单向度输出信息，而自媒体时代的媒介以社交网络为依托，其承载的话语具有即时性、交互性、反馈性的特点，为多元话语交流提供了崭新的平台，构成话语权实现的媒介化环境。

4. 自媒体时代话语权的弥散性

在话语权理论的"全景敞视"规训模式中，"观看/被观看"和"可见/不可见"成为一种二元统一的机制，这种机制保证了权力的顺利运行。所以，对于权力对象的监视成为其实现规训的重要前提。在自媒体的虚拟社会中，对于个体行为的监视达到了人类社会的巅峰。个体的所有行为在大数据的"观看"与"记录"面前无所遁形。所以，这种话语权弥散在空间和时间的各个角落，弥散于所有话语主体之间。

第一，空间上的弥散性，行为记录无处不在。匿名性是包括自媒体在内的网络社会的基本特点，而实质上匿名性并不意味着个体逃脱了监控而可以为所欲为。传统社会的很多行为都是无迹可寻的，网络时代个体的绝大部分行为却被忠实地记录着。即使不采用当下自媒体的"后台实名，前台匿名"的制度，用户的浏览记录、搜索历史、消费情况、上网地点（IP）、上网时长等都被实时记录着。自媒体更加剧了这种被监视的状况。在社交网络上，众多用户晒美食、晒自拍、晒心情、晒宠物、晒朋友、晒娃……在这种无所不晒的"全民运动"中，当所有人都"裸泳"般的将自我暴露于数字监控中的时候，你不晒点东西反而成为一种另类。即使用户一点都不主动暴露个人情况，但是依据其关注的对象、公众号，被关注的对象都可以轻易地画出其社交的轮廓。例如，一个用户关注了育儿公众号，其朋友圈都是30岁出头的女性，便可以轻易地推断出该用户的现状。将用户的所有IP地址、身份信息等表层数据与兴趣、情感、消费、社交等深层数据通过大数据的建模与分析，便可以清晰地勾勒出个体的数据画像。

第二，时间以及主体上的弥散性，他人观看时时刻刻。戈夫曼的戏剧理论认为社会中的个体在两种空间转换，前台区域和后台区域。人们在前台区域中为了适应当下的场景，必须按照某种特定社会规范而进行行为；人们在后台区域可以不受拘束，不再需要假装遵守规则。❶ 在前台与后台之间有难以逾越的鸿沟，将两者间隔开来。梅罗维茨的"媒介情境论"认为，媒介变化决定社会环境的演化，不同的社会环境决定人们行为方式的形态。自媒体技术已经跨越前台区域与后台区域的鸿沟，正如上文所论证的，造成私人领域公共化的媒介泛化现象。❷ 人们的私人领域内容主动或者被动地进入公共领域。在这种情境之下，任何个体的私隐都可能被置于公众的放大镜之下而无所遁逃，而且这种被观看的情景是时时刻刻存在的。此处暂不讨论这种境况所导致的影响正面与否。自媒体话语空间的的确确形成一种"全景敞视"的话语权力格局：所有人都可能监视别人，所有人都可能被监视，所有个体都置于监视与被监视的关系网之中。任何个体只是这个网络中的一个节点。随着自媒体技术的迅猛发展，用户的数据在众多的平台之间被记录、收集并共享，不仅是公共领域与私人领域，现实空间与虚拟空间的界限亦日益模糊，个人再也无法在虚拟空间里隐姓埋名。互联网建立之初，人们认为"在网上，没有人知道你是不是一条狗"，自媒体空间的事实却是"网上，人人都可以知道你是条什么样的狗"。依据六度人脉理论，地球上所有个体之间都可以被联结，而且他们之间的节点不超过六级。简而论之，任何个体之间最多通过六个人便可以建立联系。当所有个体都无法置身于世外桃源时，主动或者被动受到他人的"监视"便是理所当然的了，更别说媒介背后还有更为无所不知的大数据。以个人影像资料为例，即使用户不主动发送个人的照片，但是在大家都"晒"的语境之下，你的亲友很有可能将有你的图片以及影像资料置于自媒体平台之上。即使这种情况被杜绝，在旅游胜地、街头巷尾、聚会现场或者会议合影，只要你被呈现于他人拍摄的相片之上，就极有可能被上传成为自媒体内容的一部分，更不用说无处不在的公共监控摄像头。当下在众多手机以及自媒体平台之上，通过人工智能技术便能够轻易地将具有同一对象的所有照片分析并呈现出来，例如脸书以及苹果手机的"圈人"功能。在云计算技术之下，将各种媒介载体的个人信息加以提取并分析的技术也已经逐渐成熟。在这种背景下，福柯在《规训

---

❶ 约书亚·梅罗维茨. 消失的地域：电子媒介对社会行为的影响 [M]. 肖志军，译. 北京：清华大学出版社，2002：158.
❷ 黄桂萍，苏婉. 网络社会的规训与惩罚 [J]. 广州大学学报（社会科学版），2017（1）：64.

与惩罚》之中"全景敞视"的圆形监狱（panopticon）的"少数观看多数"模式，以及托马斯·麦谢森将以电视为首的大众媒介比喻为"多数观看少数"的"单视监狱"（synopticon）都已经无法阐释当下自媒体的情形。自媒体时代面临的是无所不在的摄像头以及传感器将人类社会变成无所不在的"多数观看多数"的"全视监狱"。❶ 所有的个体都无时无刻不处于看与被看之中。

四、话语权理论的发展

话语权的主导权在谁手里，由此而决定话语的方向以及内容。西方马克思主义者葛兰西在近代历史上较早重视无产阶级争夺话语权的必要性。其著作《狱中札记》指出："社会集团的领导作用表现在两种形式中——在统治的形式中和'精神和道德领导'的形式中。"❷ 他并未正式指明什么是意识形态话语权，但是透过其文化领导权的思想可以看出"话语"是"意识形态"取得权利的路径。福柯较为深入地研究了意识形态与话语权的关系。基于意识形态与话语权的密切联系，我们可以将其作为一个重要的理论参照进行类比分析。

话语即为"说什么""怎么说""说话的身份"，以其内容、形式以及倾向决定着权力，而对这种权力关系的系统性再现便形成了意识形态。❸ 意识形态作为反映不同阶级、集团利益与意志的文化表达形式，其本质是对现存社会关系的反映。英国话语分析学者费尔克拉夫甚至将话语事件视为意识形态的物质表现形式，由此"现实社会中的话语权之争主要体现为意识形态话语权之争"。❹ 马克思和恩格斯尚未明确提出意识形态话语权的范畴，但他们指出"占统治地位的思想""调节思想的生产和分配"等系列论述指明了意识形态话语权的重要地位。在马克思的著作中，意识形态的概念是总体性的，具有多层次的丰富含义：（1）具体形式多元，包括哲学、宗教、道德、艺术法律思想、

---

❶ 陶东风，周宪主编. 文化研究（第20辑）[M]. 北京：社会科学文献出版社，2015：70.
❷ 关于意识形态与思想政治教育的关系，受篇幅限制此处不展开探讨，具体可见：葛兰西. 狱中札记 [M]. 曹雷雨，姜丽，译，北京：中国社会科学出版社，2000：316.
❸ 杨昕. 中国共产党意识形态话语权研究 [M]. 北京：社会科学文献出版社，2015：40.
❹ 刘先春，关海宽. 马克思主义意识形态优势话语权的当代建构 [J]. 上海行政学院学报，2010（3）：23-27.

政治思想等；（2）发展历史缺乏独立性；（3）本质为统治阶级思想；（4）对现实关系总是扭曲或者掩蔽；（5）认为观念统治世界。❶

马克思之后，意识形态理论的发展途径大致有三条，分别为马克思主义传统、非马克思主义传统以及美国学者在反思社会、民主、科学等议题上对意识形态的讨论。本书着重考量马克思主义传统的意识形态理论。在这些理论中，较有代表性的有卢卡奇、葛兰西、阿尔都塞等人的理论。卢卡奇将意识形态区分为资产阶级以及无产阶级两种意识形态，并认为无产阶级意识形态将在未来的实践证明其正确性。❷

葛兰西发展了马克思社会矛盾的学说，认为社会矛盾已经从经济扩展到文化层面。他认为文化是国家操控思想和获取观念的手段，国家通过这种手段履行伦理教化的职责。因此，文化被葛兰西视为意识形态的载体和表现，而话语权是建构统治阶级领导权的路径。❸他强调通过文化霸权这种非强制的支配手段赢得被统治阶级的赞同，因为这种效果大大优于外在强制的效果。由此，葛兰西强调所有阶级都应该培养代言本阶级的知识分子，以在维护阶级统治的思想传播中承担中介职能。❹

阿尔都塞补充了马克思关于国家是阶级统治工具的学说，认为意识形态是一种客观存在的非强制性国家机器：首先，意识形态国家机器不是以镇压方式执行职能，而主要通过意识形态方式进行；其次，意识形态国家机器具有独立性，可以在马克思所指的镇压性国家机器之外独立发生作用，具有鲜明的阶级斗争性；最后，意识形态国家工具是基于镇压性国家机器庇护下保证生产关系的再生产。阿尔都塞的意识形态国家机器主要由宗教、学校、法律、家庭、工会、政治、文化以及传播等不同功能的专业机构所构成。虽然他的理论存在一定不足，然而其依旧极大深化了批判资本主义的力度，拓展了马克思国家理论的视野。❺在他们的"权力—意识形态"模式里，意识形态都力求构建自身的

---

❶ 涂凌波. 现代中国新闻观念的兴起［M］. 北京：中国传媒大学出版社，2016（7）：128.

❷ 涂凌波. 现代中国新闻观念的兴起［M］. 北京：中国传媒大学出版社，2016（7）：127.

❸ 朱文婷，陈锡喜. "历史"对话"结构"：葛兰西意识形态话语权的范式分析及其当代启示［J］. 上海交通大学学报（哲学社会科学版），2016（7）：84–89.

❹ 肖琼. 葛兰西的"文化领导权"和福柯的微观权力论之比较［J］. 广西师范大学学报（哲学社会科学版），2009（2）：26.

❺ 杨昕. 中国共产党意识形态话语权研究［M］. 北京：社会科学文献出版社，2015：37.

话语体系，统治阶级依靠国家机器通过显性或者隐性的方式逼迫其他文化形式臣服于自己，进而取得话语权的绝对优势。各种利益集团为争取本集团利益也必然争夺意识形态话语权。

而福柯对于"权力—意识形态"模式在相当程度上持否定态度。他认为，权力在机制上可能导致意识形态生产，然而从根本上而言并不是意识形态。他力求将话语研究"既超越了意识形态，又达不到意识形态"。❶ 据此可见，福柯并没有将话语权力彻底"去意识形态化"的意图，而仅仅是希望不要将话语权局限于意识形态的框框内。他认为，"在权力的研究中，我们应该避开利维坦的模式。我们应该避开法定的统治权和国家机构的有限领域，并把我们全部分析建立在对支配的技术和战术的研究之上"。❷ 他只是大声呼吁话语权力的研究应该突破国家、法定、法律的条条框框，更多关注之前被忽略的微观权力的技术性问题。他以精神病、性权力为分析样本，将话语权力的范畴溢出至所有知识门类中。因此，福柯的话语权力理论建构目的是用以分析控制个体、群体和人们的身体所利用的多元规训机制的，其强调的是法律制度的表层之下，权力运作处于微观的战争状态，以及规训手段上的微观物理机制。他的这种分析角度，对于我们思考自媒体空间的规训功能是具有启发性的。

第三节 自媒体与媒介话语权的关系

一、自媒体凸显话语权的微观视角

在分析角度上，话语权理论的研究视角逐步从宏观向微观过渡。传统权力理论视权力为实体性的存在，是可以拥有、所有、霸占的。与权力搭配的动词往往是实现、支配、贯彻、获得，他们关注的是权力的支配者或者所有者。葛兰西对马克思的阶级斗争学说加以丰富，认为被统治阶级在暴力夺取政权外更

---

❶ 常健，李国山. 欧美哲学通史（现代哲学卷）[M]. 天津：南开大学出版社，2003：567.
❷ 米歇尔·福柯. 权力的眼睛——福柯访谈录 [M]. 严锋，译. 上海：上海人民出版社，1997：236.

需要在意识形态话语的霸权中摆脱出来。从"霸权"二字便可以看出其宏观政治的批判角度，其理论对于非政治性的、社会关系的中观和微观角度是缺失的。葛兰西初步意识到权力关系场的存在，其关系场中包含权力的支配者与被支配者。但是他的关系场无法摆脱当时的知识背景，其赞同与支配的关系具有线性以及方向性的特征。这种特征源自统治者对被统治者有计划有意识地传播意识形态相关思想的行为，以达到被统治者基于赞同而欣然接受统治者意识形态的目的。❶

尔后不少学者开始逐步尝试在微观层面上解读话语权，逐步完善了微观权力理论。哈贝马斯对话语权的建构是乐观的，他将希望寄托于媒介话语互动所形成的公共领域建构之上，摆脱了葛兰西等学者在批判上的结构性以及纯粹政治性，而关注私人性质以及非政治性的公共领域。鲍德里亚对此的态度却是悲观的，他的消费社会批判是从微观的符号学角度进行的。在他眼里一切都被数字化、仿像化而虚拟化、幻觉化了，公众透过大众媒介所创造的幻象认识世界，他们的意见被剪辑、编辑和操纵。这种平面化、单向度的媒介经验导致公众失去了参与意义生产的主动性，只能排斥意义并被动地接受媒介所创造的形象。❷ 霍尔的编码解码理论认为，电视新闻通过加工编码的符号化过程才可能进入传播，而后经过解码被受众所接受。因为编码和解码经常性的不对称，所以话语在传递过程中经常被误解。编码与解码的符码不对称程度由话语生产者与接受者话语地位结构差异所决定。❸ 这为研究话语权力如何在传递过程中实现提供了另一种微观的角度。福柯较为彻底地在微观权力论的基础上提出话语权的概念，认为"话语即权力"，这种话语权力是一种弥散的、去中心化的网状关系。话语权不是被拥有的，而是在流动中产生并传递的。他深刻揭示了微观隐藏在话语背后无所不在的权力，进一步完善了微观话语权理论。❹

微观话语权理论对传统意识形态权力理论的质疑有助于人们更深一步思考

---

❶ 肖琼. 葛兰西的"文化领导权"和福柯的微观权力论之比较［J］. 广西师范大学学报（哲学社会科学版），2009（2）：26.

❷ 刘学义. 话语权转移：转型时期媒体言论话语权实践的社会路径分析［M］. 北京：中国传媒大学出版社，2008（9）：197.

❸ 许正林. 欧洲传播思想史［M］. 上海：上海三联书店，2005：358.

❹ 吴瑛. 中国话语权生产机制研究［M］. 上海：上海交通大学出版社，2014：25.

自媒体话语权的运作规律。它强调关于权力分析应注意以下若干问题。❶

第一,权力格局具有去中心化的特点,权力分析不应仅关注居于中心位置的合法权力,还应关注权力末端的区域以及局部的机制,重视权力的末端毛细血管的状态。"在权力最地区性的、最局部的形式和制度中,抓住它并对它进行研究"。❷ 微观话语权理论将权力分析从国家机器以及法律制度上面挪开,并将其引向最基层、最局部的地方,即权力的实际操作、被规训者的反抗、规训的实际形态等。从这些底层微观的细枝末节中获得权力运行的真实效果以及实际意图,从而揭示权力运作的真实谱系。自媒体的去中心化网络架构与微观话语权理论的无中心网状权力架构具有极高的契合度。以往习惯了居于中央、高高在上的主流媒介现在与所有个体处于一样的地位,甚至有被边缘化的危险。在网络上,"如果认真你就'out'啦",生硬单调的说教引来的只能是嘲弄乃至无视。因此,对于自媒体语境下的话语权分析应该从话语微观的角度出发,关注微观话语的真实状态。

第二,权力主体具有匿名性,❸ 权力不应被视为个人、群体或者阶级对他人同质稳定的单向支配。在传统的权力理论中,权力是由某些个体"所有的",他们是当然的统治者。在话语权理论看来,在现代性理论中的统治者诞生于近代的知识结构,是近代话语霸权背景下的知识以及语言的产物。随着现代性话语霸权的解构,后现代的知识被去结构化,这种权力的主体也随之逝去。所以,后现代权力理论一直淡化权力主体的必要性问题,一再强调权力问题里面由谁掌握权力已经不再重要。微观话语权理论将权力视为一种交错的网络关系,在这个网络关系中权力主体具有不确定性,任何个体都可能成为权力实施的主体,同时也有可能成为权力实施对象。权力不是"某人的",也不是固态的,而是通过网状组织架构运转,在网络节点的链状结构中循环往复,动态演化的。自媒体网络中所有节点的影响力仅仅在话语行为作用的时间节点上持续,其话语权力犹如流星般随着话语痕迹的消逝而重新归零,其话语权力不是固态的而是气态的。话语进入传播环节后,通过各节点接力式的不断传递,

---

❶ 常健,李国山. 欧美哲学通史(现代哲学卷)[M]. 天津:南开大学出版社,2003:567.
❷ 米歇尔·福柯. 必须保卫社会[M]. 上海:上海人民出版社,1999:26.
❸ 刘立刚. 新闻传播研究:范畴与范式[M]. 北京:中央民族大学出版社,2013:42.

在各节点进行再生产、再传播，或循环式上升成为热点，或螺旋式下沉逐渐消逝，或被其他话语所冲击淡化，其过程是动态演化的。

第三，权力行为具有反抗性，个体不能仅仅被视为被动接受的对象，同时亦是发号施令对他人施加影响的成员。权力所产生的关系并不一定是统治与被统治的明显二元对立关系，权力关系发生于家庭、团体、生产结构中的任何角落，无所不在。有权力的地方就有反抗，这种反抗也不是传统的二元对立关系那么水火不容。权力将自己隐藏起来，其发生作用必须以权力对象的同意为基础。权力的成功取决于他们是否将自己的手段隐藏起来。[1] 自媒体语境中所有个体本身便是话语接受者，同时亦是话语生产者，他们之间的影响是交互式的。个体本身便为权力传播的中介，不再需要大众媒介以及科层式"单位"的信息中介功能。在自媒体话语权分析中，应该抛弃以往传统话语自上而下灌输式教育的套路，将其与自媒体的媒介技术紧密结合起来，更为细微、更为隐蔽，也使话语引导更为让人易于接受。

第四，权力运转的力量源自基层而非中心。传统的权力观念认为权力是理所当然从上往下的。后现代权力规则认为权力是自下而上的，权力从中心向边缘的辐射仅仅是其运作的一种方式。自媒体语境下处处皆为中心，因此也就没有真正意义上的中心。既然以往的话语权运作模式在自媒体的语境之下已经无法奏效，那么应该将话语规训的权力隐藏于自媒体话语的生产与传播过程中，并重视规训互动过程中合谋、联合、反抗的微观细节。我们更应关注微观社区中话语的运作机制，并由此关注微观机制如何经过系统放大累进而呈现出来的宏观规律。当下更重要的是分析权力如何在无限小的微观环境中运作，以及这些微观机制如何不断升级化为中观乃至宏观的规律。

从以上分析可见，微观话语权理论在批判以往权力观念的基础上推出了另一种面相的权力概念。这种权力概念尽力将人们对权力的宏大想象击碎，还原权力一个真实的微观景象。权力不是自上而下单向的，特定的权力来源已经消失。权力源自无数个体，像毛细血管一样延伸至社会生活的所有角落，似乎无法捉摸而又无处不在。权力经典稳固的统治者与被统治者的"双向对立"结构不再是理所当然的，权力应该被视为众多力量的网状关系，是"人们赋予

---

[1] 刘立刚. 新闻传播研究：范畴与范式 [M]. 北京：中央民族大学出版社，2013：43.

某一个社会中的复杂的战略形式的名称"。❶ 这种网状关系，构成了后现代哲学家德勒兹所指向的块茎状社会结构——无中心、多元互联、等级不明显。这种战略形式适合块茎状结构的游击作战，一方面，边缘的弱势群体为突破强势群体的"围剿"采取游击战的策略；另一方面，强势群体由于阵地战的低效也被拖入了游击战之中，只能采用以游击战对游击战的方式。强弱双方都试图借助自媒体的网络"块状"关系，建立一种多元互联共振的共同体，以达到话语权争夺战争的胜利。这是各种话语主体在自媒体话语丛林中的博弈，以取得话语权上的主导性以及殖民性的过程。

这种微观话语权理念与自媒体语境之下的结构去中心化、权力主体平等、媒介权力泛化等现象不谋而合。所以，对于自媒体时代话语权的研究应该顺势而为，从宏观走向微观。

二、自媒体凸显话语权的复杂性视角

人类文明史中，话语权在国家政治生活、个体日常生活中以各种方式始终存在，信息的发布、传递、接收以及分享是其最基本的样式。随着人类科技的进步，在信息效率提高的同时，权力也越发精致化、越发渗透进生活的微观层面。微观权力理论从微观叙事的角度出发，解构了宏大叙事的经典权力观。微观话语权理论认为权力更重要的是其运作方式，并非宏观的物质力量，而是微观的能够在个体以及社会角落之间流动的能量流。❷ 因此，福柯的"微观权力论"即为在社会生活的最细微之处对权力的运作进行分析。但是受前互联网时代生活经验的限制，他无法想象自媒体时代话语场域去中心化的颠覆性革命，所以其对微观权力的论证依旧停留在"圆形监狱"的经验里，对于弥散权力的论证还受限于学校、医院甚至军队等经典的科层式中心化封闭组织的认识框架中。虽然福柯的理论是后现代的，然而福柯受时代所限其规训手段依旧停留在现代甚至前现代的线性关系阶段。因此，对于自媒体话语之间非线性、复杂性的特征，福柯等学者基于既往经验的想象无法真正触及。这与福柯本人

---

❶ 米歇尔·福柯. 求知之志 [M]. 尚恒译，杜小真编. 上海：上海远东出版社，2003：345.
❷ 景君学. 后现代与当代中国 [M]. 兰州：甘肃文化出版社，2015：218.

微观权力去中心网络化运作的权力描述具有不可调和的矛盾。因此,在自媒体这一人类史上最复杂的话语系统中,话语权理论必须适应此话语环境而从系统复杂性的角度进行分析与解读。

1. 规训手段从单向转向回馈

微观权力观揭露了现代性政治的不足——权力愈加倾向于一元化的理性模式,其形式便愈加单一。过度单一的权力不仅妨碍自由以及民主的实现,造成权力的局限,更容易"使权力受挫并走向极端"。❶ 权力不应该是一种单方面从上向下地企图包罗一切,统一所有的形而上。权力应该是一种生产性的实践,权力的真谛应该时时刻刻都在生产鲜活的权力;其应该源自公共生活过程中所有角落;应该是具有反馈性质的互动。因为互动,权力的形式便不仅仅局限于单向抑制、拒绝以及禁止,亦具有了针对具体境况的可塑性以及适应性,便可以更进一步在反馈中形成螺旋式上升的回路而不断强化规训的效果。

在传统媒介话语规训的流程中,基于技术的局限,传播对象的位置、传播过程、传播效果、对象需求都是难以获知的。编辑很难得知读者在书本的什么地方折上了一个角,画了一个什么样的记号。媒介的具体规训行为是一次性行使的,这让话语权只能依仗宏大叙事的"大面积杀伤力"以获得魔弹理论所追求的粗暴压制性效果——全能的媒介负责发布信息,分散的大众单纯接受信息,被传播对象就如固定的靶子或者躺在床上接受注射的病人。传播者只要将信息瞄准受众恣意扫射,便可以将信息直接注入而迅速制造效果。技术的无能导致对受众无视,同时也造成传播反馈功能缺陷的无奈。话语权故而无法获得及时反应的能力,只能盲目的不加区分地进行"野蛮扫射"。自媒体时代下,所有个体的行为由于都被数字化,用户关注哪些内容、在哪些页面上停留、时间跨度、是否转发、留言内容,甚至在哪里都做了什么记号,都被一一追踪。对个体的数据画像往往比个体对自身的了解还更精确。对行为的监视、记录、归类、建模、分析让对个体行为作出精确诱导成为可能。规训从而有可能从"扫射"转化成精确制导的"点杀"。看起来似乎所有个体都是其自身基于自主意识而作出的选择,其实个体行为只是基于大数据的刺激而作出的应激反应

---

❶ 米歇尔·福柯. 权力的眼睛——福柯访谈录[M]. 严锋,译. 上海:上海人民出版社,1997:236.

或者条件反射。在这种意义上讲，个体犹如牵线木偶一般，是可操控的。随着数据的积累，对个体规训的精确制导将在不断的循环反馈中越来越精确，这将不断强化其结果。

2. 话语主体从内生转向游离

微观话语权是一种内化的机制，其不是在外部压抑主体。权力所依靠的机制在内部运转上是匿名的，不被任何个体所垄断，由全体合法个体所共享。合法的权力主体只要利用权力所存在网络关系的有机体，便可以发挥权力。微观话语权强调权力永远是关系中的权力，在不同事物的关系中随时产生，是可再生的、复数的、变动的、微观的、细节的、流动的、交缠的、局部的。然而，它所指向的权力依旧内生于某个知识结构、某个组织。这从福柯关于医院、学校的论证可见一斑。毕竟，他生活在工业社会的末期，此时学科分化正处于高峰，跨学科交融有所发展，然而学科的界限依旧十分清楚，因此组织的边界亦十分清晰。虽然福柯试图描绘权力的网状结构，但还是将其依托于各种学科与组织的框架之内。毕竟，在当时"跨界"生存的客观条件尚未成熟。脱离了组织，个体难以生存，规训的权力更无从着落。

自媒体时代之前，每一个个体基本都必须隶属于一个组织——学校、医院、军队、行业协会等，其组织架构基本为科层式的。个体价值往往由其在组织或机构中的地位、价值所决定。即使在 Web 1.0 时代，用户发布内容基本都必须登录门户网站，发表的内容隶属于网站的某一版块、某一主题。主题、版块的内容依据逻辑关系构成一个层级累加的目录树。隶属于某个层级机构成为几乎所有个体正常的存在状态。自媒体语境下所有个体话语权真正实现了平等，互相之间没有先后或者隶属关系。由此他们之间是游离状的，他们的地位是各自独立的。技术在赋予所有个体独立话语权的同时，赋予其独立的话语利益，这也意味着赋予其游离于组织体之外的生存能力。自媒体平台"罗辑思维"便为突出的例子。有自媒体业内专家将其话语利益变现的方式概括成为以下若干层次。

第一层次为基于粉丝个体行为变现。首先是广告方式，例如利用粉丝点击界面的广告，或者通过界面的链接，将粉丝引导到广告商的目标界面。其次是引导粉丝行为，如引导粉丝下载某些 APP，或者为某些公司的成员注册作推广，或者通过软文引导粉丝购买商品。这种套现模式较为简单粗暴，因用户体验较差所以容易引起粉丝群体的警觉。无论是哪种方式，一般而言自媒体平台都会基于阅读量或者点击量为自媒体内容生产者付费，例如在百度经验中，作者所创作的内容被阅读，平台将依据阅读量为作者支付酬金。在土豆、优酷、爱奇艺、腾讯等分成视频平台，观众观看创作视频之前被强迫观看广告，自媒体平台将其所获广告费用与创作者进行分成。

第二层次为基于粉丝社区的文化变现。这种方式首先必须有较为稳定的粉丝群体，粉丝群体的黏性较强，所以具有较为活跃的粉丝社区文化。简而言之，就是有故事，有情节，得到认可。基于粉丝对社区文化以及自媒体品牌的认可，可以将话语权进行变现。例如在自媒体社区中进行付费阅读；基于社区文化创作软文，软文是与硬性广告相区别的"文字广告"，其将特定概念诉求隐藏于广告商所设计的思维陷阱，通过摆事实讲道理的方式，以强目的性的心理攻击迅速实现广告目标的模式。也可以在社区中构筑会员圈子，例如基于"罗辑思维"发展而起来的各地民间组织——"言罗会"，其成员具有宗教般的热情，有做礼拜似的忠诚，不少组织者依附于这些组织之上。❶ 或者可以利用粉丝黏性，做淘宝店铺，开微信的微店，如赵薇的淘宝店"同名红酒庄园"、韩火火的淘宝店"DO NOT TAG"、公众号"军武次对面"的微店"军武优选"等。这种模式因为比较真诚相对而言较易被粉丝接受。

第三层次为品牌推广以及产业嫁接。品牌推广是基于某些专业的自媒体，基于其在行业内较大的影响力，不进行直接广告的露骨推广，而是在文章中为相关品牌或者领域做品牌推广。例如公众号"国产车之家"为众多国产车做的新车推介，企业文化的推广等。产业嫁接是利用在相关领域的品牌影响力，为相关用户提供相关领域的上下游服务。如科技公众号"36氪"原为关注互联网以及高科技创业的媒介平台，而后为相关创业提供创业孵化、展会组织、股权众筹、互联网金融等服务。

第四层次为自我品牌升级。如果前三个层次是为他人"吃喝"而变现，第四层次则是将自己的品牌影响力加以升华，成为一个IP❷热点式的强势品

---

❶ 罗辑思维的"地下江湖"［R/OL］.（2016-01-03）［2018-06-15］. http：//tech.163.com/16/0103/09/BCD6HMDK000915BF.html

❷ 原指IP地址，后特指影视产品中的"文学潜在财产"，而后泛指品牌的"知识财产"。

牌，从一个关注热点升级为一个产业或者服务品牌。例如雕爷牛腩、丁香园、河狸家等，都是由自媒体发展而起的企业乃至产业。❶

从以上自媒体平台利益变现的诸多方式可以看到，话语的获取以及话语的发布再也不需要依靠科层式的组织架构，其功能真正由自媒体话语的网状结构所承担。话语权的独立行使便可以获得自我话语利益，个体从而取得了生存以及发展的基本保证。话语的独立让个体不再附着于"单位"这个母体，不再内生于某个组织，个体状态从而从内生走向游离。

3. 规训对象从隔离转向连通

传统的权力观认为权力的落脚点在于统治者与被统治者之间的关系：统治阶层垄断了一元话语权，统治者人为地将其本身与被统治者隔离开，被统治阶层个体之间是时空断裂互不通约的。这种隔离性保证权力自上而下的单向性。在话语权运作过程中，被规训者无处可逃，只能接受；他们之间无法沟通，让权力得以恣意而无须考虑受规训对象的联合。环形监狱模式中，监视者和被监视对象是分离的，监视者可以看见被监视者的种种表现而被监视者对此一无所知。被监视者之间相互隔离，不能相互交流以保证治理的有序。每个囚犯被隔离于一个个狭窄房间，独自承受孤独，忍受被监视的压力，不能相互抱团取暖、互通有无，更不能联合组织越狱或者反抗。微观权力理论否定了这种隔离的模式，认为权力既非一元统治模式亦非二元协商模式，而是个体关系之间相互作用的多重力量关系，反映的是个体处于关系网中的策略性。❷ 关系网的最大特点就是所有个体之间是连通的，个体在网状结构中互相合作，同时互相博弈，因此，在合作与博弈中权力被技术化而富有策略性。关系的连通让个体的话语行为不得不考虑其与其他个体的关系，其与局部的关系，甚至与整个系统的关系。

自媒体语境下的话语系统中，话语的开放性让所有个体都具有相互连通的可能。没有个体能恒久处于瞭望塔的监视主体地位，其在某一话语关系中处于规训者的地位，在另一话语关系中可能便沦为被规训者。规训者仅仅靠自己单

---

❶ 徐戈. 自媒体怎么月入百万之变现套路全解析［R/OL］.（2015 – 08 – 17）［2018 – 06 – 15］. https://www.jianshu.com/p/3cef7b18de7a.

❷ 景君学. 后现代与当代中国［M］. 兰州：甘肃文化出版社，2015：218.

个个体的话语"射程"是十分有限的,其话语能量犹如闪电般很快便会被信息的星辰大海所吞没。如果教育者意图对他者施加有效影响,必须与其他个体连通并取得群体的合作,通过他们的分享、点赞、转发,最终方有可能叠加而形成"蝴蝶效应"。这对于传播技术的策略性要求更为显著。规训对象个体也不会老老实实地待在囚笼中任由教育者监视与呵斥。他们可以逃逸,可以联合其他个体抵制、嘲弄甚至反身攻击规训者。规训与对应的反抗行为之间不再是传统话语战争的"阵地战",而是零散的、时时刻刻的、富有策略的"游击战"。所有个体在变幻莫测的关系网络中博弈而采取最优的策略,通过与其他个体连通而获得话语能量。这种非线性的不确定将导致系统的极端复杂。

第二章　自媒体话语权运行规律

　　与传统话语权有所区别,自媒体视域下的话语权运作有可能真正实现从宏观向微观的转向,通过考察微观层面权力渗透的个体间相互作用规律,进而从宏观上把握自媒体话语领域中的各种话语现象。微观权力理论否定了权力的实体意义,强调以"力量关系的术语来思考权力"。[1] 其另辟蹊径,透过权力的动力学模式以解析权力复杂体系中各差异个体间的竞争(战争)。在权力结构似乎静止平衡的表面之下,个体在特定微观动力模式中冲突、合作、竞争。这种微观协同动力学特质表现在三个方面:其一为协同性。个体在微观的社会实践中践行着微观权力,各种权力的力量或相互促进、互相支持,或相互否定、彼此抵消。在竞争中扩大差异,在合作中相互交融,逐渐形成既异质多元又具有"家族相似性"的权力谱系,从而促进宏观系统的整体繁荣。其二为自主性。权力意味着支配与控制,任何个体都处于一定的权力系统中。个体在权力系统中并非毫无建树,其通过本能性的反抗和自觉性的策略,对施加于其身上的权力效应加以改变、消解,解构过时的、落后的权力结构,重构崭新的、更先进的权力关系。其三为规律性。个体在微观权力场中的主动适应与选择是在群体性合作与竞争之中的博弈行为。群体的合作与竞争需要博弈行为的不断重复与循环,促使群体逐渐形成较为稳定的行为习惯与力量关系,最终构成宏观上较为稳定的权力结构。由此微观的行为习惯以及宏观的权力结构构成微观话语权力场的规律。

---

[1] 米歇尔·福柯著. 福柯集 [M]. 杜小真,编选. 上海:上海远东出版社,1998:506.

第一节　自媒体话语系统的竞争协同性

协同学理论认为，系统具有诸要素之间在协同的基础上自我发展、自我组织的特性。这种特性是客观存在的，不以人的意志为转移。协同即为子系统间的相互竞争与合作。因此，协同动力学强调鼓励竞争、提倡合作，在竞争与合作的协同效应下把握系统的动力学模式。其一，系统内要素间的竞争既"造就了子系统远离平衡态的自组织演化条件"，又"推动了系统向有序结构的演化"。❶ 因而个体间的竞争必须鼓励。其二，系统内要素在竞争的同时相互合作。要素间的某些运动趋势通过合作加以放大，在系统的多种发展趋势中形成优势，从而形成动力学模式而推动系统发展。通过合作，各要素方形成联系从而构成系统的整体，因此必须提倡合作。其三，要素间通过竞争合作形成协同关系。这种关系是动力学模式的动态相互作用。在竞争中某些系统要素的运动趋势胜出并通过合作强化本身的优势，从而抑制其他运动可能趋势。因此，这种协同过程本质上又是一些要素巩固优势、打击对手的竞争过程。由此来看，这个过程既是竞争的，又是合作的，❷ 共同组成竞争与合作的动力学模式，推动系统发展。

一、竞争激发系统活力

在公平的话语秩序下，竞争在利益最大化的行为决策中，只有通过满足他人利益的方式才能让自身利益得到满足，即仅仅通过互惠合作方能获益。在这种话语秩序中，理性的个体将会在规则的范畴内决定自己的话语行为。打破规则，甚至以损害他人的方式获利的参与者将受到规则的惩戒。在自媒体的话语场域中，所有个体都具有自主决定话语生产的内容、方式、对象的决策自

---

❶　吴彤. 自组织方法论研究［M］. 北京：清华大学出版社，2001：66-67.
❷　薛伟江. 福柯"微观权力论"思想的科学内涵——从协同动力学的观点看［J］. 科学技术与辩证法，2004（2）：38.

性。自媒体的话语生产者，必须以最方便受众获取以及"悦读"的方式，向他的消费者提供最受欢迎的信息产品和资讯服务，以争夺极为有限的注意力资源。而这显然最终是为了获取最大的话语利益。对于受众而言，话语市场的激烈竞争正好告诉我们哪些信息生产者所提供的资讯更丰富、及时、可靠、有趣。自媒体话语市场的丛林世界里，信息资源的过剩以及审美疲劳导致受众对于资讯以及服务的期望值越来越高，打动受众关注公众号必须花费更多心血，受众却可以一言不合就"取关"（取消关注）。这种压力将激发话语生产水平的水涨船高，从而激发话语系统的活力。

二、协作放大竞争效果

自媒体通过便捷的点赞、转发功能让众多散落于各个话语空间的个体联结在一起。一个词语、一条即时性新闻只要能击中受众传播的痛点，便可能迅速火烧连营成为网络热词或爆炸性新闻。个体话语不断传递形成多米诺骨牌，最终形成"蝴蝶效应"，将原本处于松散状态的话语系统瞬间联结于一体。这种共享合作的机制将竞争的结果呈几何倍数级别的放大，原本游离状态的个体由于此机制而连接成为有组织、有秩序的自组织整体。

竞争与协作似乎是对立的，但事实上两者是相通的。人类社会发展是一部在合作中竞争、竞争中合作的历史。竞争实际上是大规模的合作与协同。❶ 以工业社会为例，这个时代的合作是为了竞争而开展的合作，合作从属于竞争的要求。所以，竞争与合作之间存在既矛盾又统一的关系：一方面，为了竞争，必须壮大自我，并通过合作在竞争中获得优势；另一方面，竞争必然破坏合作关系，竞争参与者将会从自身利益出发决定是否合作，所以背叛合作情形经常出现。随着人类科技的进步，人类社会步入全球化、信息化的后工业化时代，社会越来越高度复杂化，竞争与合作既矛盾又统一的关系更加突出。这种高度复杂性的社会更加依赖于人类大规模的社会合作。一旦社会合作被破坏，人类社会将无法承受其代价。人类社会的竞争更多体现在对社会合作的建构而不是

---

❶ 姜萍. 正能量的力量：职场正向能力 10 项修炼［M］. 北京：中国财富出版社，2014：141.

破坏。[1] 所以，更大规模的社会合作以及协作将是当下后现代信息化社会的突出特征。

三、竞争协作推动系统发展

个体的自媒体话语生产既是竞争的，同时又通过协作共享加以传播，进行再次话语生产与分享。其一，一个话语主题内部存在竞争协同的关系。一个话语主题在不断被分享、创作、再分享、再创作的过程中不断演化，最终形成众多的变种。例如，在"我爸是李刚"事件中，这个关键词在传播过程中演变出歌词、段子、歇后语、表情包等诸多样式，让人惊叹网民的创造力之丰富。其二，不同话语主题之间存在竞争协同的关系。在不同的话语主题中，不同的话语此消彼长，不断争夺网民的眼球，资讯泛滥分散了受众注意力，话语开放方便了受众的逃逸。因此，我们已经领略到自媒体话语场"一方尚未唱罢，一方已经登场"此消彼长的局面。"帮汪峰上头条"事件便为例证，在汪峰与章子怡表白的多个时间点上，刚好遇到若干的重大事件，夺走了网民的注意力，让汪峰"成为头条"的意愿落空，有网友统计阻拦汪峰上头条的舆情事件居然有 14 条之多。于是网友纷纷调侃汪峰屡次对于重大新闻掐错点，网友的疯狂调侃反而推动"帮汪峰上头条"成为微博热门话题榜的头条。类似这种舆论自由市场上的话语竞争，在让受众目不暇接的同时增加了话语市场的生态多样性，促进了话语市场的繁荣。

第二节 自媒体话语主体的行为自主性

自媒体在人类历史上第一次赋予所有话语个体平等的话语自由与话语权益，从而为话语系统的发展与进化提供了初始动力。开放的话语状态、主体的平等地位、独立自由的话语行为又成就了自媒体话语场域自由话语市场的性质。市场条件下，个体利益独立而不对立，竞争而不冲突。市场秩序允许目

---

[1] 张康之. 合作的社会及其治理［M］. 上海：上海人民出版社，2014：77.

标、诉求以及偏好的多元性存在。每一个体依据自身偏好、特长以及优势进行决策，参与竞争。他们通过参与话语的生产、流通、消费环节实现自身利益。

一、自媒体充分竞争决定文化上自我与自在

后现代主义哲学强调必须从社会、文化、历史等角度理解主体。"微观权力论"同样主张人与社会、文化、历史不可分割，互为解释。一方面，权力本身便是控制及支配的力量，任何个体必须处于社会权力结构中的某个子系统。个体置身于某一权力场中无可选择，受特定文化、社会的影响以及塑造而无法逃避。反之个体也是权力为维持其结构所生产的微观载体。另一方面，个体在权力系统中也并非决然消极。个体通过本能上对他者"反抗"和自觉的自我"呵护"，抵制、改变权力对其效用，瓦解并重构权力的结构。正是从这一点上，微观话语权理论认为宏观的社会变革只能寄托于微观的个体斗争。

在微观权力的语境下个体如何反抗？福柯强调了两点。第一，必须诉诸局部的特殊反抗。福柯认为权力是弥散的，无处不在却没有中心，没有固定主体，因而反抗权力不应该是总体性的阵地战，而只能是局部反抗式的游击战。[1]所有权力的冲突点、所有权力施加的临时性中心，都可能发生权力的冲突乃至斗争，甚至发生权力的颠覆。我们可以将自媒体语境视为哈耶克自由秩序的一种生动体现。自媒体话语语境里存在海量的规则空间，如同具有众多制度选择的自由市场，这赋予每个个体行动的自由。如果某个成员对社区规则不满意，轻易地便可以通过用脚投票的方式逃逸到更符合其个性的在线社区。进入在线社区的自由性以及大量制度的可选性造就了完美的竞争模式。在这种充分竞争的环境中，个体可以用极低的成本反抗局部规则，从而推动话语生态圈内部基于关注个体需求的制度竞争上优胜劣汰，从而导致规则生态的整体进化。

第二，福柯指明了"生存美学"的抵抗策略。他认为既然身体和性作为微观权力的监控对象，那么追求这两者的解放便成为抵抗规训的重要策略。

---

[1] 刘军. 从宏观统治权力到微观规训权力——马克思与福柯权力理论的当代对话[J]. 江海学刊, 2013（1）: 69.

《性史》实际将道德类型分为两种：一种是基督教道德，其主旨在于服从法典；一种是希腊—罗马道德，古希腊的生命伦理通过"关切自身"的伦理行为，打通了生命、政治与美学之间的联结，宗旨在于将自己生活变成一件艺术品。❶ 福柯受此影响而指出"生存美学"的抵抗策略——将自我视为一个需要费力创作的对象。这个策略要求个体应该具有认识、改造和完善自我的伦理追求，这即为创造性造就自我的生存美学。在这一点上，他一方面是"主体终结论"者，另一方面又关注个体的原始身体经验，关注个体的生存，具有浓厚的人本主义情怀。而从另一个角度考量，这实质上是竞争为话语消费者所带来的实实在在的收益。为了讨好消费者，话语生产者不得不重视消费者的个性化需求。从生存美学的角度考虑，自媒体是通过塑造个体、塑造社群、塑造社会三个层面推动话语权的进化的。第一层面为塑造个体。自媒体"自"字当头，其私人属性让其成为个体彰显自我、表现个性的平台。在自媒体的话语场域，个体热衷于还原日常的琐碎、抒发点滴的情感，表达当下的状态。个体在自媒体平台上毫无保留的展示在相当程度上有利于个体人格的自我设计与塑造。第二层面是塑造社群。社群组织界限模糊，是原有旧社交网络和新社交网络重叠生长的客观组织状态，往往从线上延伸到线下。这里不仅让个体寻得精神以及文化归属，而且通过资金众筹、组织协作等群体一致行动实现个体的梦想，让个体的话语权力通过群体的聚沙成塔凝结成强大的力量。第三层面是塑造社会。政府官员、企业等为提升在自媒体领域的话语影响力，也纷纷开启微博、微信公众号，采用口碑传播的方式与众"亲"们套近乎。一向高冷的人民日报、国务院新闻中心等众多机构也纷纷采用元芳等网络热词、利用"淘宝体""甄嬛体"等接地气的句式与受众交流，主旋律电影《厉害了，我的国》也毫不吝啬地采用网络用语。正是自媒体让自我、自由、自然的话语风格植入社会各阶层的话语体系，潜移默化地改变个体社交方式乃至生活面貌。媒介的变革诱发了个人与社会的变革，让社会整体的话语氛围转向以个体话语感受以及话语利益为基本出发点，重视个人自在❷的人本主义上来。

---

❶ 朱迪特·勒薇尔. 福柯思想辞典［M］. 潘培庆，译. 重庆：重庆大学出版社，2015：54.
❷ 此处取"自在"的基本含义，即自由、身心舒畅。

二、自媒体开放自由决定伦理上自主与自治

自媒体的话语场域具有显著的开放性特征。首先，其话语来源多种多样，可能是自己的所见、所闻或者所感，也可能是网站、公众号、朋友圈、微博甚至其他APP平台的一条信息。其次，话语的展示是公开的，除了一些个人所设定的隐私信息，用户的体制、照片以及内容都是其他用户可以浏览的。影响力较大的公众号、头条号等意见领袖的信息更是完全开放以求更多受众的阅读。正是因为自媒体场域具有开放性的特征，自媒体场域才可能产生自组织现象。

因为自媒体场域的开放性，所有个体的自媒体话语行为都是自由的。他可以不再受现实话语场景的约束，匿名性又进一步为话语自由松绑。但是这种自由造成个体似乎不再需要为自己的话语行为负责的错觉，导致自媒体话语场的网络暴力以及民粹主义。英国政治思想家约翰·斯图尔特·密尔认为，人们享受思想自由和讨论自由的权利，反对任何形式的多数人对少数人意见的压制，反对任何权威压制意见，因为被压制的意见可能是正确的。密尔同时强调，个人的行动只要不涉及自身以外其他人的利益，个人便不必向社会负责，对于他人利益有害的行为，个人则应该交代并负责，而且应该承受社会或法律的惩罚。❶ 开放性所赋予个人的自由话语权必须以不侵害他人利益为前提。他所提出的观点在服务人们充分思想以及言论自由的同时，要求个人必须对自己的话语及其行为负责，必须具有很强的自律性。

自媒体基于社交网络而传播。社交网络的关系既来源于现实社会，同时又与现实社会相区别。没有了现实世界物质、现实场景等诸多约束，其充分开放决定了让其遵循现实社会的伦理体系是不可行且不现实的。个体在自媒体话语场域中的伦理体系构建，是以重新达成共识为核心的自组织演化的过程。在这个过程中，用户个体的自律以及社交网络之间的压力是维护个体之间关系网络稳定的决定性要素。在不断的重复博弈之中，个体之间的话语关系逐渐形成自主、自治的开放性话语交互平台。

---

❶ 李龙. 西方法学名著提要［M］. 南昌：江西人民出版社，1999：373.

三、自媒体多元互动决定过程中自决与自觉

自媒体的话语场是多元的，基于网状的社交结构分布着各个具有强联系或者弱联系的小组，每个小组都由不同的人员组成和维系，其关注的内容也有所不同。同一个体可以同时参加多个兴趣小组，参加的人对话语参与的程度也参差不齐，导致各小组发展的程度各不相同。这种多元化的分布具有很大的差异性，但是他们又同时处于同一个虚拟社交的网络之中，相互之间的差异落差形成势能，他们之间方可能发生信息以及能量的交换，共同组成复杂的话语巨系统。个体、子系统与巨系统之间相互影响、相互促进，导致整个社交网络逐渐向有序进化，这是自媒体话语系统产生自组织现象的基本原因。自媒体话语系统中的自组织行为，主要体现在其发展与进化的过程中系统的自适应、自生长与自稳定。这一过程要求系统中的个体需要不断通过自己的自主行为与其他个体发生互动博弈，从而促使自组织现象的发生。

在这种多元互动的话语格局中，自媒体打破了传统媒介的把关模式，而转为自我把关模式。传统媒体把关在新闻话语产生以及传播之前，在把关人群体中，记者决定着哪些素材具有新闻价值，编辑决定着素材加工的方式，总编决定新闻重要的序列，这一系列把关都在组织体的内部完成。自媒体的多元打破了这个格局，每个个体只需要一个账号，便可以便捷地将自己的话语发布并通过社交网络或者自媒体平台加以传播。自媒体话语没有经过把关便已经进入传播网络，而后在传播的网络中，有的话语经过其他主体的认可以及转发方可以接力式的向下传递。这些接力的主体成为其全新形式的把关人，决定着话语传播的范围。所以，话语的生产是由生产主体自主决定的，话语的传播也是由传播主体自主决定的。传统把关的缺失容易导致散布谣言，容易引起侵害他人权益的个体行为发生，也容易让个体失去主体性产生从众行为陷入不理智的网络狂欢乃至网络暴力的旋涡中。"自我把关"要求受众从理性角度出发面对自己所面对的信息，面对自己能自主决定的话语行为，面对自己话语行为所可能产生的后果。这是在多元互动的话语格局中自我参与话语生产与传播所必需的自律要求。这种要求必须对真假难辨却又为了博眼球的各种"话语表演"保持客观公正、审慎质疑的态度，自觉地将自己视为电台的小主编。

第三节 自媒体话语系统的宏观有序性

后现代主义否认知识与真理的客观性，而以个体对话所获得的"协同性"取而代之。此"协同性"指的是人们在社会群体中目标、兴趣、原则等方面的一致所导致的群体合作性。微观话语权理论坚持认为真理本质上即为权力，权力的实施为真理话语提供支持，真理只有在权力武器的射程范围内才是有效的。真理并非要全盘否认知识与真理的客观性，而只是提醒在重视宏大话语的同时，更应该关注微观的权力。其对整体连续的历史观保持警惕，选择从社会最底层、最边缘的局部入手，甚至引入系谱学的方法，重视非连续、断裂与偶然因素。微观话语权理论否定传统的语言分析方式，代之以话语描述，强调话语权的独特性、规律性、系统性。❶ 福柯晚年甚至自我标榜——自称发明了一门知识权力微观物理学。从物理学这个概念上便可以看出他对于科学性、规律性的追求。与物理学上的铁屑磁力线分布实验一样（见图2-1），话语系统在微观上似乎是杂乱无章的，但是由于系统整体上符合一定的秩序，所以从宏观角度看依然具有规律性，这种规律性体现在时间和空间上。

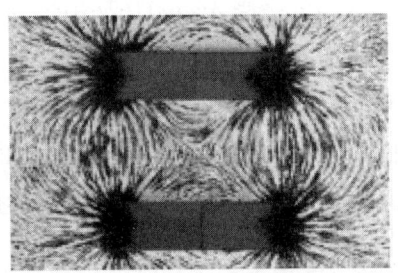

图2-1 铁屑磁力线分布实验❷

---

❶ 李晓林. 审美主义：从尼采到福柯[M]. 北京：社会科学文献出版社，2005：130-131.
❷ 二块双杠磁铁和磁场[R]. [2018-06-15]. https://cn.dreamstime.com/photos-images/二块双杠磁铁和磁场.html.

一、自媒体话语系统的时间有序性

微观权力理论发现时间的可持续性以及可累积性的特点，让权力可以在每一时间点进行有规律的具体干预和控制，并依据个体所达到的标准进行区分使用。其把权力对时间的控制视为分解、序列化、综合利用的过程，让流动、分散的时间成为可控制、可聚积而有效利用的资源，从而使微观权力的控制和支配能够以一种连续性和累积性的时间向度整合能量。工业化时代，工人严格的作息时间以及流水生产线的驱使让这种时间的规训达到极致。同时，农业时代时间的权力性使用也被延续，如重大节日的庆典让权力通过仪式和心情在不知不觉中得以强化。[1] 自媒体时代个体上最为重要的时间特征即为碎片化，用户在获取信息中被工作、生活和交往等活动不断干扰而形成不连续的状态。因此，对于个体而言，信息生产者应该努力"嵌入"用户工作生活的间隙，提供及时或者延时阅读便利，形成多模式、多渠道的内容连续性链条，争取重组用户的碎片化时间，并进一步采用整合营销的方法，采用互动游戏、情景式体验、多媒体等方式整合受众碎片化时间。对于群体性的话语事件，可以通过大数据统计的经验积累，掌握舆情演变的形成、成长、发展、消退等阶段的时间点特征，采取针对性的手段加以引导。

自媒体话语权的演化在宏观上表现为自媒体舆情。自媒体为话语权的归属重新进行定义。舆论空间更多呈现复杂化、动态化、随机化、多元化的特点。但是，在这种变幻莫测、错综复杂的表面之下，自媒体舆情毕竟与现实生活的诸多因素紧密联系，受它们制约。因此，只要长期跟踪、摸索并积累经验，便可以掌握自媒体话语演化的规律。下面将从单个舆情发展的规律以及序列舆情发展的规律两个角度，对宏观规律进行剖析。

1. 演化阶段：单个话语事件时间演变的宏观规律

研究自媒体舆情，便必须对其生成、演化过程进行深入剖析，分阶段解读，研究各阶段转折的关键性影响要素以及演化规律。通过对众多舆情事件的分析，借用生命周期理论，发现价格舆情遵循四个阶段进行演化，分别为

---

[1] 王贻志. 国外社会科学前沿（第12辑）[M]. 上海：上海社会科学院出版社，2009：132.

"形成期"（形成阶段）、"扩散期"（成长阶段）、"高峰期"（高潮阶段）、"消退期"（消退阶段）。

第一阶段：形成期。例如，江苏省物价局舆情监测报告中所包含的价格舆情主要包括：第一，重大价格政策的热点；第二，资源环境价格，如水、电、天然气等的相关舆情；第三，公共服务类，如医疗、教育类价格的相关舆情；第四，民生相关，如衣食住行的价格舆情；第五，涉及价格形势的专家评论。价格舆情的时效性十分强，在众多时间点上对价格的波动变化十分敏感，例如在公共突发事件、重大自然灾害、重大节假日前后、重大价格政策或者措施出台前后。所以，时间点的把握对于价格舆情十分重要。当以上的舆情诱发因素开始出现，首先由自媒体、网络新闻或者传统媒体开始报道，马上引起大众的关注以及讨论。他们对于时间的态度、意见、评论或者建议第一时间体现在各种自媒体上。自媒体相比大众媒介具有反应快的优势，通过微博、微信等逐渐出现与时间相关的吐槽、表情、图片以及评论。自媒体话语信息通过媒介传播、人际传播、组织传播在用户群体中开始扩散。例如2013年3月20日，新浪微博一网民发微博"地铁站泊车到底该不该收费"，质疑南京市栖霞区仙林大学城地铁二号线站点停车场收费计划，一经发布便得到周边众多用户的转发扩散。随着自媒体信息的扩散，各种网络论坛也开始跟进，媒体网站、门户网站开始出现新闻报道。价格舆情在发生之后，如果本身重要性偏弱，敏感度低，而且相关物价、宣传等部门及时反馈，采取公开积极的方式进行处理，将在极大程度上被公众所理解并支持，由此舆情很有可能直接过渡至消退期。但是，如果价格议题重要性、敏感度较高，相关部门处理不及时、不积极公开，媒体夸张、片面报道，将导致自媒体空间以讹传讹，舆情将循序发展至第二阶段——扩散期，迅速发展并急剧传播扩散。

第二阶段：扩散期。舆情的成长或者扩散阶段，一方面关于舆情的信息数量增长，另一方面信息影响的空间扩散速度加快。自媒体传受一体的特性让信息接受者在接受信息的过程中能主动地将信息进行再创作并再传播。❶ 所以，只要信息接受者对所接受的信息感兴趣，其再传播的概率便十分之高。众多接受者对信息的再传播将引发广泛性的讨论，促使各类媒介（大众媒介、网络

---

❶ 温晓月. 自媒体在舆情发展各阶段的角色分析［J］. 新闻研究导刊，2017（14）：38-39.

论坛等）对该事件进行连续性的追踪以及报道。经过一轮报道之后将在舆论场引起更大规模的关注，引发更广大的受众知晓并参与讨论、再创作、再传播，不断循环往复。在自媒体的话语信息传播中，意见领袖的作用至关重要。在舆论热点开始点燃后，一般由自媒体意见领袖的转发评论推动事件扩散的加速。意见领袖由于在各自分布的领域中具有较高的话语影响力，具有较强的话语生产以及传播能力，往往在相关领域能取得一呼百应的效果。意见领袖在转发的过程中经常将自己的意见以及态度引入话语再生产中，这些观点以及态度极大影响了一般受众的认知。这一过程主要体现为舆情信息数量的增长速度加快，自媒体关注的话语数量（点击量、点赞量、转发量、评论数等）加速上升。随着关注数量的增加，与事件相关的分议题开始出现，公众在关注过程中角度逐渐分化，关于事件讨论的深度以及广度逐步增加。大众的关注视角不再停留在事件的直接原因以及初步结果，开始进入与时间相关的经济、文化、社会、政治制度等多层面。议题也随之逐渐分化，开始呈现多样化、多元化发展的趋势。

第三阶段：高峰期。舆情在经过酝酿、传播、扩散之后，如果传播以及扩散的范围够大，参与到传播中的大众人数够多，其传播的数量达到一个数量级后，传播以及关注的数量将在短时间内呈现爆炸式的增长，出现自组织状态下的"涌现"现象。这是因为自媒体传播中的多级机制所造成的，经过转发进行的再传播让信息发生层次性的裂变式传播，当裂变发生到一定量级的时候将发生爆炸式的激烈增长。随着舆情事件的推进，自媒体场域中的意见领袖、大众媒介以及众多的网络论坛、门户网站纷纷被裹挟着进入舆情事件的漩涡之中，众多网民与这些媒介形成互动关系，整个事件经常性地成为整个社会的关注焦点。大众往往并不满足于在虚拟空间中参与议题讨论，不少公众开始在现实空间持续关注、跟进并推动事件的发展。自媒体舆论场因为其开放性的特点，众多的信息以及能量随着事件的推进被"吸引"进入话语系统。当事人、目击者、一般网友、意见领袖、专业人士经常直接参与到事件中。在舆情发展的高潮期话语系统内外的能量以及信息交换达到峰值。以青岛"天价虾"事件为例，2015年国庆假期期间，四川游客肖先生在青岛旅游吃饭时，遭遇到了虾38元一只的欺诈事件，青岛相关职能部门处理时相互"踢皮球"，❶ 10月4

---

❶ 青岛天价大虾事件［R/OL］.（2015－11－02）［2015－06－15］. www.eefung.com/hot-report/20151102131253-28765.

日个人发微博受到青岛交通广播官微@青岛交通广播 FM897 于 10 月 5 日转发后,该微博又经@头条新闻转发,转发以及评论数量迅速上升,突破 5 万次,随着人民网、新华网、央视新闻客户端、《新京报》等大众媒介的介入,迅速在国庆长假后期成为社会热点。在自媒体空间出现众多的段子、表情包、图片,对旅游宰客现象加以调侃。截至 2015 年 10 月 8 日 8 时,网上共有相关报道 4 162 篇,论坛帖文 1 221 篇,博客文章 482 篇,各类报刊报道 223 篇,新浪微博评议达到 574 920 条。恰逢国庆假期以及触及众多网友感同身受的经历,该事件得以在极短时间内达到高潮。①

第四阶段,消退期。随着事件受到社会各界的关注,舆情压力或者推动事件的迅速解决,公众的关注将迅速转移到下一个舆情热点,或者事件没有得到解决,公众也许被激怒推动舆情能量向上升级,也许随着时间的推移热情逐渐淡化,该事件逐渐退出人们的视野。在以上情况之中,如果事件尚未处理完结,或者与受众切身利益紧密相关,或者日后继续出现类似的事件,那么该信息系统便进入潜伏期,一旦遇到合适的时机,便会激发大众的回忆,从而引发新一轮的关注。在这一阶段,随着时间信息以及能量的衰减,信息传播渠道逐步缩减,舆论热点相应减少,体现在信息系统上具体表现为舆情相关信息数量减少、舆情转载量降低、舆情热度减弱、舆情传播影响力衰退。

2. 演化周期:序列话语事件演变的宏观规律

社会舆情受到众多因素的影响,但是也不是全然没有规律可循。经济、文化、教育等各领域都有自己的演化周期,这些周期影响到教育领域的舆情上,便也会产生相应的周期定律。以教育领域为例,在社交网络以及自媒体的影响下,即使是较为封闭的校园也不可能完全将自身与社会隔离开来,教育领域的舆情一方面受到自身教育发展周期的影响,具有自己的周期定律;另一方面受到外部社会经济环境的影响,再因为学生群体的人生观、世界观、价值观尚未定型,容易受到外部因素的干扰,教育领域的舆情也与外部社会环境的舆情休戚与共。只有关注并研究这些周期,才能有针对性地应对舆情做好预案,建构自媒体话语权。这些周期包括以下类型。

---

① "青岛天价虾"事件舆情分析 [R/OL]. (2015-10-19) [2018-06-15]. yuqing. people. com. cn/n/2015/1019/c210114-27714346. html.

其一，学年周期。以2012年的教育领域舆情事件作为分析标本，可以得出周期性舆情事件的时间规律。1月寒假和7~8月暑假期间，较易发生异地补课、违规补课、有偿家教、学生外出旅游意外伤害等非教学期间管理以及安全事故类舆情事件；2月和9月为开学季，除了教育管理类事件高发外，乱收费事件发生的可能性极大；3月进入春季，人容易发生狂躁、抑郁等心理问题，学生情绪容易发生波动，相关暴力事件如犯罪、自杀以及打架斗殴容易发生；4~5月与中考、高考临近，与填选志愿相关舆情容易发生；6月是高考季、毕业季，毕业离别、校长毕业典礼发言、谢师宴、高考作弊等相关事件在此时频发。❶

其二，学术周期。教育领域有与外部环境有所区别的周期维度为"学术周期"。与教育领域工作人员利益息息相关，在这个关键的时间点上也容易出现众多的舆情事件。其中，最引人注目的有每年的诺贝尔奖，两年一评的中国科学院、工程院院士评选，每年一评的"国家科学技术奖"等。关于我国学校在各种排行榜中的位置，也是近年来备受关注的焦点。

其三，时事周期。当下学校不再是封闭的小社会，在互联网尤其自媒体的冲击下，任何社会时事都会对校园产生冲击。学生群体社会经验缺乏、容易发生冲动、群体集聚性强、网络依存度高的特点让校园一直以来都是社会舆情的高危区域。因此，教育领域舆情也备受时事周期的影响。笔者在进行校园访谈的过程中发现，与学生生活距离较远的领域如宏观经济、股票市场、人大会议、党员代表大会等事件在学生群体中受关注度较低；与学生个体生活息息相关的如国家教育制度改革、就业制度变化、关系民族情感的国际性事件在学生群体中受到极大的关注。

二、自媒体话语系统的空间有序性

1. 自媒体知识空间的有序性

如何根据不同的知识划分不同权力系统的规律，这本质上是知识的权力。在微观话语权理论的视野中，规训与现代专业知识关系密切。精神治疗学、现

---

❶ 袁振国. 中国教育网络舆情分析报告（2012）[M]. 北京：教育科学出版社，2013：53.

代临床医学、教育心理学、儿童心理学、犯罪学等学科知识与精神病院、现代医院、学校、幼儿园、监狱等系统的规训权力互为因果、相辅相成。封闭性知识空间的形成和权力生成相互促进，规律性地形成良性循环。这些学科建立了不同的标准或规范，告诉我们什么是健康的人、正常的人，什么是好学生、好公民，以建构的学科标准或规范知识来统治社会。福柯将"Norm"（意为"准则""标准"的规范）与法律相区分。法律一般仅作合法与非法、罪与非罪的二元区分。而规范常常源自自然过程，尊重自然规律，例如学生完成作业的时间、能力涉及儿童掌握所学课程的规律。规范具有区分、边缘化的功能，依据一定标准将群体区分为不同等级（如优、良、中、差）加以个别化规训以造就一批人，并于此同时将另一部分人边缘化，阶层由此形成。❶工业革命时代人类社会分工前所未有的细致，知识的细分让各系统之间互不通约，各系统内部形成固化的规范，话语权由此形成"块状"作用的地方性场景，这种场景在自媒体语境下被信息洪流冲淡。当"跨界"成为趋势时，原有的标准便失去了规训的效能。

微观权力对空间的控制具有很强的技术性。微观话语权理论认为微观权力通过分割、单元定位、等级排列、表格等更为灵活、细致的方式来利用已经存在的封闭空间。在社会的权力控制中，权力首先将各种社会成员编组、分等级并分别建立档案，通过单元化和归类将不同个人和组织纳入有限空间；其次权力在有限空间中以时间表和操作规范对社会成员进行程序管理，将每个动作、姿势都标准化，以控制学习、生产、休息的时间、节奏和强度；最后权力通过训练的方式形成空间等级排列，又通过评估和考试强化等级排列，保证成员成为权力所需要的熟练工具。❷

相比较，自媒体场景下个体在分享中形成"流状"的临时性场景。陌生个体在信息分享中不再具有地方性的共同体身份联系时，规范、权威和阶层的压力逐渐消解，某些具有高度共识的符号承担了临时组织功能，经常引起令人惊叹的关注洪流。这些符号寄托了具体历史背景下社会成员的集体关注、共同

---

❶ 许章润. 清华法学"普法研究"专辑（第十一辑）[M]. 北京：清华大学出版社，2007：154.

❷ 王贻志. 国外社会科学前沿（第12辑）[M]. 上海：上海社会科学院出版社，2009：132.

情感。"宝马女""表叔""房叔"代表了一种对社会不良行为个体的愤慨,"经适男"反映了不同阶层群体的心理感受,"duang-duang""洪荒之力""葛优躺"等则因激发了娱乐的快感而掀起了群体的狂欢。即使在日常的网络交往中,一次转发、一次@、一次点赞,共同的关注焦点也成为在话语场域游荡的两个个体碰撞互动的初始条件,成就了他们共享的信息涓流。作为"流状"话语场景,其具有以下两大规律:其一,演化路径多元性。个体即使因为共识的关注焦点而偶遇成为临时性共同体,但因为话语场的开放性,他们向外扩散信息而没有统一方向,因此整个信息流可能因为没有新的信息加入而发生消散,或者因为新的信息加入而拓宽,或者因为外部信息能量的冲击而转向,存在多种演化路径的可能性。如何相对有效地预测与利用演化路径,成为驯服信息流进而规训个体的关键。其二,资源利用决定性。在开放性的场景中,以往的规范和标准不再受到遵从,利用物质和文化资源的能力成为在"流状"的话语场景中获得话语能量的决定性因素。自媒体语境中,个体的影响力如果想从某个专业领域中扩展至更大的话语空间成为"大V",必须掌握利用信息资源的规律,深刻领悟微观话语权理论所描绘的微观权力流动循环的规律。其中的佼佼者则成了其在群体互动场景中的意见领袖。他们不一定在现实世界中具有经济、地位优势,"凤姐""芙蓉姐姐"、周小平等普通个体也可以成为"网红"。

2. 自媒体物理空间的有序性

在数学以及物理学上的分形理论以及超循环理论给我们提供了全新的思路、方法论乃至世界观。它对传统的机械性框架进行了超越,从微观层面上解释了事物更加真实的构成规律以及生成方式,适合用来对不规则的、碎片化的复杂系统进行描述。分形是指系统的部分虽然呈现破碎的不规则状态,但是部分与整体之间有着某种相似性,其维数不一定为整数的几何体或者演化着的状态。它对应着维数必定为整数的规则形状几何体或者形态的整形。❶它具有独特的数学规律之美以及无限细分的结构,其特征包括无标度性、碎片化但自相似、无限重复迭代的特征。超循环理论简单而言就是系统中的个体元素都能进行自我复制,并催化产生新的元素,各元素不断自我复制、自我进化形成一个

---

❶ 黄孟洲,侯伦广. 自然辩证法概论 [M]. 成都:四川大学出版社,2005:62.

不断上升并自我循环的复制系统。

　　自媒体话语也具有显著的分形特征。第一，自媒体传播具有无限细分性。每条自媒体信息都是自媒体话语系统中的一个碎片，如果用可视化图展示用户对于信息的发表、转发、评论、点赞行为形成的轨迹，那么将呈现出一张类似混沌状态的"无序"信息网。将这个信息网中任何一个节点周边区域放大，便可以观察到由用户话语行为轨迹所形成的更细分的碎片截面，这可以是话题讨论或者某个群组互动的轨迹。第二，自媒体传播具有迭代性。自媒体传播与分形具有类似的迭代性特点。例如，微博信息是一种一级传播与多级传播相结合的裂变式迭代结构，在不同用户转发、评论、互动的过程中，信息传播的范围不断扩大，信息传播速度不断加快。如果将微博用户视为节点、互动关系视为线、众多互动用户视为一个面，一条微博信息传播经过关注与被关注用户的相邻节点，其传播路径呈现放射状，而受众的相邻节点各自链接相邻的众多节点，随着信息不断往下传播，这种传播路径被无限地复制、迭代蔓延开来，形成一张庞大复杂的信息网。第三，自媒体传播具有自相似性。正如列斐伏尔在论及精神空间时认为其部分与整体、局部与局部之间具有相似性，分形结构也存在一样的特性。作为一种独特的对称性，自相似性具有无穷嵌套的类似内部结构，即部分中蕴含着更为复杂的部分。在自媒体传播中，这种自相似性表现在用户群组结构自相似、传播路径自相似、信息结构自相似等诸多方面。❶

　　自媒体话语一样具有典型的超循环特征。例如，在一个自媒体热点事件中，系统内部各要素相互影响、互相依存，互相推动并促进话语事件的发展。一个子系统内部意见领袖的发言将引起网友热议并引发再次传播，在这个过程中网友不仅提供简单的反馈，还提供新的信息和灵感，这触发原来意见领袖以及新加入意见领袖进行新一轮的话语生产。在这样不断循环过程中，意见领袖、网友的意见、态度与情绪不断碰撞、带入外部的信息与能量形成聚合以及裂变反应，最终形成热点话语事件。❷

　　分形理论是从宏观角度解读微观的循环状态，超循环理论是从微观的角度

---

　　❶ 靳晓晓. 基于分形理论的微博传播路径可视化研究［A］//首届国际信息化建设学术研讨会论文集［C］.［出版社不详］，2016：80－83.
　　❷ 何向阳，熊才平等. 超循环理论视角下的信息资源再生研究［J］. 中国电化教育，2014（2）：54－59.

解读系统内部的循环状态。它们都是对列斐伏尔关于空间在逻辑上的连贯性、实践上的一致性、规范上的自觉性在客观规律上的一种阐释。在分形以及超循环效应的共同作用下，复杂系统在微小初始条件变化的情形下有可能产生系统整体上巨大长期的连锁反应，这就是俗称的"蝴蝶效应"。在社会学的应用上，蝴蝶效应被用于阐释：一个机制即使十分微小，如果没有对其进行及时的调节以及引导，将可能导致社会整体巨大的危害，成为俗称的"风暴"或者"龙卷风"；只要对其进行适当指引，通过内部要素的相互作用，将极有可能产生正面轰动效应，成为"革命"。

第三章 自媒体话语权的困境

福柯对于权力持有一种重要观点——话语即权力。话语渗透着权力,甚至话语本身就代表一种权力。但是,他所指的权力并非某些人所拥有的特权,而是多元的、分散的概念。自媒体的兴起导致话语的丰富、多元和分散,但是同时也带来了传统话语权的困境。微观话语权理论的多元、去中心化权力弥散状态与自媒体时代话语权形成分布状况相契合。所以,我们可以尝试以微观话语权理论为框架,对自媒体话语权进行剖析。

一直以来,人们倾向于从宏观角度解读权力,例如将权力视为国家统治阶级进行压迫、剥削的暴力工具。所以,权力是指挥、领导、支配、管理、压制甚至镇压的形式与手段,亦被视为强者奴役或制裁弱者的工具,是为一部分人"所有"的神圣力量。传统的话语权观念就是在这种思维下建构的,被视为统治阶级把控被统治阶级的工具,是控制意识形态的手段,由统治阶级所独有,被统治阶级只能无条件接受。福柯的微观话语权理论基于后现代的立场,从微观上分析人类社会普遍存在的各种隐性和显性权力。它通过考古学和谱系学的方法,提出了与以往宏观权力学说截然不同的微观权力学说,对权力进行了全新的分析与阐释。

微观话语权理论认为,构成话语陈述有三个重要方面:说话者身份、说话主体的位置和话语实践发生的地点。❶ 由此可推导得出三个要素以分析"话语权"构成:表达的资格、表达者的地位和表达的空间。❷ 下文将试从这三个角度分析自媒体话语权的困境。

---

❶ 米歇尔·福柯. 知识考古学 [M]. 谢强,等译. 北京:生活·读书·新知三联书店,1998:59.

❷ 人民论坛编. 互联网的开放与博弈:明天被颠覆的是什么 [M]. 北京:中华工商联合出版社,2014:193.

第一节　传统话语权失落

从表达的资格角度进行分析，传统社会中的话语权主要源于权威。布尔迪厄认为："权威的话语只是一种规范的形式，并且特定的效力来源于以下事实，即他们看上去在其自身之中就拥有一种权力的源泉，而实际上这种源泉是存在于其得以生产和接受的制度条件之下的。"❶ 布尔迪厄在对话语的研究中列举了四个"合法"条件：第一，合法的人，拥有权威的人，并且他是被许可的；第二，合法的环境，如具有类似观点的小圈子；第三，合法的接收者，如圈子里面接受过相关教育的观众；第四，合法的形式，以圈子所认可的言语以及表达规范所承认的形式所进行的表达。❷ 因此，权威源自公众对于其合法性的认同，而在各种社会关系构建的"场域"里，话语所指向的象征性权力只有获得了这种合法性，话语权才能够成立。❸

传统社会的权威来源于历时性的传统或者意识形态的"镇压"，政治上的统治者或者知识领域的精英由此而对权威拥有"所有权"。传统媒介往往只是权威的传声筒，权威一旦建立，话语权便自然而然地是其附属品。此时，权威可以居高临下地指指点点，受众只能默默地接受。反馈意见由于话语地位的落差难以到达传播者，质疑更是寥寥无几。然而在自媒体时代，话语生产者的地位落差被抹平了，传统话语的"霸权"被击碎了，每一个用户都能自由进行表达，传统权威被消解殆尽。每个用户都可以生产话语，挑战权威，甚至自己成为权威。普通个体被自媒体赋权而实现了话语地位的提升，并具有了与传统权威一争高下的话语权，这是话语版图史上最大的变革。这种权威的失落表现在其动态的实施以及静态的权威本身消解上。

---

❶ 皮埃尔·布尔迪厄. 言语意味着什么：语言交换的经济 [M]. 褚思真，刘晖，译. 北京：商务印书馆，2005：88–89.
❷ 殷曼楟. "艺术界"理论建构及其现代意义 [M]. 北京：社会科学文献出版社，2009：171.
❸ 人民论坛编. 互联网的开放与博弈：明天被颠覆的是什么 [M]. 北京：中华工商联合出版社，2014：193.

一、传统话语权实施乏力

1. 传统话语权生产内卷化

"内卷化"指某种文化或者组织发展至一定阶段后即因循守旧,长期滞留于一种无进步、自循环的自我重复状态。也就是说,系统停留于某一发展形态上,无法处于稳定的平衡状态,也无法发生突破式的质变,因而系统内部不断复杂化、无序化而发生"内缠",陷入"纠结"的萎缩。在传统话语生产过程中,内卷化现象也普遍存在。

其一,话语生产主体内卷化。以教育以及宣传系统为例,随着我国经济、教育规模的扩大以及相关水平的不断提升,各领域、各学科教育的水平都在水涨船高。然而反观宣传以及思想政治教育队伍,知识水平并没有随着形势的发展而同步提升,依旧停留在受保护、要特权的状态之中。因此,话语能力提升与对此领域的投入不成正比。在宣传系统中,众多的体制内机构及其队伍,效率低下、鲜有成效。众多的官方媒介在面对自媒体领域意识形态挑战,甚至舆情危机时,往往应对乏力、效率低下。

其二,话语生产过程内卷化。在传统的宣传教育的话语体系中,传播者处于完全主导的地位。因此,他们可以完全无视受教育者的个体差异与需要,以"填鸭式""重复式"的方法灌输话语内容。受众只能默默地聆听教诲,无法与传播者平等互动与交流。这种生硬的宣传教育过程在自媒体的语境下并没有得到彻底的改观,宣传教育过程的旧模式因为封闭,依旧具有强大的惯性。因此,整个宣传教育话语生产过程陷入内卷化困境之中,不断地在解构与建构、传统与后现代之间纠结徘徊。宣传教育话语无法像革命年代一样,发挥前瞻性和引领性的作用,自身充满了矛盾、纠结与困惑。

2. 话语权实践断层化

话语实践是话语分析理论以及相关实践逐渐深化的结果。在这个过程中,话语分析从静态的向动态实践的话语过渡,话语的交际功能和社会功能逐渐受到重视。因此,话语实践与社会生活相互依存,是构成社会生活的重要实践要素。

当下话语实践正经历从传统话语模式向现代甚至后现代的转型。在这种崭新的话语背景下，话语实践应该适应当下的政治经济文化生态，对他们作出适宜的具有理论以及实践说服力的解读。当下传统话语正面临社会转型与媒介转型的两大挑战。一方面，社会转型带来社会矛盾与社会问题的急剧增加，这必然导致原有话语在内容、形式上与社会生活产生断裂。另一方面，媒介转型扩大了这种效果。自媒体技术的发展放大了这种断裂的效应。网络流行话语与官方文本，自我话语与控制性话语，青年话语与长辈话语，大众话语与精英话语在自媒体语境中的冲突尤为突出。在这种话语断裂的背景下，价值多元化成为话语场的主流，社会成员趋向于对个性化价值的追求，挑战甚至奚落传统的主流价值观。传统话语权的主导权威受到挑战以及解构，实践话语的断层终于凸显，传统话语权在话语实践中无法与现实语境相匹配，产生巨大的"无力感"。

3. 话语权引导失控化

传统话语权的基本功能在于整合话语。传统媒介时代，单向性、垄断性的信息传播让教育者与受教育者之间存在无法逾越的信息不对称。无论是课堂上的教师，还是公众领域的大众传媒都是信息的把关者，驾驭和掌控着信息流动的内容以及方向。信息传播上的权威保证了他们可以便捷地统一受众的思想认识。但是，自媒体时代这种垄断式的单向信息传播模式彻底瓦解，信息流动是多元的、混沌的。由此，传统话语权在话语整合以及引导上出现以下变化。

第一，传统话语权面临传播载体变革的挑战。传统话语的引导与整合，实际上是一种信息同质化与标准化追求的过程，在信息技术不发达的背景下，文本、广播、电台等有限的载体成就了这种话语上的大一统。然而，自媒体时代的载体发生了巨大的变革，以社交网络为依托的微信、微博、新闻客户端等自媒体平台成为人们信息的主要来源。自媒体碎片化的话语风格，将话语的整体性肢解幻化为五彩斑斓的碎片，让受众享用了一场貌似多元丰富的话语狂欢盛宴。事实上，媒体话语表达的碎片化、话语内容的肤浅化、话语传播的群体化对传统话语权形成巨大的挑战，解构了传统话语的传播影响力以及实践吸引力。

第二，传统话语权面临话语替代的困境。话语替代是指传统话语因为自主存在空间的缺乏而被其他话语形态替代的现象。这一方面是社会的功利性使然，另一方面是宣传理论自身建构性不足的缺陷所导致的。一方面，在市场经济的实用主义以及自媒体的自我中心的双重加持之下，功利主义、实用主义以及自我中心主义成为学科建设与学术研究的重要衡量指标。传统宣传话语并不能直接产生生产力，所以往往被归入"无用"一类而沦落为弱势学科。另一方面，由于宣传教育理论自身对于话语环境的适应性不强，自我建构性不足，导致其他学科的"插足"。众多相关的理论研究都大量吸收了哲学、政治学、心理学、传播学的知识。面对学科大融合的时代背景，积极地与其他学科进行交融是应该的，但是不能在融合中失却了自我，沦为其他学科的学术殖民地。❶

第三，传统话语权面临现实关怀的缺失。传统话语权习惯了宏大的叙事以及高高在上的姿态，对于个体的实际生存需求缺乏有效的关照。在自媒体时代，所有的个体都可以平等地发声，他们所关注的首先肯定是与自己密切相关的点滴甚至琐事。自媒体用户即使是对公共舆论事件的关注发生高度聚焦，其出发点亦无外乎事件是否与自身相关，甚至缘由只是自身能否从中获得快感式的"乐子"。但是，传统话语权的宏大关注往往将微观个体的难言之"乐"有意地忽略了，甚至理直气壮地认为这种私利或者快感是无法"拿上台面"的，是个体应该自我约束、自我节制的。这种理论设定导致传统话语权依旧难以真真正正低下头来接地气地与受众进行互动与交流，造成传统话语权与受众的需求存在难以跨越的断层。因此，其存在严重的引导权失控是在所难免的。

二、传统话语权权威消解

权威一般指的是制度化的权力。社会组织的统治与治理都是建立在某种形式的权威基础上的。消除混乱，建构秩序和目标实现都是权威的基本要求。韦伯将权威定义为：在一个可以标明的人群中，让命令得以服从的可能性。由此权威的动机可能完全不同，从纯粹理性的利益计较到简单的习惯性服从。❷ 他将权威系统性地分为三种类型：传统型、法理型和魅力型（卡里斯玛型）。自媒体的开放性拆解了传统话语权的篱笆，在所有用户可以自由出入的同时让个体的标示性变得模糊，在这种情形下传统话语权被逐渐消解。我们可以从韦伯的权威分类对其进行一一分析。

---

❶ 孙其昂，等. 思想政治教育现代转型研究［M］. 北京：学习出版社，2015：290.
❷ 路杰. 转型社会的权威认同［M］. 北京：国家行政学院出版社，2015：144.

(一) 话语权传统型权威的消解

传统型权威的建构基于以下信仰——"权力的尊严是从过去的历史继承下来并将永远存在的"。❶ 在这种权威体系中，权力的合法性被习俗所授予，是一种被接受的具有历时性的时间，是一种绝对性的权威。一个国王或者王后可以仅仅依靠继承了王冠而成为合法的王位继承人；一个部落首领对部落的统治是因为他符合部落习俗所约定俗称的条件。统治者本身可能受人拥戴或者令人厌恶，这对于权威的合法性而言并非至关重要的。传统型的权威并不是源自拥有权力的人的个人秉性、能力甚至成文法，而仅仅源自习俗本身。

韦伯依据他的理想类型方法将历史上的传统型权威区分为四种不同的形式：前两种为早期类型的传统型权威——老人政治和原始家长制；后两种为近现代（对于韦伯所在的年代而言）的传统型权威——家产制和封建制。❷ 本书认为前两种为长辈依附类型的权威，后两种为人身依附类型的权威。虽然身份依附也包括长辈依附，但是其范畴已经大大扩充，其影响即话语权的辐射范围大大扩大。依据以上的分类，下面对自媒体话语权的权威进行分析。

1. 长辈依附型权威的消解

长辈依附型的权威包括老人政治（由年长者进行统治）和原始家长制（统治者位置由继承进行传承）。这两种形式的共同点都是对长者以及辈分的遵从。这是一种典型的前喻文化类型的产物。从文化传递的方式出发，美国人类学家米德将人类文化分为前喻文化、并喻文化以及后喻文化。前喻文化是传统社会的代际文化，一般存在于生活空间封闭、社会发展缓慢的时代。由于信息技术的局限，传统生活能力的积累必须依靠技能和知识的历时性经验积累，所以经历越多、年纪越大的人越拥有更多的技能以及经验，这些技能以及经验对于其所在的部落群体的生存发展具有深远的意义，所以长者成为智慧和知识的化身，掌握了话语的权威。长者不仅向年轻人传授技能，更教导他们对生活的态度、对世界的看法，对是非的观念。而这就是原始状态下的话语权的实践。在前喻文化型的社会之中，老年人掌握了话语权威而成为群体的楷模，年

---

❶ 弗雷德里克·C. 泰韦斯. 从毛泽东到邓小平 [M]. 王红续，等译. 北京：中共中央党校出版社，1991：95.

❷ 乔治·瑞泽尔. 古典社会学理论 [M]. 王建民，译. 北京：世界图书出版公司，2014：239-240.

轻人在对长辈模仿与学习的过程中完成对前辈的复制并接力式地向自身的晚辈继续传递。因此，前喻社会中传统权威的长辈具有崇高地位，尊老美德以及森严的代际次序格局形成严格的伦理约束，其话语权的权威是封闭的、稳固的。

后喻文化的文化传递过程与前喻文化恰好相反，由年轻人将信息以及技能传授给他们的长辈。在这种文化结构中，话语权由年轻人所掌控，代表未来的是晚辈而非他们的前辈。这种现象在社会学中称为"反向社会化"，年轻人对长辈进行"文化反哺"，被社会化的是长辈，而并非年轻人。随着人类传媒技术进步的加速发展，长辈已经无法跟上技术前进的步伐，而年轻人天生具备较强的学习能力、创新能力，始终走在技术发展的前沿，并由于掌控新技术而发展出属于年轻人自己的网络亚文化、自媒体亚文化。同时，由于媒介让社会发生了翻天覆地的变化，人类社会发展面临空前的不确定性。长辈们依靠既往经验积累起来的知识话语权威已经明显不适应跃迁中的社会现实。青年一代由此不再求助于前辈们已经过时的经验，而是引领性地去解决新问题，创造性地营造属于自己的新世界。在此过程中，长辈们由于局限于自己的知识技术框架，加上学习创新适应能力的退化，在日新月异的新时代中逐渐被边缘化。自媒体时代，社交网络的连接作用让年轻人凝聚成富有创新活力的自组织群体，在各种兴趣部落中互相协助，在话语权上实现对依旧处于孤军作战、难以形成有效组织体的前辈们的"围剿"，反身成为话语领域的权威。长辈们的话语权威已经瓦解，只得低下头来向年轻人学习。所以，后喻文化导致了长辈们的束手无策，年轻人却不仅胜利挑战原有的话语体系，并建构起自己的话语权威。在话语权威此消彼长的过程中，必然发生年轻人对年长者所掌控的原有话语权体系的挑战乃至否定。

2. 人身依附型权威的消解

在韦伯的权威理论中，比较现代的传统型权威包括家产制和封建制。家产制即行政和军事力量完全为首领的家产。家产制的统治方式相对较为简单，但是依旧需要有效的组织性管理，于是便诞生了家产制官员。但是，家产制官员和现代官僚制官员相比，地位源自对统治者的个人服从，随着职业分工以及组织的理性化，家产制的官员也发展出官僚制度的层级特征。❶

---

❶ 林伯海. 西方政治学名著导读 [M]. 成都：西南交通大学出版社，2013：131.

封建制相对而言更为现代，为了限制领导者的权力，在上下级之间建立契约化的常规约束，这种约束建立起比家产制更能稳固统治者和封臣的权力关系。封建制为了巩固其权威，为了应付不断而来的行政任务而衍生出君主官僚制，从而建立其以封建等级制为显著特征的身份依附型权威体制。随着行政工作愈加复杂化以及财政工作要求的更加理性化，专业性官员发挥着越来越重要的作用，在行政任务大幅度扩展的背景下，超大型的契约式中央行政机关终于诞生，推动了官僚化的最终形成。因此，家产制和封建制是基于长辈依附性和官僚科层制之间的一种权威形态，是相对稳定的身份依附型权威。

不管是家产制还是封建制，其制度根基是人身依附的根本原因在于媒介技术的不发达，统治者和被统治者都是在信息不完全的条件下进行社会管理。不充分的信息条件下，社会组织的运作成本极为高昂，因此双方都只能将信任建立于人身依附之上，家臣因为附加了一层身份的依附而比纯粹契约式的职员更为可靠。人身关系事实上成为此时机构组织的中介。随着人类信息技术的发展，人类社会组织模式逐渐要求身份的平等以及理性的机制以促进信息自由流动，身份依附反而成为阻碍信息高效低耗传播的障碍。

家产制、封建制甚至科层制都必须消耗大量的资源于组织系统上。自媒体以及其所依附的社交网络让用户之间的交流以及群体性组织十分便利。自媒体用户一般只需要花费一小部分精力便可以解决原来由组织机构所承担的内部人员协调以及外部渠道管理问题。同时，亚文化圈子的组织也显得十分轻便，只需要一个所有用户共同认可的媒介产品或者内容便可以将所有相关个体组织起来，让社会组织再也不是群体需要面对的重大课题。以钉钉等组织协作软件为例，只要所有用户使用了一样的钉钉 APP，便可以在上面分享文件，同步协作，组织的领导成为可有可无的非必须选项。因为内外组织的便利让自媒体用户可以不再依附于抽象的组织人格，更别说具体的人身依附了。他们可以主动走向前台，以自己的内容"干货"直接参与话语竞争，寻求公众的认知和信赖。所以，自媒体的话语传播以及合作机制更符合个体沟通互动的本质，也将个体之间的协作建立于充分信任之上。相对于人身依附型的权威，其信任的范畴大大扩大，所以促进了更大范围的社会协作。

（二）法理型权威的消解

法理型权威即法定权威，其权威基础是对于规章制度和行为规则的合法性信赖。法理型权威的出发点和归宿点是规则,规则代表了所有个体都普遍遵守的秩序,只有依据法定规则所颁布的命令方才具备权威性。法理权威的基础在于法规所体现的理性,缺乏理性,规则便失去了法理型权威所赖以建构的基础。因此,理性是法理权威的本质。法理型权威是现代社会从传统社会发展的结果,是人类社会追求理性的结果。❶ 因此,法理型权威较之魅力型权威以及传统型权威更加稳定且高效。但是,理性在自媒体时代受到极大的挑战。同样的,话语权基于国家理性所赋予的法理型权威也受到了很大的挑战。

1. 受众的从众效应导致理性的缺失

德国著名心理学家弗洛姆在《逃避自由》中谈及,人们如果在社会群体中采用匿名的方式进行交流,其结果便极有可能造成个人理性缺失,并进一步引发严重的从众心理,从而导致行为放纵以及倾向于使用暴力。如果在群体中这种放纵以及暴力被非理性的氛围所渲染,将容易被认为是正确且合理的,整个群体将由此而变得躁动不安,进而将群体推向更为躁动、更为暴力的发展方向上,最终爆发严重的群体暴力事件,产生可怕的后果。自媒体用户的匿名性导致他们在发言的时候容易产生道德责任以及法律责任缺失,而这将导致法理型话语权权威的直接崩塌。

在传统权威缺失的背景下,个体的群体需求进一步强化了人们对其他权威的需求,更加凸显了人类服从权威的特性。勒庞认为:"只要有一些生物聚集在一起,不管是动物还是人,都会本能地将自己处在一个头领的统治之下。"❷ 在自媒体的话语场域中,这种头领便为众多呼风唤雨的意见领袖。受众们对传统的权威不再信任,对新型的意见领袖却是崇拜备至。这极大腐蚀了话语权的理性基础。

2. 传播者的迎合心态导致理性的缺失

在传统的媒介中,广播电视媒体虽然力求迎合草根的观点以及审美趣味,但是在意见表达的加工过程中依旧秉承着一种平衡的中庸之道,毕竟,新闻的专业精神依旧是追求新闻真相。但是,自媒体时代下所有个体都必须在话语丛

---

❶ 朱新林,陈素慧. 公共行政学 [M]. 咸阳:西北农林科技大学出版社,2010:58.
❷ 古斯塔夫·勒庞. 乌合之众:大众心理研究 [M]. 冯克利,译. 北京:中央编译出版社,2005:96.

林里与其他的个体进行话语争斗。为了争夺更多的话语市场份额,自媒体的话语创作往往比较刻意地追求话语差异化,甚至达到"语不惊人死不休"的程度,着力追求与众人相区别的观点。在权威缺失的空间里,似乎只有这样才能吸引更多的眼球,获得更多的关注。因此,各种剑走偏锋的风格充斥着自媒体空间,导致理性的缺失。

(三) 话语权魅力型权威的消解

魅力型权威即为神授权威或超人权威,其建立于英雄人格、超凡气概、事业奇迹的基础之上,即这种权威源自受众对英雄个人魅力的崇拜。魅力,即为英雄人物的超凡的品质,可以是能力、性格、智慧、知识、人品、气质等,甚至是常人所无法理喻的神授魔力。魅力权威的核心是对于个人的崇拜,其所依赖的不是强制性的外在力量,而是内在的某种敬仰。权威对象在其人格感召之下而臣服于权威者及其所指定的规范。传统话语权的权威源自宣传以及思想政治教育工作者通过高尚的人格魅力、突出的个人能力、丰富的阅历、真诚的感染力以及和蔼的亲和力等因素,对于教育对象所造成的影响力以及感召力。如果将传统话语权的魅力与自媒体语境下的话语权的魅力做比较,前者突出个人魅力与形象的"高大全",而后者则相反,重视的是"低小分"。

传统的魅力型权威其突出的特点是"高大全",即人物必须形象高大、追求其能力、人格、形象上的完美无缺。许多著名的苏联文学以及电影作品中便具有众多"高大全"的人物形象。例如,著名小说《钢铁是怎样炼成的》主人公保尔·柯察金便为经典的完美英雄形象。他对革命事业执着奉献,不畏战火的锤炼和病痛的折磨,在生命的尽头依然呕心沥血地撰写《钢铁是怎样炼成的》。他在生活中忠贞于爱情,见义勇为。执着、顽强、勇敢、奉献、忠诚、自省、乐观等人格操守造就了其完美的英雄形象。苏联著名电影《夏伯阳》塑造了苏联国内战争的英雄红军指挥员夏伯阳的成长经历。主人公夏伯阳从战场上的足智多谋、勇敢顽强但政治上不成熟,逐渐成长成为政治优良、战功赫赫、深受爱戴的传奇战神。他最终也成为完美的英雄人物。"高大全"受特殊政治环境的影响,将对于英雄膜拜的审美趣味具体化为塑造英雄人物的具体标准与手法。[1] 当然,

---

[1] 霍楷. 中西方百年广告设计艺术(中国分册)[M]. 沈阳:东北大学出版社,2013:107 - 108.

以上的英雄魅力形象并非一成不变的，经历了从朴素的英雄主义、成熟的英雄主义、极端英雄主义到多元英雄主义几个阶段。至20世纪80年代，英雄形象多了几分凡人的行为与情感，让观众在体验他们可爱可敬之外还可以平视他们，觉得有几分的可亲。❶然而在媒介上，英雄形象依然是正面的、与受众日常生活有所脱离的，与大众日常话语有所区别的。

在自媒体时代，传统的魅力型权威却显得十分"水土不服"，让步于众多"网红型"的新型魅力型权威，他们的突出特点是"低小分"。

首先，"低"指的是传播内容接地气。传统英雄形象较多的是在宏观背景下的单一、概念化个人形象塑造。自媒体时代的"网红型"魅力却在于对受众的"微关照"。当下信息产品丰富，技术以及知识更新迭代层出不穷，受众不再需要与他们的生活相去甚远的英雄，而需要一些能给予他们微小关照的"治愈系"或"娱乐型"文化产品，能提供这些产品的便成为新型的魅力型"网红"权威。自媒体话语生态圈中热点更替频繁，能让大众普遍消费的话语热点都是能提供全民娱乐的，能够让众多受众共鸣的都是能让其感受到关爱的。在微信以及微博平台上，"奇葩风""无厘头风""搞笑风"等众多娱乐内容吸引了众多粉丝。对于社会时政的关注也更多地从个体利益以及情感的角度出发，才能引起受众的共鸣。当然，不能单纯依靠点击量以及传播火热程度来判断内容的价值，但是只有能使内容接地气，而不是"远离尘世"，话语权方能在自媒体语境下方能重构魅力型权威。

其次，"小"指的是传播对象小众化。与传统的魅力型权威面向的是几乎不加区分的大众消费群体不同，当下的魅力型权威生存于众多的小众细分文化圈子里，扎根于众多的垂直社交产品之中。这些垂直社交产品便如同一个个蜂巢，内生着许多文化乃至亚文化圈子，众多具有类同爱好、兴趣、需求的用户聚集于一起。圈子激励成员将观点、信息能量等输入话语系统，同时将内部通过协作竞争而产出的产品分享输出。这种权威的产生机制决定了自媒体语境下的权威与传统权威的差异：第一，自媒体时代的魅力型权威是合作型权威。传统英雄人物是高高在上引领群众甚至拯救世界的，他们只需要受众膜拜便可以了。而自媒体语境中的魅力型权威是需要所有用户通过点击、分享甚至通过共

---

❶ 张东. 银海观涛［M］. 北京：解放军文艺出版社，2007：48－58.

同"众筹式"维基创作制造出来的，是合作型的权威。第二，自媒体时代的魅力型权威是有限权威。传统的英雄人物即使是有这样那样的缺点，但是其基本面是正面的，在闪光点上几乎是"无所不能"的。例如奥运会游泳选手、"洪荒少女"傅园慧，虽然没能获得相关项目的冠军，但是因其在接受电视台记者采访时丰富的表情，令人捧腹的言语，成为大众的开心果而在各自媒体平台上获得疯传，成为炽手可热的明星。她这种"逗比"的魅力型权威，在传统大众媒介层层把关的语境下，被各种主编、编导所过滤的可能性是极大的。

最后，"分"指的是传播渠道分众化。传统的魅力型权威经过大众传媒或者具有大众传媒的若干门户网站的报道以及转载，便能在话语场域里面呼风唤雨。但是当下的用户越来越细分，分散式地散落于较少通约的垂直社交平台圈子里。这些社交平台为了挽留用户，逐渐发展成熟形成完整生态闭环。所以，魅力型权威通常只能在某个或某些圈子里面具有较高辨析度以及影响力。例如国内人气青春组合TFBOYS的队长王俊凯在其生日当天发布微博，感谢粉丝歌迷一直的陪伴，此条微博被转发4 277万次，创吉尼斯世界纪录，足见其魅力的影响之大。但是该组合的影响力亦基本局限于青少年群体，其他的群体甚至很少知晓该组合的存在。一个分众的魅力型权威如果需要跃迁至更大范围的传播范围，需要更多内容的分发，逐渐吸引各个圈子的关注，逐一引爆传播点方可能跃升至更为广阔的辐射范围。以"网红"papi酱为例，其最初的风格并不突出，传播范围有限。经过一段时间的学习与调整之后，其团队开始转战A站、B站、秒拍、美拍等社区，在不断进化迭代的过程中，利用秒拍进行变声处理，风格逐渐清晰，逐渐积累了大量垂直社交平台的粉丝，最后回归大众自媒体社区微博和微信并形成巨大的传播效应。

第二节　传统话语主体地位更迭

传统中国社会缺乏公共领域空间，所以，一般的个体作为话语权的受众基本没有话语权。传统中国社会结构以"家本位"为基本特征，社会建构于家族或者家庭之上。家族或者家庭成为社会最基本的单位。在家族里除了主要的家长掌控着话语权，其他的个体只有受教育的义务而没有基本的话语权力。而且，受制于家国同构的社会架构，中国人普遍缺乏社会公共生活。改革开放之后，随着社会经济的发展，社会的公共生活有所拓展，但是普遍大众作为受教育者依然存在话语权限十分有限的局面。所以，当自媒体技术赋予所有个体普遍平等的话语权的时候，以往只能沉默的受教育者话语权觉醒了，但是这种觉醒并不一定意味着公共空间的真正形成，而事实上存在众多理性缺乏的失范现象。

一、二元对立模式被打破

传统话语模式中，传播者往往将自己视为教育者。传统的教育将个体区分为教育者（教师）和受教育者（学生）。在教育理论中，便有"教师单一主体论""学生单一主体论"以及"双主体论"之分。"教师单一主体论"强调教师是教育活动的主体，其为主要实施者，受教育者是被动接受特定的信息的。"学生主体论"认为教育活动的目的是学生，作为知识的吸收者，教育的过程重点在于学生对知识的接受和吸收，这是一个具有主观能动性的自我教育过程。因此，学生才是教育活动的主体。"主客体关系说"在相当程度上克服了两种单一主体论的弊端，将教育者和受教育者的关系视为一种双向关系，两者相辅相成，缺一不可。"双主体论"认为教育者在教育过程中有目的、有计划地将教育影响施加于学生身上。教师是主体，受教育者是客体，受教育者接受教育者所传授的话语与知识。不管是哪种主体论，都是企图将教育的个体按照人类二元对立思维方式进行的划分，其基本哲学基础认为人类在进行自然实践与社会实践的过程中具有主客体之分，这是一种典型的二元对立模式，将教育过程的主体生硬地划分为二元对立的两种主体。当然，传统的教育大体上还是倾向于将教育者作为教育过程中至关重要的主体，受教育者的话语权一直是被有意无意地忽略的。其缺陷在于割裂了教育过程这一整体，将教育者和受教育者硬生生地区分为不同的主体，从而导致教育活动的过程被拆分成两个平行的独立过程，然而事实上两者是不可分割，同步发生的。

针对二元对立的不足，"双向互动说"试图弥合二元对立所造成的逻辑以及实践裂痕，认为人与人的交往过程中个体的活动是交互而不是互相对立的，企图将其区分为二元对立的主客体概念是不符合实践以及理论实际的。教育过程中的教育者和受教育者是双向互动交流的，他们之间的关系是非对象性超越主客体关系的，是一种交互主体间的对话。这种学说认为人的思想形成是综合的复杂过程，教育者与受教育者不是二元对立的对象性机械关系，而是一种社会关系。教育者与受教育者在整个教育过程中是一致的，他们之间不是相对性的、阶段性的。他们之间的关系是能动的社会关系，而不是人与自然的主体与客体的关系。人既是主我，又是客我。人作为主我，具有主体性和主动性；人作为客我，是一种客观存在，是他人以及自己认识以及实践的对象。在这个意义上，教育者在教育过程中既是改变他们思想道德以及观念的主体，同时又是受到受教育者的他人影响以及自己的自我影响的客体。❶ 所以，"双向互动说"实际上抛弃了"主客体关系说"的二元对立关系，实际上是一种"主体—主体"的理论架构，由此，传统的受教育者的地位在这个理论模型中被提升至与教育者平等的地位上了。

"双向互动说"在相当程度上契合了自媒体时代的话语关系，所有的个体都具有平等的话语权，他们既是话语的生产者，同时又是话语的接受者。传统的草根在以往的话语格局中只能做话语的接收者。然而，在自媒体语境中他们实实在在地既是接受者，又是生产者；从话语权的角度上说，他们既是受教育者，同时又是教育者。但是其还是具有一定的不足，因为自媒体话语系统中所有主体之间是网络状分布的，很难真正区分谁是教育者，谁是被教育者，大家都是相对平等的。即使在某一个话语事件中，某公众号 A 发布了一个社评产生了较大影响力成为教育者，但是随着事件发展可能引起其他意见领袖的质疑，引起受众的微观，这个时候公众号 A 极有可能成为受教育者。这种话语地位的变化是人类历史上一次最深刻的变革，它带来了受教育者话语权的崛起，这种崛起又引起了话语场域的失序。而且这种话语权的互动不仅仅是双向的，众多的节点进行双向互动，形成多向、交叉的网状结构。

二、受众话语权崛起

改革开放后，媒介产业具有了相当程度上形而下的产业属性，但是，话语

---

❶ 田鹏颖，赵美艳. 思想政治教育哲学［M］. 北京：光明日报出版社，2010：41.

权依旧保持了与政治机构的密切联系。掌控话语权的首先是精英群体，这些群体作为信息的把关人，掌控着话语权。除了编辑、专栏作家、记者、电视节目制作人等职业精英是话语的生产者，一般个体只能处于被动受教育的地位。这种情况直到 Web 2.0 时代的到来，受众的话语权方才崛起。自媒体平台颠覆了既往经济、政治、文化精英把控话语权的局面，呈现出各阶层共同分享、共同行使话语权的局面。虽然受到各种其他因素的制约，这种局面并非完全均衡，但在人类历史上依旧具有前无古人的颠覆性。受教育者话语权的崛起体现在话语生产自主权的崛起、话语传播自主权的崛起两个方面。

1. 受众话语生产自主权的崛起

以往受众在话语传播过程中是被动的一方，对于话语的内容以及形式都没有选择的权力。自媒体赋予所有个体自主生产、发布话语的权力。这种权力具体表现在以下方面。

第一，话语生产方式自主。自媒体时代是基于移动终端以及互联网络的成熟基础设施之上的，话语生产的设备已经具备成本低廉、操作简单的低门槛条件。所有用户只需要拥有一台接入互联网的移动终端，便可以自主决定在任何时间、任何空间进行话语生产。用户可以自主决定如何生产自己的所见、所闻、所思、所感、所悟。用户对于平台的选择也是自主决定的，微博、微信、QQ、美拍、各种直播平台等都可以进行自主选择。文本、声音、图像、多媒体、VR 等都可以作为自媒体话语的表达形式。随着媒介技术的发展，在用户需求的推动下，话语生产的平台、媒介形式、话语方式等正经历着日新月异的发展。

第二，话语生产内容自决。传统话语传播必须经过把关人把关的严格流程，把关人通过信息的筛选、加工，将话语信息通过"议程设置"的方式传播给受众。"议程设置"理论认为传统媒体传播一般而言不能决定受众对具体事件或观点的具体意见，但通过信息供给以及具体议题的安排，营造"拟态环境"将可以把控对受众关注哪些事实以及关注点的先后顺序。也就是说，大众传播可能无法影响受众怎么想，但可以影响受众想什么。自媒体的诞生从某种程度上可以视为对传统媒体"把关人"功能的解构。自媒体的话语生产者将不再受限于把关人的控制，他们是先"出版"，后"过滤"，人人都在生产内容，人人都能自我把关。草根阶层和精英阶层都平等地找到了话语表达的路径，而不再需要转借于第三方。这种对于话语内容决定权的自决，一方面极大丰富了话语场域中的话语种类，为各阶层的表达提供了直接的话语路径，让话语内容不再局限于经济、政治等宏大叙事的价值观，并为所有个体的日常生活、人生百态、异想天开提供了话语生产机会。让原本"干巴巴"的单调话语环境因为话语的多样性变成"湿漉漉"的多元丰富话语生态系统。另一方面绕过了把关人环节，让话语内容更直接。其集中体现于自媒体平台展现了所有用户的日常生活状态和思想状况。自媒体成为个体以及群体的日常映像，人类社会进入了媒介化生活的时代。这种话语内容的直接性亦同时塑造了全新的话语文化——话语内容的批判性、碎片化、娱乐化让自媒体文化呈现出与以往传统文化截然不同的特征。随着自媒体话语影响力的增强，这种文化已经远远超出"亚文化"的范畴，对于社会整体的经济政治文化生活产生深远的影响。

第三，话语生产经济自立。传统的话语场域由于话语生产以及传播的权力都被大众传媒所垄断，传统媒介因为把握话语资源而可以垄断话语利益。而今，话语权力版图发生重新分配，也推动了话语资源的重组。当受众从自媒体的传播技术发展进程中获得了内容生产的自决权，从内容生产中获取话语利益的权力亦伴随而来。例如，一些旅行者通过在自媒体平台上分享其旅游的经历，吸引了大量粉丝，通过广告等多种渠道获得的经济收入便足以支撑其继续旅行甚至成就其事业。随着受众的注意力向自媒体迁徙，传统媒介在经济生活中的商业地位直线下降，最显著的表现是它们的广告吸引力逐渐减弱，陷入利润下滑、经营不善、人才流失的困境。微信、微博、众多直播平台等自媒体却受到资本的青睐，不仅在融资上成为全民关注的宠儿，在广告经营以及产品营销上也逐渐摸索出适合自己的模式。商业潜质、粉丝数量、所在圈子的性质以及大小往往成为衡量自媒体平台商业价值的因素。经营上的独立为自媒体的发展注入了可持续发展的动力，进一步促进了整个话语市场的繁荣。

2. 受众话语传播自主权的崛起

传统媒体场域，信息通过由上而下传播的路径向受众传递话语信息，以达到预期议程设置的效果。在话语被生产出来之前，媒介组织便设定了话语信息可能达致的效果目标，然后依据受众的不同特质进行信息编码，通过封闭的传播渠道信息到达受众，受众通过自身的文化经济代码对信息进行解码，从而最终决定信息传播的效果。这个过程中传播路径是由上而下的，传播决定权是掌控在信息上游的话语生产者手里的，一般受众只能被动地接受。自媒体场域中话语信息是呈现平等的横向网状传播的。对于微观的个体而言，他们可以自主选择关注谁、取关（取消关注）谁、屏蔽谁，自主决定是否点赞、转发或者@其他用户，自主决定参与某个议题、话语群落甚至自媒体平台。对于宏观的用户群体而言，对于某个话题的传播效果是通过内部所有用户的竞争与协同从而形成耗散结构的自组织所共同决定的。这种自组织的形成是话语系统内部各子系统、各用户之间的相互作用所决定的，而不是来自外部的要素直接控制所导致的。这种去中心化的耗散结构系统形成一种"无组织的组织"。每个个体犹如蚁群中的蚂蚁一般，制造关注热点、引导受众关注、发送群体聚集、凝聚围观力量，所有个体创造内容，亦分享内容、传播内容。这种情形就如同"WE MEDIA"所表达的，他们既是"自媒体"，更是"互媒体"或"我辈媒体"，是通过群体之间的互动形成非中枢控制的自发秩序，通过无组织的组织力量重新塑造话语版图，共同拥有前所未有的话语权力——分享就是态度、围观就是力量、关注改变命运。

自媒体语境下个体的话语传播的自主权与群体话语传播的自组织相辅相成，共同推动了话语系统的不断演化。以"表叔"事件为例，2013年发生于山西的特大交通事故现场的相关照片中居然有一名官员面带微笑，引起众多网友的愤慨。经过众多网友个体的发掘，发现为陕西省安监局局长杨达才，并且在出席不同活动时佩戴不同手表，并有相关手表爱好者将其所有手表一一确认品牌价格，认定都是价值不菲的名表，接着又被网友发现其眼镜、皮带也都是奢侈品。这些信息犹如剥葱一般由众多网友自主发掘并通过接力的方式进行自组织合作，最后形成关注焦点由众多用户共同"围观"，最终推动"表叔"被撤职、调查、判刑。正是受众这种话语传播自主权的崛起，方才具有了与以往不同的话语权力，推动了话语事件的最终发展。

三、受众话语权滥用

自媒体所带来的话语权平民化直接导致话语公共性产生的可能。公共性产生的前提条件在于具有公开、互动的公共性空间，即为哈贝马斯所指的"公共领域"。在哈氏的公共领域中，公众在商谈交往的持续过程中形成公众规则与秩序而产生公共性。所以说，公众自由交往以及商谈的平台是公众性形成的前提。当下的各种自媒体平台无疑为话语公共性的建构提供了人类历史上最理想的公共平台。自媒体给所有个体平等的话语权，每个个体都能不受任何约束地发表观点，个体与个体之间可以就相关议题进行平等商谈。公众终于拥有了前所未有的自由参与公共事务的空间，在这个空间里通过持续性的博弈将形成自发的秩序。但是，公共空间的存在并不一定意味着公共性的必然到来。哈贝马斯认为："公共意见，按其理想，只有在从事理性讨论的公众存在的条件下才能形成。"❶ 公共性在开放空间领域之外，理性的沟通和交往也是必备的条件。因此，理性的沟通和交往的缺失将导致公共领域公共性的荡然无存。从这个角度进行观察，当下自媒体场域的话语公共性依然尚未形成，话语的公共空间已经建立，然而理性沟通的氛围依然缺失。自媒体让受教育者（受众）经历了史无前例的话语权加冕之后，理性交往与沟通并没有随之而来，却陷入了话语权滥用的狂欢之中。

（一）滥用标签，噱头营销

标签（Label）源自欧洲印刷行业用以辨识商品标识的标志，其用途在于对商品进行分类以便于查找。随着人类社会的发展，标签逐渐抽象化产生更多的引申含义。大众传媒业吸收了贴标签的方法将其应用于新闻报道。戴维·巴勒特曾给标签策略进行了新闻学范畴内的定义：新闻对事件进行鉴别后加以命名，将其与事件相联系。学者王勇认为：在新闻报道中，给所报道的事件、人物贴上人们所熟悉并形成思维定式或刻板印象的类别化标签。❷ 在新闻报道中，标签策略的作用在于给报道的事件或者任务进行标示，以便在纷繁多样的信息中能吸引受众注意，被快速抓取而不被淹没。在社会心理学的范畴内，标签具有两个功能：一是评价功能，其往往是事件以及人物整体品格的本质标志；二是行为导向功能，标签将引导人们对贴上标签的对象采取相对固定的态度以及行为。在媒介的标签化行为之中，传播者往往从基于自我的立场、价值而选择的新闻标签进行话语生产，不但将话语内容带入了"有意义"的场域，

---

❶ 哈贝马斯. 公共领域 [A] //汪晖，陈燕谷，等. 文化与公共性 [C]. 北京：生活·读书·新知三联书店，1998：126.

❷ 王勇. 从标签策略看新闻生产的意识形态性 [J]. 国际新闻界，2010（8）：62-66.

而且建构了受众认知以及理解话语所涉及时间、人物的路径和框架，从而在一定程度上引导乃至框定受众对话语的理解。

标签策略是对话语对象性质的界定，符合人们的认知规律，有利于信息的传播与接受。然而，对标签毫无节制的过分滥用与强调，将容易导致标签原始含义的抽离，内容最终被风干，剩下刻板的"套路"，将受众带入"标签化"的误区。在标签化的过程中，过度的信息叠加挤压了原本丰富的生活含义，原本多元的观点被强行渲染成对立和冲突。在充斥着暴力的标签化之后，话语所认定的"真相"往往与事实相距甚远乃至背道而驰。在自媒体的传播市场中，为了在话语丛林中获得更多的利益，许多自媒体的话语已经将标签作为其日常话语生产的基本策略。在众声喧哗的大集市里，往往是"嗓门大""气势狠"的人能获得更多的关注乃至喝彩。在丛林法则的"压迫"之下，自媒体传播者在话语生产与传播时往往"用力过猛"，恨不得将所有内容都贴上辨析度最高的标签。"碰瓷""宝马女""官二代""大学生自杀""城管打人"成为自媒体话语场域中的日常用语。一时之间，似乎所有撞人的事故都是由"宝马女"所致，似乎所有的跳楼不是大学生就是农民工。殊不知，宝马所致的车祸所占的比例是所有事故中的极小一部分，大学生自杀的发生概率远远低于社会自杀的平均率。但是，这种标签化策略在话语营销中获得了良好的效果，"标题党"成为所有自媒体话语生产与传播的"标配"。据称，不少自媒体公众号有一半以上的精力用于锻造"语不吓人死不休"的标题。

（二）消费隐私，侵害权益

1. 自媒体的传播机制加剧了隐私的商品化异化过程

隐私的异化是指隐私在本质以及内容上的扭曲和改变，其表现为隐私主体价值的扭曲。隐私从本质上是主体尊严和独立人格的体现，其反映的是人类所满足生存和发展所需要的条件以及人类生存与发展之间的必然性联系。隐私的价值就在于是否能满足个人生存和发展的尊严、自由等方面的价值。满足的程度决定了隐私价值的大小。然而随着人类社会经济的发展，隐私逐渐具有了客体价值，这意味着隐私不仅满足主体，而且可以给他人带来满足。如果隐私的客体价值越大，其被侵犯的动因就越大。隐私的客体价值不断被扩展，从仅仅出现隐私的"心理价值"——满足被他人窥探的欲望，到发展出现隐私的

"商业价值"——可以被交易,可以被消费。隐私在法律上不能成为商品,在经济实践中却具有商业价值。这便是隐私异化,同时更是科技、社会所带来的必然结果。❶

自媒体已经不仅仅作为一种媒介而存在,而是作为一种社会的存在方式、一个实在的产业形态,用户群体的扩大为整个自媒体产业带来了莫大的机遇。自媒体产业是以数字技术、网络技术以及移动通信技术等新兴技术作为依托,以各种用户界面(网络媒介、手机媒体、VR、移动电视等)为重要载体,依据商业规则进行话语生产和再生产的机构,是文化创意产业的重要组成部分。因此,媒体场域没有任何个体具有先天性、稳定性、排他性的话语优势,所有个体都无时无刻不处于话语的丛林规则之中。所以,制造话语、吸引眼球以形成注意力经济便是众多自媒体所追求的基本目标。由此,明星以及特殊背景人物的隐私一直是众多自媒体所追逐的核心内容,也是其吸引眼球、赚取暴利的基本手段。婚外情、恋情、隐私都是被炒作的噱头。这些明星的隐私"爆料"是被高价出售,甚至被明码标价的商品。自媒体甚至为明星、网络红人的违背道德伦理行为进行夸大,以扩大其影响力。把关者的缺失,再加上竞争的惨烈,共同加剧了自媒体语境下隐私商品化的异化过程。

2. 从传统媒介时代的被动暴露到自媒体时代的主动遗失

自媒体传播主体较之传统媒体有了本质上的区别。传统大众媒介由专业精英把持,自媒体降低了媒介的技术准入门槛,为所有用户成为真正的传播主体准备了技术条件。传统大众媒体时代,专业精英将话语生产作为一种专业性极高的职业,具有高度的技能要求、严格的评价标准和严谨的行为规范。这些都成就了新闻专业的职业化伦理。这些职业伦理要求从业者在追求经济和政治利益的同时具有更高的追求,必须具备服务公众的自觉理念。所以,超出公共利益允许的隐私暴露将导致职业公共体的谴责甚至惩罚,这种惩罚对于共同体内部的任何成员都是难以承受的。

自媒体环境下,媒介权力赋予所有用户的同时,媒介的职业伦理却没有随之成为普适价值,甚至具有被边缘化的危险。自媒体用户为了在残酷的话语市

---

❶ 王治东. 技术化生存与私人生活空间:高技术应用对隐私影响的研究[M]. 上海:上海人民出版社,2015:57.

场中获取更多的注意力,常常不惜暴露自己的隐私以达到自我炒作的目的。陆家嘴不雅视频、第一车模不雅视频、优衣库不雅视频等都是典型的个案。这些都是自媒体时代话语权滥用的突出表现。

3. 话语暴力将侵犯隐私视为一种道德审判

人类作为一种群体性的动物,天生力图将自己置于群体的大多数之中,以消除生存的压力并获取发展的动力。作为单个的个体我们都是弱小和短暂的,由此带来的恐惧和焦虑必须将自己置于安全的大多数之中。道德从本质上作为群体大多数的共识,常常以符号的形式对行为加以区分。个体为了保持或者自我标榜与大多数的一致性,往往自觉不自觉地运用道德符号。符号的根本功能在于对敌我加以区别。道德符号的使用在事实上对"我"和"敌"加以划分。"我"是强大的、多数的、长久的——于是自我安全了,焦虑和恐惧得以缓解,敌意得到了释放。真相到底如何,反而是次要的了。

近年来,自媒体场域已经成为公民反腐以及反对不道德事件的重要领域。自从有了自媒体平台之后,因自媒体爆料所揭发的腐败案件层出不穷,如"微笑哥""房叔""天价烟"等,众多官员一不小心就在自媒体平台上"触礁"而无法翻身。很多潜在不道德行为因为惧怕曝光的压力而引起反思、得以抑制,如"小月月被撞"事件、"虐童"事件等。然而,这些自媒体爆料行为在为社会公正建设带来巨大正面效应的同时,其经常付诸"人肉搜索"的手段,时常有"有罪推定"之嫌,难以把握好隐私曝光的"度",容易导致形成话语暴力。

在自媒体信息流中,公众容易在话语信息的刺激之下,对未经核实的主观信息在自我刻板印象之上作出片面的主观判断。复杂的客观事件在媒介棱镜的折射之下被粗暴简单地扭曲处理了。自媒体账户为了赚取点击量,在把关机制缺乏的前提下有意识迎合受众心理,突出乃至生造事件中的对立元素,以达到戏剧化的传播效果。这对道德臆断的形成起到了推波助澜的作用。

在对于社会不道德、不公平现象的批评与曝光上,话语事件也经常陷入话语暴力的旋涡之中。以2013年12月的"人肉偷衣服女生"为例。广东18岁女高中生琪琪(化名)几天前曾经到某服装店购物,被怀疑盗取衣服。店主便草率地将监控视频截图放到微博上求助。这则信息迅速引起热烈的反应,不少网友都参与到"人肉搜索"之中来。在很短时间内,琪琪的个人信息变通过知识拼凑的方式完整呈现于自媒体平台之上。于是众多网友参与了对她的辱骂，同学朋友也不知所以然地指指点点。在强大的压力之下，12月3日晚，琪琪在发出"第一次面对河水不再那么惧怕"以及"坐稳了"两条微博后，跳河身亡。对于涉事的店主以及参与"人肉搜索"的网民，都不曾预想"人肉搜索"的话语暴力行为失控导致如此的结果。众多网友此时只能在平台上为逝者点亮蜡烛，反思话语暴力行为的公正性以及合法性。

在除了群体中的"极化"现象之外，在面对不合理现象时，网友更多的时候扮演了"道德法官"的角色，在侵犯他人权益的时候依旧"正义凛然"地自我感觉良好。这是因为自媒体平台在赋予所有个体话语权的同时，将其话语场变成了开放平等的话语集市。这造成个体可以躲在集市里面的某个角落进行发言，而不需承担任何责任的错觉。在自媒体的话语平台之中，层级的缺失以及中心的消亡，让所有个体觉得自己就是中心，自己就是制高点。美国文化人格学者拉尔夫·林顿认为，一个人占有的，是地位，而扮演的，是角色。❶ 在现实社会中，所有个体都扮演着一定的社会角色，在这种角色扮演之中产生社会影响，表明社会存在。然而，现实社会因为社会结构的压制以及表达渠道的限制，个体难以在社会中实现个体角色表演以及愿望。当自媒体平台赋予其具有角色扮演且毫无风险的机会时，大部分的个体便无须再遮遮掩掩，毫无客气地担当起了道德法官的角色。

（三）虚假信息，侵犯公益

谣言作为一种话语现象历史悠久，在自媒体环境下，谣言的传播愈演愈烈，对于社会的危害更为显著、直接。在自媒体场域，谣言的表现主要有：怀疑拼凑、异想猜测；扮演弱者，博取同情；吸引围观，引诱认同；引诱推导，陷入思维陷阱；断章取义，歪曲事实；重复翻炒，片面强调；避重就轻，制造热点等。❷ 自媒体谣言可以在极短时间内玷污当事人声誉，颠覆一个组织的形象，甚至损害政府公信力，从而引起社会不安因素的爆发。

为什么自媒体时代下公开的话语空间没有带来理性的思考与交流，反而谣言更加猖獗呢？我们可以从谣言的产生机理进行一番分析。美国传播学者克罗

---

❶ 李宁. 社会学概论［M］. 合肥：安徽人民出版社，2007：78.
❷ 齐中祥. 舆情学［M］. 南京：江苏人民出版社，2015：118.

斯在奥尔波特的基础上修正了谣言的传播公式，认为"谣言＝重要性×模糊性÷公众批判能力"。❶其一，自媒体的开放与自由加剧了热点事件的聚焦程度。受众关注力受大众媒介的议程设置影响较小，对于自身所关注的事情会格外注意。同时，热点事件的"马太效应"将加速其话语吸引力随着社交网络迅速蔓延，形成"火烧连营"的蝴蝶效应，从传播效果上加大了话语事件重要性的分量。其二，自媒体话语信息的参差不齐加剧了讯息的模糊性。自媒体信息因为缺乏把关人的约束，同时信息来源多元繁杂，这让受众在各种话语吵闹的话语集市中显得无所适从。同时由于各种别有用心的个体故意制造煞有其事的虚假信息，更加剧了受众辨别真假、甄别事件原委的难度。其三，自媒体海量信息导致受众批判能力的下降。面对海量信息的日常"轰炸"，在信息不对称的作用机制下，受众每天只能关注那些刺激性强的、口味重的信息。所以，怪诞的、荒谬的、奇异的、有趣的、可笑的话语往往成为话语丛林规则的胜出者，成为受众有限关注视界中的"常客"。当受众每天接触的都是这些非常态化的信息的时候，往往会习以为然造成一种错觉：这些刺激性强的信息才是事物的存在的状态，而对那些刺激性弱的一般讯息往往由于阈值较高而自我生成了知觉免疫力，失去了对正常状态的感知与判断。这导致信息感知上的"重口味"。所以，难怪乎受众在自媒体场域中对于谣言往往深信不疑，对于常态化的信息往往意味阑珊、吹毛求疵、挑三拣四。

第三节　传统话语空间泛化

一、话语权传播封闭格局瓦解

（一）话语传播封闭渠道模式

传统媒介的传播过程其实是封闭的"把关人"把关的过程。把关人理论作为传播学理论最基础的科学理论之一，其理论源自传播学理论之外。美国社会心理学家卢因在研究家庭主妇对家庭日常食品的把关作用时将其延伸到信息

---

❶ 人民舆情监测室. 网络舆情分析教程（初级）[M]. 北京：人民日报出版社，2015：87.

流通领域。1974年，他在《群体生活的渠道》中，将过滤以及筛选信息的人称作"把关人"。卢因因此将自己的理论定位为把关人"渠道"理论，将家庭主妇在决定"吃什么"的事项之上扮演着把关人角色的情况推演到新闻通过特定渠道在群体中传播，货币的流通方式以及组织机构里信息的运转模式等。在卢因的渠道模式之下，群体中的信息传播总是通过"门区""关口"的渠道流动，把关人控制着"门区"或"关口"，依据相关规定或者把关人自身的价值挑选信息并予以加工。卢因去世之后，他的学生怀特将把关人渠道理论继续进行实证化研究，并发表了《把关人：新闻选择的案例研究》。怀特研究了一家小报社的一个编辑后发现，实际被采纳的稿件只占10%，被弃用的稿件竟然高达全部新闻稿的90%。通过研究发现，编辑的主观感受决定了稿件的取舍。怀特由此推断出一个结论："把关人"个人的价值取向是其决定信息是否采纳的重要因素。麦克内利对怀特的单一把关理论进行了完善。他在怀特理论框架补充了一些中间环节——中间传播者（把关人）。中间把关者处于新闻事件与最终受众之间。例如，通讯社中的把关人依次有驻外记者以及国内记者，外国分社的编辑以及国内分社的编辑，电讯编辑、总社编辑、副总编辑、总编辑等。这些把关人都承担着新闻稿件的过滤、筛选和加工的职责，在每个流程中信息都可能被把关人删减、重组。麦克内利还强调，针对特殊受众（例如外国读者）的信息将承受更多的压力以及阻力。除此之外，他还明确指出大众传播过程中反馈只是偶然事件。

"把关人"理论源于传播学领域之外，不仅仅适用于传播学领域。媒介话语实践作为一种确定价值以及意识形态养成的过程，实际上也是一种为受众选择信息来源，掌控信息去向的过程。话语生产者是内容的生产者、信息传播的编码者、传播活动的策划和执行者。话语生产者不但决定着话语传播的过程，还决定着话语传播的内容及其方向。因此，话语生产者就是话语实践过程中的"把关人"，他们的话语生产以及传播行为即为把关行为。

（二）话语封闭格局的解体

在传统的媒介环境下，把关人可以在封闭的话语渠道中完全按照自己的意愿塑造话语内容以及形式，反馈的缺乏以及话语资源的有限让受众没有其他的选择，只能任由教育者摆布。然而，在自媒体的语境之下，话语渠道不再封闭,这导致了话语封闭格局的解体。

1. 多元化传播主体造成封闭把关模式的无效

自媒体的话语传播改变了以往封闭单一的传播渠道模式,变成互动的无中心模式。信息的传播不再是大众媒介或者政府所掌控的,所有的个体都可以成为信息源头以及传播者。自媒体技术的发展对所有大众赋权,让受众可以自主选择传播以及接受信息的渠道,消除了对传统媒介的依赖性。随着信息基础设施的完善,受众只需要有一个能接入互联网的终端便可以成为事件的第一个报道者,再也不需要经过传统把关人的审核以及修改。现场报道所提供的文字以及音像都可以通过微博、微信等众多的自媒体平台发布出来。这些信息不仅不再需要被把关,而且成为众多传播把关者获取事件信息的重要来源。普通受众掌握了信息传播的主动权,成为自己的把关人。

由此,自媒体技术打破了原先由把关人统治阶级以及统治精英所垄断的话语权格局,将普通民众的话语权普惠至前所未有的高度。自媒体场域中受众的信息来源多种多样,受众不再局限于受众的角色,而积极参与到话语的生产与传播过程中。所以,自媒体时代意味着每个受众都有自己的报社、自己的电视台,也许他发出的声音很小,但是没有人能抹杀他的声音。把关所依赖的渠道已经不复存在,处处都是"关",处处都是传播渠道,封闭的话语格局必然解体。

2. 海量化话语内容造成封闭把关模式的无力

以微信为例,据腾讯《2016年影响力报告》所描绘,截至2016年第三季度,微信的月活跃账号已经超过8.4亿个。超过九成的微信用户每天使用微信,其中有一半用户每天使用微信超过1个小时。这些用户不仅阅读信息,也点赞、转发、原创、评论、修改信息。截至2016年年底,微信公众号数量已经达到1 777万个,2017年超越2 000万个。仅微信平台每天所产生的话语信息已经是海量数额。对于这些海量的话语进行把关筛选并进行加工,采用传统的大众媒介的封闭把关方法是无能为力的。

同时,海量的话语内容也改变了人类社会话语生产以及消费两端的平衡模式。在传统媒介时代,人类的信息知识生产受制于技术的落后一直处于产能不足的状态之中。所以,大众媒介的任务只需要满足大众的部分需要,而无须顾及受众的个性化需要。例如,一张唱片往往只有一两首主打歌曲,其他的歌曲是"搭配销售"的歌曲。因为信息生产消费的天平倾向于生产一方，所以，话语生产者可以无视话语消费者的需求，而只需要依据自身喜恶挑选、加工话语信息。自媒体时代到来时，海量的信息表明了话语生产已经处于过剩的状态，此时传统无视受众的封闭式把关模式已经显得不合时宜。把关人不应该将自己封闭起来，而应该主动出击迎合受众的需求。

3. 即时性话语速度造成封闭把关模式的无果

自媒体简化了传播把关人模式下的传播流程，用户可以随时随地地发布、传播、转发信息，这种话语行为不仅局限于某个自媒体平台，而且可以方便地在各个自媒体平台之间切换以及联结。例如，用户在"今日头条"客户端上面看到一则不错的讯息触发了其传播冲动，那么他可以很方便地将相关信息分享至微信朋友圈、微信群、微博、qq 好友、qq 空间、邮件、钉钉等众多平台并可以附加上评论同时@其他受众。通过分享、转发、再创作与搜索引擎的同步化，自媒体的传播速度呈现非线性几何级裂变递增。

自媒体的话语传播，既不是传统媒体的线性传播，也不限于 Web 1.0 时代门户网站的网络传播，而是一种人际传播、媒介传播的融合。这种传播模式下的角色重叠造就了自媒体语境下网络意见领袖的人际传播与媒介大众传播的融合趋势。自媒体语境之下，意见领袖由于拥有大量的受众群体，其本身就与传统媒介的大众传播效果相类同，这是第一层的传播。由于与其本身所内生的话语号召力相结合，其受众不仅仅是一般的话语接受者，而是信赖其话语品牌的粉丝，对其所生产以及传播的消息加以再传播的可能性增强，这是第二层的传播。由此粉丝的转发诱发了其所在相关群体的热议、再创作以及再转发，将诱发多米诺骨牌式的"蝴蝶效应"，这是第三层的传播。而且，随着话语的不断酝酿，话语资源的不断丰富，话语场中的话语信息不断地混搭、拼凑、聚合，形成新的话语主题以及话语品种，从而诱发整个话语生态的螺旋式上升，引发其在"质"上的跃迁。由此，整个自媒体话语传播过程是一种诱发式的病毒式裂变，在及时性、时效性、覆盖面、可信度上面都优于大众传播的一次性单向传播。同时，由于所有的个体都有可能成为意见领袖，所以，"草根记者"有可能由于拥有对某项信息的发现权而一跃成为意见领袖。大众媒介再也无法垄断信息发布的权力而成为话语生产的唯一信源。自媒体从而绕过"把关"高能耗与低效率的阻碍而具有裂变式的传播速度，让封闭的把关模式只能趋于崩溃。

在众多的话语事件中，自媒体成了话语传播的有力推手，越来越多的舆情事件首发平台都是自媒体。例如2011年"7.23"温州动车追尾事故、2010年"7·28"南京爆炸事件、舟曲泥石流事件等，都是在微博等自媒体平台上加以"爆料"然后众多的大众媒介才有所反应。在"7.23"温州动车追尾事故中，微博较之门户网站竟然快了两个多小时，更别说纸质媒介。在众多的反腐反贪的事件中，传统的把关人也是无法封闭来自开放话语场域的众多质疑，从而推动事件的发展。在这些事件中，我们可以发觉，传统的封闭式把关模式在自媒体的裂变式话语传播模式面前，甚至连招架之功都没有，屡屡"失明""失语"乃至"失聪"，封闭的"关"已经被处处皆"关"所代替。

4. 联通性受众组织造成封闭把关模式的无能

大众传播的把关人重要的把关策略之一就是将受众分隔开来。一般而言，其受众不仅与传播者时空分隔，从而形成传播的势能，受众之间也形成隔离状态，以便于将其孤立地进行规训。这种规训的从微观的"规训＋隔离"扩展到宏观的"全景敞视主义"，正是福柯所指的异质空间规训理论的所指。

不同媒介的受众组织模式有所区别。以书籍、报纸为例，它们的读者分散于不同地点，以不同的时间，采取自己的方式进行阅读。受众在信息接收的时间上与传播者、受众彼此之间都不同步。所以，印刷媒介的受众以异时、分散的方式接收话语。电子媒介比印刷媒介有所进步。在电影媒体中，有可能一群观众集中于一起同时同地共同欣赏一部影片。大家凑在黑暗之中形成一个封闭的环境，共同欢笑、共同落泪，互相感染，形成共同的但并不交互的临时性氛围。电视的观众与印刷媒介以及电影都有所不同。传统电视直播以分散、同时的方式，同步地收看节目。这种分散、共时却又同步的接收方式为电视获取大范围的受众群体效应提供了技术上的保障。春节联欢晚会、奥运会开幕式等重大政治文化事件的现场直播中，事件的展开与把关者的传播、受众的收看同步，这种共时分享让分散于各个角落的受众获得了一种在场的共同想象，这为民族国家、文化共同体的意识形态建构提供了绝佳的平台，以前所未有的高效完成了媒介的话语同化功能。电视正是通过提供这种同步共享的体验，并在传播过程中完成意识形态增殖的。

然而，在传统媒介时代，传播者与受众之间处于相互隔离的状态，受众难以与传播者进行互动，对传播者施加影响更加无法想象。有些媒介为了改变这种状况进行了一些尝试，例如编辑部的读者信箱、广播电台的热线电话，以及某些出版社的读者俱乐部。受限于技术的落后，这种互动都难以持续成为一种日常化的常态，直到自媒体的出现这种境况才得以彻底改观。在众多的自媒体传播中，正是由于受众之间的互动以及分享才促进了信息的进一步流动与分享，正是由于受众的互动才形成眼球效应，正是由于受众的互动才形成粉丝群体的统一行动，从而推动自媒体圈子的凝聚力的最终形成。但是，也正是受众的互动让封闭把关模式的分隔规训策略得以落空，当受众之间连通形成话语共同体的时候，受众与传播者之间信息不对称的劣势被消解了，受众甚至可以团结起来对传播者施加压力，让传播者不得不考虑受众群体以及个体的需求。这种传播格局的改变导致了封闭式把关模式在自媒体语境下的无所作为。

二、话语权中心控制模式消亡

与大众媒介的传播模式相对应的是原子化的中心控制社会组织模式，所有的个体都犹如机器上面的零件，是可隔离、可替换的。而自媒体对应的是多元化以及开放性的公民社会，所有个体都是社会有机体上的一个有机节点。在大众媒介统治的时代，由于其单向性以及中心性，话语传播将出现系统性偏向，话语的生产与传播将服务于能掌控媒介的权力中心，话语分布亦呈现以权力为中心的"垂直传播"局面。但是自媒体的话语传播模式呈现出一种"水平传播"的迹象，中心不再重要，反而去中心化成为一种常态，此时传统媒介的话语中心控制模式面临消亡，如波斯特所言："当代大众媒介转化成去中心化的传播网络时，发送者变成了接收者，生产者变成了消费者，统治者变成了被统治者，这样，用来理解第一媒介时代的逻辑就被颠覆了。"❶ 去中心化、互动性的交流渠道解构了传统话语的中心化模式。

（一）宏观：去中心化话语传播生态的生成

去中心化的网络结构最开始是基于军事目的而设计的。20世纪中叶，美苏争霸，美国政府担心苏联的远程核打击能力摧毁其重要的通信干线，从而导

---

❶ 马克·波斯特. 第二媒介时代［M］. 范静哗，译. 南京：南京大学出版社，2001：43.

致其中央指挥系统的失灵。为保证美国本土及其海外的军事武装通信在遭受第一次核打击之后依然具有生存和反击能力，国防部的著名智囊团兰德公司设计了一套全新模式的通信方案——分布式通信网络。这个方案便形成现代互联网的框架雏形：（1）没有中枢控制机构；（2）网络上每一节点都与其他节点具有同等重要性，发出、传递和接受信息的权限是一样的。如果网络中其他节点被破坏，剩余的其他部分依然能通畅地完成通信任务。这便是不再采用中央控制式网络，而采用分布式网络，让整个系统由无数分散的中心取代原来的一个中心。在 Web 1.0 时代，这种分布式网络的节点传播处于雏形状态，节点之间的重要性并不对等，若干门户网站掌握了大部分信息分发的权力。直到 Web 2.0 的自媒体时代，个体才在自媒体平台上获得了平等的话语权力，去中心化的话语传播生态方才形成。

在自媒体语境下，所有的节点地位都一致，各信息源之间的互动是开放、平等、没有障碍的。如果将所有节点的传播网络整合一起，最终呈现的是一张分布式网络结构，每一个节点都为中心。所有节点都可能成为局部性、阶段性的中心，整体性、稳定性的中心不复存在。在这个分布式的传播结构中，所有节点可以自由链接，形成全新的链接单元，节点与节点之间随机性的链接让整个系统拥有了无限可能而具有强大的生命力，形成去中心化话语传播生态（见图 3 – 1）。

图 3 – 1　分布式网络传播结构❶

---

❶ 谭健将军：新媒体到底是妖还是仙［R/OL］．（2016 – 10 – 29）［2018 – 06 – 15］．http://military.people.com.cn/BIG5/n1/2016/1029/c1011 – 28817644 – 2.html.

（二）中观：对传统话语控制模式的解构

1. 意见领袖对大众媒介话语权的争夺

自媒体时代意见领袖的作用越来越显著。在自媒体话语场的公共场域之中，部分用户依据自身的知识、观点以及风格，在话语市场中脱颖而出，成为自媒体传播中的"意见领袖"。他们有的以现实身份进入自媒体话语场，由现实世界的影响力转化为自媒体场域的号召力，如影视明星、行业精英、业界专家等；有的则基于自身掌控自媒体话语的能力或者在某个热点事件中的特殊地位成为话语生成以及事件发展的推动力量，如草根意见领袖、某个热点事件中的具体当事人等。这些意见领袖构成自媒体话语场域的核心节点，在话语传播中发挥着越来越重要的影响。

意见领袖又称为观点引领者，是传播学中的经典概念。20世纪40年代，传播学者拉扎斯菲尔德建立了"大众媒介—意见领袖——一般受众"的两级传播模式。他认为大众传播中话语以及观念并非直接传播至受众的，而是首先从大众媒介流向意见领袖，而后从意见领袖转向不是很活跃的那些受众。在这个过程中，意见领袖即为人际传播之中的活跃分子，他们经常提供信息、发表评论并在群体之中有较大影响。随后，美国著名社会学家罗杰斯扩展"两级传播模式"而成为"多级传播理论"。他将大众传播区分为信息流和影响流，信息流即为媒介信息，一般而言就与人们的感受一样可以直达受众，所以其传播可以是一级的。与此相对应的是，影响流的传播必须通过众多意见领袖的中介作用方能作用于受众，因此其传播是多级的。在以上的两种理论模型中，意见领袖都承担了链接大众媒体与一般受众的中介作用。意见领袖一方面比一般受众获取更为丰富的话语讯息，并具有更高超的信息把控能力，另一方面他们乐于在群体中分享资讯、发表评论，处于人际传播交际网的较为中心的位置。所以，他们是群体交往中的领袖，对他人有较大的影响力。

自媒体的普及逐渐改变了话语传播的格局，以前只有掌握了大众传媒的统治精英可以进行话语生产并传播，意见领袖们只能作为话语中转的中介。现在大众媒介、意见领袖以及普通受众都可以自主地生产话语，意见领袖们不再满足于只是做话语讯息的"二传手"，而是主动参与到话语市场的竞争与博弈之中。由于分布式网络传播结构的存在，信息的多级传播模式在一定程度上被打破。从活动空间上看，这些意见领袖遍布于各种自媒体平台，不仅微信、微博有他们的踪影，当中的一些甚至成为可以在社会上呼风唤雨的"大V""网红"，有的是在垂直类的社交平台自媒体中，如知乎、领英等，不少意见领袖还在各平台之间不断迁徙、穿梭。从构成主体来看，意见领袖不断多元化，从政府官员、明星大腕、行业精英、网络写手、专业人士到草根领袖，各种社会角色不断参与到意见领袖的角斗场中。从关注领域观察，自媒体意见领袖广泛参与到时事政治、社会经济、文化娱乐等社会各领域，甚至活跃在大量现实社会并不存在的网络社区亚文化中，如耽美文化，A站、B站、C站、D站文化等。从话语影响来看，意见领袖往往能引导受众的话语走向。尤其在社会热点问题、突发事件中，意见领袖经常与大众媒介进行话语角力，争夺更多的话语权。他们往往通过发出与大众媒介不同的声音以吸引一般受众的注意力，通过提出疑问、发表评论并引导注意力来进行议程设置，与大众媒介的议程设置争夺公众的话语框架，进而引导公共舆论的走向以及进程。因此，自媒体意见领袖在话语生态中不再满足于充当话语中介，而主动走到前台，成为话语主题的发源地、影响流的扩散中心以及舆情的引领者，成为自媒体语境下与传统大众传媒平起平坐的话语竞争对手。

2. 公众参与对议程设置效果的批判与重构

麦克斯威尔·麦克姆斯和唐纳德·肖在当年美国大选期间，通过实证研究论证传播媒介报道内容与公众议题之间具有较强的联系，认为大众媒介在对影响公众议程设置的诸多因素中起着核心作用，通过报道数量的多少和观点倾向的强弱，大众媒介赋予各话语主题不同的重要性，从而决定或影响公众的关注。传统的议程设置理论关注大众媒介在形成舆论方面的重要作用，认定大众传媒是议程设置的唯一主体，单向地、从上而下地影响公众议程。广大受众作为沉默的一群，只能对此接受并做跟随，即使有相异的观点也没有渠道扩散其影响力。自媒体语境下，每个人都能将自己对议程设置的质疑进行扩散，形成"微议程"。当这个"微议程"成功吸引其他受众关注、转发、评论时，便有可能形成大面积的话语"共振"而形成"蝴蝶效应"，影响大众的公共议程，反过来影响大众媒介的议程设置，成为一种"逆袭"式的重构。

以天津"8.12"爆炸事故为例，自媒体对大众媒介的议程设置进行了批判与重构。2015年天津滨海新区的保税港危险品仓库发生强烈爆炸，这次爆炸事故造成的遇难人数竟然高达 145 人，震动了海内外的媒体。事故发生的时候，十公里的范围内可见蘑菇云，几十公里之外可以感觉到震动。众多民众通过微博、微信等自媒体平台第一时间上传并传播了现场的众多图片和视频，甚至有拍客利用无人机对灾难现场进行航拍侦查。众多网友拍摄的相关素材不仅引发网友的疯狂转发，而且成为主流大众媒介的核心素材。截至次日 17 点，新浪微博关于事故的相关话题点击阅读量已经超越 13 亿次，微博数量逾 230 万条。该事故引起了高度关注，众多大众媒介并没有第一时间进行报道。事故发生地天津卫视在灾难发生十多小时后才从侧面开始报道，并且都以"为天津加油""祈福"作为报道方向。电视、广播、报纸都以"祈福天津"作为主要的议程设置方向。大众媒介所主导的舆论的关注焦点几乎都聚焦在了"加油""祈福"等正面引导之上，试图让公众对此予以接受。

在自媒体语境之下，每个个体都可以独立发表自己的意见，设定自己话语辐射范围内的"微议程"。在"8.12"天津特大爆炸事故发生后，在大众媒介统一口径地发布正能量消息的时候，许多自媒体用户一边跟随大众媒介以及一些意见领袖为救援加油、为逝者祈福，一边不断地对事故发生的前因后果进行愤怒的质疑。大量的普通民众纷纷提出"涉事企业的环境评估是否合格""危险化学品的仓库为什么能距离居民区如此近""危险化学品的经营资质是否具有漏洞""灭火的方式是否合理正确""为什么有些消防员似乎没有基本的救援常识"等疑问。这些问题设置了与大众媒介相异的崭新议程，在极短时间内引爆了微信、微博、知乎等众多自媒体社区的议论，众多的意见领袖也被席卷进来。这些议题在社会大众中引起了激烈讨论，将大众媒介的议程由"祈福""拖"向了"追责"之上。从议程设置的各方来看，大众媒介所担负的是从现有的话语资源中有选择性地挑选符合其设定倾向的材料，将其加工后呈现给受众，并意图将受众引导向赋有正能量的方向。但是自媒体话语场不再是大众媒介垄断的"一言堂"，而是众声喧哗的大集市。在话语市场的博弈之中，对于事故的质疑和批判的声音终于占据了上风。用户个体的微议程因为"共振"而形成"蝴蝶效应"，最终汇集成为话语场里的强大龙卷风，压制了大众媒介的议程设置。这便是公众的参与而导致议程的修正与重构。

3. 先"出版"后"过滤"对把关流程的颠覆

传统大众媒介的传播具有两个理论以及实践前提：其一为稀缺的媒介资

源；其二为较高的信息发布成本。由于媒介技术的限制，传统的广播、电视、印刷都是一种极其重要的公共资源。即使在技术先进、经济发达的美国，对于大众媒介的规制措施也是基于资源稀缺的考虑。因此，他们必须仔细考量节目制作费用、印刷费用、广播频率的占用等成本问题，以求更高的传播到受众的信息质量。这种基于投入产出比的出发点决定了必须严格监督节目的内容以及形式。"任何传统媒体制作人出于存活的考虑都要对内容作出取舍，出品之前就要把好的作品和平庸制作区分开来。由于出版的基本经济学给书籍总量封了顶，每个出版商或制作人也都不得不事先过滤内容。"❶ 这决定了传统媒介的话语生产只能通过层级组织的媒介集团进行，其运作模式是先"过滤"后"出版"。

在《自媒体：受众如何塑造新闻和信息的未来》中，谢因·波曼（Shayne Bowman）与克里斯·威利斯（Chris Willis）认为，大众媒介的信息生产方式为广播模式：话语信息必须受到媒体组织的控制，在媒体组织过滤后才传递给受众，是一种线性传播模式。而自媒体的话语实质上是一种公民新闻，其是由普通个体所生产的，强调平等对话与协作。以上两位学者将这种传播模式归纳为三种形式：点对点传播（peer to peer）、互播（intercast）和社会网络传播（social internet）。传播者并不从属于某一组织，而以个人身份参与话语传播，在传播过程中他能随时切换传播与接受的角色。此时，新闻可以无须通过媒体组织这个传统传播中介的过滤而直达受众。❷

由此可见，大众媒介与自媒体的最大区别是把关过滤的存在与否。大众媒介是"先过滤，后出版"的模式，经过层层过滤把关之后才把新闻呈现在受众面前。这些过滤的权力由专业的编辑、记者、制片人把控，这种模式是媒体资源稀缺状态下的无奈之举。自媒体时代媒介资源再也不稀缺，海量内容导致传统效率低下的信息过滤模式不合时宜——无法也没有必要通过专业人员过滤如此海量的内容。而自媒体话语资源自个体互动以及群体互动所激发的个体自主话语生产，话语生产之后直接进入传播环节，在受众、记者、出版商、广告

---

❶ 马克·波斯特. 第二媒介时代［M］. 范静哗，译，南京：南京大学出版社，2001：43.
❷ Shayne Bowman, Chris Willis. We Media: How audience are shaping the future of news and information［M］. Washington DC: The Media Center at the American Press Institute, 2003: 66.

商等组成的话语之网之间流动。通过每个个体的（点赞、共享、转发、再创作）话语行为所组成的话语社区协作之网决定某些话语信息的去留、形态以及影响力。那些有价值的信息将被筛选出来，并通过社区协作的方式放大影响力；那些低价值的话语信息将逐渐在话语的海洋中沉没，也许无声无息地消逝，也许某一天在合适的时机下又被打捞出来。❶

（三）微观：话语权控制的泛中心化

自媒体的语境之下，所有个体都在理论上可以通过平台发布话语，所有节点都可能是中心，这对于传统的话语中心控制模式是一个颠覆。然而，必须区分的是，话语表达是去中心化的，所有个体都可以平等表达并不意味着所有个体的表达都可以被平等地传播以及接收，话语传播具有显著的中心化特征，只有中心化的平台、中心化的任务、中心化的事件、中心化的能力在多种营造中心化的环境因素共同作用下才可能被大量地关注产生集聚效应。❷ 去中心化是媒介技术赋权的直接结果，但是内外因素在后天的博弈中决定了谁的声音可以被多少人听到。在去中心化的同时存在再中心化的现象，这种现象是后天通过长时间的博弈而"自发选择"的结果。去中心化与再中心化共同的合力就是话语控制的泛中心化，其本质上为话语控制中心的多元化。

泛中心化强调话语在传播过程中的中心多元化，不仅仅存在一个中心。去中心化是中心化向泛中心化发展过程中的一个过渡形态，中心化与泛中心虽然都存在中心，但是两种中心本质上是截然不同的。

中心化对应着去中心化。大众媒介在前互联网时代由于垄断了话语资源，所以在话语传播中位于中心。因为技术的不发达造成话语的稀缺性，更加巩固了大众媒介在话语资源分配之中的地位。自媒体的兴起颠覆了这种话语格局，所有个体的话语地位在理论上都一致，同时产生了海量内容，这两方面都终结了大众媒介的话语中心地位，这一过程就是去中心化。

泛中心化是去中心化过程中话语资源重新组合的一种结果。去中心化的过程中话语系统呈现出分布式的网络特征，在去中心化的过程中，每个节点都有

---

❶ 申金霞. 自媒体时代的公民新闻［M］. 北京：中国广播电视出版社，2013：136.
❷ 王世华，冷春燕. 互联网再认识：去中心化是个伪命题？——兼与李彪先生商榷"中心化"问题［J］. 新闻界，2013（20）：46-49.

可能成为区域性的阶段中心。但是这种中心不是像中心化的中心那样固化,本身缺乏强制性的中心控制功能,而且这种中心只在有限的空间以及时间范围内有效。与一个中心的垄断性不同,众多中心之间也存在竞争与协作关系。所以,中心化的中心是宏观层面上话语垄断的中枢地位;而泛中心化的中心是微观层面局部的中心控制功能。"中心化"演化至"去中心化"的过程不是线性的简单过程。例如,《参考消息》的主编是中心,他是外部命令的,读者没有选择权只能接受;papi 酱的微信公众号也是中心,其做直播的观众最高峰时达到 2 000 万人,稳定的粉丝也逾 1 000 万人,远远超越《参考消息》的发行量(2015 年为 270 万份,为我国发行量最大的报刊),但是其阅读是用户自己选择的。他们经常观看或者阅读相关信息后,关注转化为粉丝,众多粉丝形成关注中心,但是用户可以随时取消关注甚至对公众号进行投诉、列入黑名单。再以 papi 酱为例,其 2016 年 4 月 4 日的赞赏数量达到了高峰(6 537 人),同年 11 月 11 日的赞赏量却滑落到 77 人,❶ 赞赏数量可以视为 papi 酱的话语影响力指数,可以看出其在话语场中是否处于中心的位置,而且这种中心位置是动态的、非强制性的。

从话语影响力背后的实际话语控制权来考量,当下的自媒体话语场更存在"泛中心化"的特征。2011 年新浪微博最"火"的时候,《创业家》杂志对新浪微博公众号排行榜前 50 名的访问调查,其中的草根微博公众号被蔡文胜、杜子建、"酒红冰蓝"所掌控的三大传媒集团所掌控。据称,天使投资人蔡文胜至少控制着前 50 名中的一半草根微博、1/8 的新浪微博用户,其所有的公众号至少拥有 2 000 万粉丝。杜子建据称拥有草根微博前 50 名中的 15 个,其所在的华艺百创传媒科技有限公司甚至吸引了薛蛮子以及蓝色光标公司参股。网名"酒红冰蓝"的单亲妈妈肖俊丽控制着 100 多个微博公众号,其所影响的粉丝数已突破 700 万人。❷ 这些媒介集团以资本控制、广告植入、舆论公关等方式盈利,在相当程度上也以资本的力量形成自媒体话语场中的"泛中心"。

---

❶ papi 酱与罗辑思维分手:流量下滑和营销模式的迥异 [R/OL]. (2016 - 11 - 28) [2018 - 06 - 15]. http://www.mnw.cn/edu/glpx/1477163.html.

❷ 新浪微博三大门派居然控制几千万的粉丝,年收入达上亿 [R/OL]. (2011 - 07 - 20) [2018 - 06 - 15]. http://www.wenzhousx.com/keji/IT/38005.html.

第四章 自媒体话语权困境归因

英国著名的话语分析学者诺曼·费尔克拉夫（Norman Fairclough）指出："话语不仅反映和描述社会实体与社会关系，话语还建造或'构成'社会实体与社会关系；不同的话语以不同的方式构建各种至关重要的实体，并以不同的方式将人们置于社会主体的地位。"❶ 随着媒介技术的进步，人类社会的结构正发生着颠覆性的变化，这必然导致社会组织模式的更替，为话语权造成一定的困境。这些困境包括：第一，话语权威消解，这是由于话语中介瓦解（脱媒现象）所造成的；第二，话语主体地位更迭，这是由于话语主体游离状态加剧（自媒现象）所导致的；第三，话语空间泛化，这是由于话语空间泛化（泛媒现象）所引起的。

第一节 话语中介瓦解

脱媒即为去中介化，源自金融领域，原指之前的资金是通过以银行为代表的金融中介进行流动的，而现在则由最终供给者直接交付给最终使用者。❷ 此专有名词而后从金融延伸至各个领域，泛指原中介组织被原先没有传统性关联的第三方机构所替代，甚至购买者与生产者之间绕过中介机构直接进行交易。随着互联网时代的到来，跨界现象成为一种常态，众多传统行业的组织模式亦发生了颠覆性的变化。最显著的例子即为以余额宝为代表的网络金融对传统金融行业的改变。

---

❶ 徐光寿. 高校思想政治理论课体系转化研究［M］. 上海：立信会计出版社，2014：239.
❷ 黄锐，高疑. 管理是什么：解读顶级管理大师［M］. 北京：中国经济出版社，2004：154.

对于中介组织的考量可以从两个角度进行：从宏观的角度即为组织之间的中介，是整个系统内部各子系统之间的组织模式；从微观的角度即为各子系统内部的结构，即将子系统的组织机构本身视为一种中介——微观个体之间的中介，微观个体通过这种组织模式组成子系统。所以，中介性组织可以划分为组织间中介以及个体间中介（组织本身对于微观个体的中介性组织功能）。

一、科层组织中介功能崩溃

正如上文所言，大众媒介是工业化的产物，采用科层制的组织模式。科层制的显著特征即为等级性、封闭性、机械性以及垄断性，且具有强烈的建构欲望，呈现出统一性与一元化的倾向。传统话语权也具有建构统一的宏观集体认同的内在倾向，意图调和个体分歧，整合微观差异，确立符合统治阶级的一元性话语基调。所以，传统大众媒介的一元化与传统话语权的统一化之间具备同构性。自媒体的话语性质则恰恰相反，话语权在其语境下是分散化的，其关注微观世界，本能地排斥权威，甚至将对元叙事的解构视为乐趣。这时候的受众对于统治精英们的先验性思想控制以及自以为是的布道十分反感。自媒体的"自"（"I"自我和"WE"群组）反而是受众最为关注的。他们再也不想肩负太多"意义"的重担，不愿意被各类型的"单位"组织所束缚，仅仅想纯粹地找点乐子、吐吐槽。这就不难理解为何传统"单位"组织的吸引力对于受众的吸引力骤然衰减，它们的科层组织模式逐渐崩溃。与大众媒介同构的话语权同时也面临严重的脱媒危机。

亚当·斯密的分工理论将经济生产的过程加以标准化，将其切分为若干独立的过程，每个员工只负责其中的一道工序便可以了，由众多的工序组合而形成完整的生产流水线。这种分层制构成科层制的理论基础，与流水线相配套的管理机制亦遵循着分工原则。这种管理分工将管理人员按照职能进行区分安排于各自的部门中，并将各自的部门按照管理目标进行组合，每个员工只负责管理各自的领域。为了确保工作效率的提升，管理组织内部实行集权，采取金字塔状的层级管理机制：上级对下级进行监督，下级对上级的汇报需要逐级进行而不能越级。这种生产以及管理的分工体系适应了工业社会化大生产的需求，有利于生产力的急剧扩张。而后分工理论逐步在社会各领域逐步扩张，在媒介领域亦建立起自身的理论以及实践体系，逐步形成韦伯所指的科层制。韦伯的科层机构具有以下的突出特征：（1）以职能化为基础进行劳动分工（专门化）；（2）等级层次结构的规定严格（等级制）；（3）责权明确的制度以及规章（规则化）；（4）人性关系非个性化，工作程序系统化（非人格化）；（5）提拔的唯一依据是业务能力（技术化）。❶

（一）科层阻隔：话语封闭生产模式低效

科层制为整个社会的科层化管理奠定了基础。个体性工作逐步同质化、标准化。同时，劳动者也在劳动中被异化。首先，机器化大生产之前，个体劳动者是劳动资料以及劳动工具的主宰者，也就是说，劳动者是劳动主体驱动劳动工具进行劳动。在工厂中劳动者却是被动的，受机器驱使而被动地服务于机器，受机器驱使随着机器劳动。在机器化生产的流水线中，劳动者失去了主观意识与个体理念，沦落为机器附属的零件。其个体意义被降格为考核其劳动效率时的某个单项指标。劳动者被非人格化了，原本手工业劳动者立体的个性化技术知识被流水线所肢解，留下服务于机器运转的单项技能。全息化的知识有机物被"烘干"而剩下了单维的技能肉干。单项性的技能因为同质化，因此可以像零件一样被替换。同质性以及可替换性又将技能严格限制于特定岗位职责范围内，必须是简单化的不需要经过长时间的培训。所以，组织中个体的技能以及主观能动性被严格限定在简单化的岗位职责范围内。劳动资料等社会资源与劳动者对应着，也被层级以及水平分配于各个分隔的岗位之中，难以资源共享。在生产力技术水平比较低下的情形下，科层制的的确确发生过巨大的效用，有利于生产的社会化大合作。但是，人类的生产与社会协作越来越复杂的时候，将复杂问题简单化的科层制便显得效率十分低下。

以原中国中央电视台的组织架构为例，其最初采用的是"台—部—组"的经典科层组织模式。但是随着卫星频道、有线电视等技术的发展，节目播出时长的增加，频道逐渐分立越来越多，这促进了节目播出时间的飞跃式增长。这种趋势一方面对内容制作部门施加了巨大的压力，需要整合各方面的资源进行统一调配；另一方面在各部门之间以及部门内部产生了愈加细化的分工。这

---

❶ 黄锐，高疑. 管理是什么：解读顶级管理大师［M］. 北京：中国经济出版社，2004：154.

种分工又让各部门之间的条块分割情况更加严重,终于产生了难以调和的矛盾。科层制从本能上力求建构规范化的操作空间。在这个空间里,各种纷繁复杂的事务被分门别类地强行纳入封闭的科层知识体系之中。其在纵向上强调等级分明(即为"层"),横向上强调各科目、科室的分工明晰。层级分层的机制让科层制无法进行信息的有效反馈;条块分割导致了其在机制上难以进行有机协调。内容制作在数量上以及质量上的压力需要对各种情境作出及时准确的反馈,同时进行跨部门资源协调。这就要求必须打破原有的条块分割机制,让各岗位的权力、责任与资源进行有机调配,最终导致僵化低效的科层制的瓦解。首先是横向方面的合并,科层制演变成为"中心制"——以内容生产为中心而打破各种部门限制。而后在纵向上实现了管理层次的减少,在合并部门的基础上扩展管理的宽度,形成"频道制"。以上的这些改进可以视为传统大众媒介在媒介发展背景下所进行的适应性改革。但是,由于其难以从根本上剔除科层制的基因,众多的大众媒介在面对自媒体的冲击时依然显得十分笨拙与无能。当下"电视没有台""报纸无须社"的情境越来越普遍。以视频为例,其可以与博客、微博、微信、直播、短视频等众多自媒体平台相结合,在电视机、手机、平板电脑等多屏之间切换,相较于传统电视台封闭呆板的播出模式、封闭低效的制作流程,自媒体平台更加灵活化、个性化。自媒体仅仅需要更低的技术门槛——一部具备多媒体功能的移动终端即可;更低的制作成本——甚至几乎可以忽略不计,需要较高的成本时可以通过众筹获得;可以采用灵活的组织机构——一个用户便可以是一个电视台、一个出版社、一个日报社,一群用户可以采用群组合作、维基创作等不拘一格的方式。在如此强大却又"无法捉摸"的竞争对手面前,传统媒体显得笨重而低效,根本无法与之竞争。当下在世界范围内,电视台、传统纸媒所面临的生存困境便足以证明科层制已经无法适应自媒体语境下的话语环境。

(二)模式僵化:话语权行使过程固化

大众媒介是专业性的媒体,其虽然是个体的集合,但是集体一旦形成,便具有超越所有个体的意志以及独特的功能。从功能主义的角度看,大众媒介作为社会机制的重要组成部分,其社会职能是为社会公众以及各种组织提供高效的公共信息服务,以方便个人以及各种组织依据信息作出有效、合理的社会行动，从而维系所有社会个体的协作以及整体社会的稳定、良好运转。正是为了提供以上的制度性公共服务，大众媒介方才逐步科层化，通过结构的等级化、流程的标准化、规范的制度化保证媒介目标的达成。科层制度下的媒介组织在当时的历史情境下是高效的、理性化的，基本满足了社会运行所需要的一般信息需求。在科层化的过程中，与媒介生产传播相关的知识也形成了系统性的专业知识，其包含的技能、程序、价值的形成正是大众媒体科层化过程发展的必然结果——职业化。

科层制确实在工业化时代为大规模系统化管理作出了重大贡献。科层制的大众媒体，在话语生产的过程中形成并逐步完善各种制度、原则、价值。这些保证了媒介组织的出品保持了犹如工业化生产线的产品一样的质量以及风格的一致性。其程序上的标准化却也容易演化成僵化的"仪式主义"，在面对组织外部突变的各种情形时，难以作出迅速有效的反应。职业化的逐步建构，很有可能成为变革的羁绊。这些话语权行使过程中的固化包括以下几个方面。

1. 选题的固化

在新闻的选题上，大众媒介将新闻价值置于首要的位置，依据自身价值的设定将新闻素材进行筛选后经过加工呈现给受众，记者以及受众在话语生产流程中并没有起着决定性的作用。CNN甚至将"人靠边站，新闻至上"作为自己的口号。❶ 新闻的价值往往是由掌握着统治权力的精英所赋予的，他们的需求乃至偏见往往经过大众媒介强加给受众。这种话语信息往往主题先行、枯燥乏味且远离受众。在媒介欠发达的境况下，大众媒介有限的话语加工能力决定其只能对众多话语材料按照一定的价值观标准进行取舍，这将导致大量大众所关心的话语信息被把关人的过滤机制挡在大众传播系统之外。这实际上剥夺了受众对所关心主题的知情权。在媒介技术不发达的年代，受众无法进行选择只能被动接受。在自媒体语境之下这种情境再也不会再现。自媒体将传统大众媒介的话语选择方式进行了"倒置"：以满足受众需求作为首要目标，再依据此目标遴选话语主题。受众最关心的是与自我关系密切的微观议题，厌恶乏味与无趣，偏好刺激与冲突。所以，自媒体话语往往对宏大的事件并不买账，而更关心大众所关注的民生、娱乐类选题。在对宏大事件进行解读时，也往往经过

---

❶ 付晓光，田维钢. 自媒体的新闻语法建构[J]. 当代传播，2015（11）：79.

接地气的表达方式对其进行编码。

2. 流程的固化

在话语的生产流程上,传统大众媒介在科层制的监督模式之下,采取先审核再发布的把关模式。话语生产在总体流程上与工业流水线并无二异,例如传统出版的总体流程为"编、印、发","编"即编审环节,又被细化为"采、编、审、校"。每一个分支环节之中都具有严格缜密的实体性以及程序性要求。这一方面体现了所谓的系统化知识体系的专业化职业化要求,另一方面又暴露了其因知识结构化、框架化而导致的僵化性问题。

在新闻生产流程中,媒体为了制度化信息的供给,建构了一张由记者以及编辑组成,基于地域、行业分配资源的部门设置。这些话语资源的固定化配置导致新闻报道的重复性乃至模式化。那些比较少乃至没有被配置资源的领域,往往被忽略成为遗忘的角落;那些被重点配置资源的场域,更容易被不断循环式的强化关注而固化形成路径依赖。

自媒体在组织方式上没有那么多条条框框。由于社交网络消解了传统的科层组织,自媒体的话语生产组织模式更多显示出去中心化、分布式、模块化、扁平化等特点。在其进行话语生产的合作过程中,生产主体间呈现出一种开放、平等与共享的协作关系。组织内部各成员之间在互相竞争与协作过程中形成自主自发的自组织关系,而不是科层组织那种受外部指令所干涉的他组织关系。自组织的内容生产者往往基于自发的创作动机进行话语生产,而不是完成外部的指令,这种自我动机具有更多的艺术创造性。创意一般不会在完全非理性和过于随机混乱无规则的空间发生,也不会在完全理性、充满秩序和逻辑的干巴巴的地带生长,而是一般诞生于无序与有序交界的混沌地带。区别于韦伯式的理性科层制度的僵化,自媒体采用的组织模式是有人性的、柔性的。❶

在具体的话语生产模式上自媒体是十分灵活的。自媒体的话语生产因为设备、技术门槛的降低,所有个体都可以采用灵活的组织方式、灵活的时间、灵活的地点进行话语生产。因为不再需要把关人甚至把关机构的预先核准,所以再也不受某些固化的知识体系所约束,任何有效的表达方式都可以无拘无束地采用。大量的自媒体的用户仅仅是个人而已,无所谓流程与否。少量的专业化

---

❶ 于平,李凤亮. 文化科技创新发展报告(2015)[M]. 北京:社会科学文献出版社,2015:29.

自媒体平台亦都采用扁平化的内部组织模式，轻巧而灵便。组织而无定型，轻便且无拘束，便是自媒体话语生产流程的一种写照。

3. 主体的固化

科层制的话语主体具有精英化的倾向。在科层制的内部结构之中，越处于其金字塔顶部的个体拥有越多的话语权力，占有更多的话语资源。在大众媒介的话语生产过程中，对于话语信息的新闻价值判断，主要的考虑因素是话语来源以及话语本身的价值。地位以及身份越高的人物或者组织所提供的话语信息更容易被采信。因此，位于较高社会层级的人物以及组织被关注、报道的频率大大高于一般社会成员。同时，专业型记者的精英化趋向也导致了其立场以及关注点的精英化。与自媒体场域不同的是，由于话语反馈效率的低下，主体精英化让大众媒介的话语生产形成一种精英集团内部自循环的机制，这种机制导致了精英集团与普通大众之间的割裂。于是，一般民众往往在媒介中难以发出自己的声音，行使自己的话语权。

（三）人性束缚：话语场域中个体非人格化

韦伯的科层制强调了非人格化，将个体从理性的社区设计中排除出去。其科层制被视为"非人格化的统治：没有憎恨和激情，因此也没有'爱'和'狂热'，处于一般的义务概念压力下；'不因人而异'，形式上对'人人'都一样"。❶ 这种非人格化要求组织的理性决策不能受到个人非理性的情绪影响，公私之间界限明确，组织内部个体之间依据严格的规章以及法令进行业务交往以及履行公务。这种管理模式是和不信任的社会文化相匹配的，其目的是排除人为因素在管理行为中的不良影响，形成管理机制的理性化、制度化，让管理行为以及被管理者的行为具有高度的可控性以及可预期性，同时希望管理行为公平、客观、公正和有效。但是，随着这种管理逻辑在社会各领域中被强行广泛运用，逐渐爆发出很多的负面后果，不仅造成管理效率的低下，更造成人性的束缚。

一方面，科层制扼杀了个体的创造性。由于不信任的社会文化的存在，高层的统治精英认为必须摒弃个人不确定的主观选择，建立一个具有适应性、稳

---

❶ 马克斯·韦伯. 经济与社会（上卷）[M]. 林荣远，译. 北京：商务印书馆，1998：250.

定性、可操作性的管理标准,并在专家的帮助下将其视为"标准的""科学的"。居于高层的管理者基于不信任制定了理性化的管理规则,强迫基层人员遵照执行。为保证计划以及目标的实现,高层管理者将所有的管理规则进行统一化以及数量化,往往将具体的政策目标转化为清晰明了的数字量化目标。原先手工劳动者可以发挥主观能动性完整地制作一件工艺品,科层制下所有的工人只能参与产品制作中的一个简单可量化工序。在这种机械化的管理行为日积月累的驯化之下,创新行为是没有必要的而且必须冒不必要的风险。按照规章制度的要求提高某一生产工序的指标才是规则所鼓励的。这种考核性的不信任文化将个人能力、创造力和真正的责任心都通通忽略。

另一方面,科层制导致了受众的大众化和平庸化。科层制由于对人才的不信任,将硬邦邦的非人性化标准强加于个人复杂多元的行为之上,然后在公平、公正的掩盖之下将任何人强行纳入其管辖范围。在这些标准之下,创新以及尽职都是多余的,只要符合这些简单化标准就可以了。因为对于个体的不信任以及理性制度设计的自负,制度设计者宁愿"削足适履"地将能动的个体劳动用机械的单维度数字以及技术性标准来衡量,这导致人才不能充分发挥其才能。所以,这些岗位上只要具备了一般化的素质,所有人都能胜任——"做一天和尚撞一天钟"就可以了。有个性或者尽职的人在这种岗位上反而难以适应,他们或者容易突破常规而出错,或者被磨平棱角而趋于平庸。这便是管理模式的平庸化和大众化。

同时,对于系统而言,其应对复杂多变的外部环境以及内部不确定的过程时需要的是能发挥主观能动性的担当精神,实际解决问题的创造性精神,主动引导变化的前瞻能力。已经被"驯养"的大众化和平庸化的管理人员已经难以适应如此的挑战。

二、大众媒介中介功能式微

大众媒介时代,媒介在社会公共生活中的中介地位日益凸显。虽然从表面上看,大众传媒仅仅传递某些信息。然而,大众媒介在社会公共政治生活中的功能日益突出。其一,大众媒介具有政治传播功能。在现代社会的实际运转过程中,统治阶级与被统治阶级的大众之间必须进行充分的沟通,通过沟通进行说服与讨价还价，最终达成社会共识。在这个过程之中，大众媒介起着桥梁和中介的作用，利用自身话语传播的技术和资源优势，将社会公众与政治精英的沟通话语信息进行汇集并促进其良性互动，同时将话语信息传达到社会各阶层，从而对执政者和社会公众的思想与行为产生影响。其二，大众媒介具有政治整合功能。现代的公共生活需要公众的适度参与，通过大众媒介所塑造的舆论是社会公众参与政治的重要过程。公共政治系统中执政者的公共政策需要获取公众支持，公众的诉求也需要得到政治系统的有效采纳和反馈，这需要公共的平台进行讨论、交流与博弈。在这个平台的互动过程中所有参与主体的观点与利益得以重新组合再造。这个平台即是大众传媒。其三，大众传媒具备政治社会化功能。这种功能是指在社会互动的过程中政治态度被有效接受并形成政治态度乃至行为的过程。除了家庭、学校、各种群体等作为中介性质的话语传播渠道外，政治社会化基本由大众传媒加以实现。在这个过程中，大众传媒通过发挥对话语资源进行加工的专业优势，将话语内容进行包装后再按照有效模式进行传播，以达到政治目标与民众政治心理的有机统一。所以，大众媒介不仅是社会公共生活的组织模式，而且是观察社会事实和解释社会现象的方式，其在社会公众生活中的仪式作用、组织作用等中介功能越来越明显。然而，由于其本身所具有的缺陷在自媒体时代显得愈加明显，终于导致其中介功能的式微。

1. 霸权困境

葛兰西作为西方马克思主义的代表人物，其"文化霸权"理论阐释了资本主义国家如何通过上层建筑的手段，从意识形态上麻痹并控制无产阶级，削弱其斗争动力。国家政权通过统治阶级意识形态的制定并传播，以统治市民社会的意识形态。"有机知识分子"便是这个过程的执行者，他们作为上层建筑和社会结构的中介，整合其他阶级的知识分子，确保市民社会"同意"或者认同统治阶级的统治规则。[1] 这个认同建构的过程其实就是一种话语规训的过程，话语权的实践发挥了重要的作用。在这一点上，葛兰西与福柯不谋而合，认为话语构建认同以确认权力。而这种话语实践在工业时代就是以大众媒介为

---

[1] 安东尼奥·葛兰西. 狱中札记 [M]. 黄华光, 徐力源, 译. 北京：中国社会科学出版社, 2000：4-7.

主体的话语建构，其成为社会话语的"霸权"。

法国哲学家波德里亚将这种媒介定位为一种"模拟的工具"——只生产拟像。具体而言，大众媒介既创造强化版的现实，又创造替代版本的现实。但是，因为它的非交流以及不及物，大众媒介本质上是一种"无回应的言说"。在他的媒介话语权力关系中，权力主体也是一种霸权的存在，主体被权力所异化，抑制了他人的意志。

波德里亚对于大众媒介的霸权如何发挥效用进行了深入的探讨。他认为大众媒介作为模拟的机器，其产生出的大量符号、形象、代码建构起"超现实"的生活拟态并支配大众的日常生活。大众媒介不过是一种迷惑人的工具，让所有受众沉迷于媒介。借助于媒介技术，非真实成为真实的"存在"，真伪可以被颠倒，意义可以被重构。这些拟像构成受众所生存的"世界"，重新建构了一个"现实秩序"，这让所有受众都在一个"拟像"的超现实世界中。在这种情形下，世界的历史或者真相已经不重要，居于其中的个体只与系统的内在严密逻辑解读相关联。媒介思想家麦克卢汉也持有类似的观点：每一种媒介都把自己作为信息强加给了世界。而我们所存在的和"消费"的，就是根据这种既具技术性又具"传奇性"的编码规则切分、过滤、重新诠释了的世界实体。❶

媒介技术的具体编码规则规定了大众媒介的话语性质。大众媒介的话语系统化生产往往不是从客观世界作为出发点，而是从媒介自身出发。大众媒介所呈现出来的"拟像"世界，是依据编码规则对客观事件进行再诠释形成全新的符号系统，再将其不加区别地加以传播。这种"拟像"世界往往遮蔽了实际存在的特性各异的客观实在。因此，大众媒介所构筑的"拟像"系统里的符号系统，能指成为自身的所指，❷ 演变成为自我指涉，区别于是能指和所指的传统符号。这种自我指涉让大众媒介成为"不及物"的、"非交流"的他者话语霸权。

在自媒体时代，大众传媒的话语霸权逐渐被瓦解。大众媒体不再是公共话

---

❶ 贺建平. 西方媒介权力批判 [M]. 重庆：重庆出版社, 2004：223.
❷ 能指以及所指都出自于索绪尔语言学，"能指"即语言的声音形象，而"所指"即语言所反应的事务概念。

语的主要来源,话语权力的主体呈现弥散化,不再由明显的集团式的统治精英所把控,也似乎没有哪些对象受到迹象明确的话语压迫。虽然自媒体语境中话语权的行使依然受到种种客观限制,但是权力客体并不能明确感受到他人的明显权力压迫,话语发布的平等不等于话语影响力的平等。大众媒介那种显眼的、公开化的话语压迫已经难以奏效。因为这种"块状"的话语模式容易成为话语抵抗的对象。当权力是外在的、他者的、显眼的凌驾于他人之上的霸权,便能被揭露、被抵抗。尤其在自媒体的话语环境下,当话语的封闭模式瓦解的时候,规训对象可以任意比照,自由选择其他的话语资源进行抵抗。所以,大众媒介的霸权模式犹如恐龙一般,笨拙而低效,定将在各种自媒体的游击式反抗中趋于灭亡。

  大众媒介霸权的灭亡,取而代之的是自媒体的"后霸权",英国著名社会学家斯科特·拉什将其定性为"后霸权时代",权力运行方式"从认识论向本体论转化、从外部的高高在上向内在生命化转变、从规范性向事实性转变、从表现向交流转变",原来的霸权已经初步瓦解,新的"霸权权力的通知方式变得更加难以辨识、难以揭露,因为霸权已经以一种生命化的方式内化到其所主宰的对象之中,成为无所不在的文化与政治,成为一种本体化的存在方式"。❶后霸权的权力是内在性的,不像大众媒介一样是他者的"不及物""非交流"的在话语对象之外的他者。权力直接寄寓在权力对象的本身,潜移默化地潜伏在他们身上的。传统大众媒介的话语霸权是对象外在的规范对其的驯服。而后霸权时代话语权力已经内化成为日常生活的一部分,不是规范强行的约束,是从内而外发生的规训。当下的自媒体已经渗透所有个体生活的所有角落,与日常生活骨肉相连地粘连于一体。个体可以不看电视,可以不看报纸,但是他难以逃脱各种附着于社交网络上的自媒体信息。即使自己不主动订阅、主动观看,但是群组、朋友所推送的信息是在所难免的。这种无孔不入的微观权力颠覆了用块头压人的大众媒介霸权,进入到所有个体的生活内部并从内部重构人们的生活与价值观。他们不是通过外在的规范制约,而是通过群体、个体的话语权力分殊所产生的不均衡压强或者落差进行话语点滴渗透。所以,它就变得

---

  ❶ 斯科特·拉什. 后霸权时代的权力——变化中的文化研究 [J]. 程艳, 译. 江西社会科学, 2009 (8): 248.

难以被揭露与反抗。

2. 失真困境

在话语通过选定渠道传递给受众的过程中，话语传播者因受各种因素的影响会发生不同程度的话语失真，这种失真将妨碍话语权行使过程的顺畅。大众媒介因为其传播模式的固有缺陷，在行使话语权的过程中，许多因素不可避免地造成话语传播过程的失真。其主要包括以下方面。

第一，传受失真。长期以来，在传统话语权生产传播的过程中，话语权所有者作为主导者，具有知识权威、法理权威以及道德权威，在话语关系中处于天然的优势地位；而受众则处于被动、弱势的地位。传播者在进行话语规训的过程中具有绝对决定权，可以自行决定话语灌输的内容、方式；而受众对于话语的理解、接收、感悟等实际上与传播者的话语行为的契合度不高。大众媒介在进行话语权实践的过程中大体上只是生搬硬套地传达和灌输，将这种预设的唯理性话语进行结合实践的具体化、生动化的有效再造。理论的生命力在于实践，脱离了实践与生活的理论实践上是已经被刻板化了，失去了理论应有的内容和面貌。话语生产者只要稍有不慎或者能力不足，便会出现理解错位、表述不清的情况。受众因为能力、环境等因素的制约，也容易造成话语信息缺乏准确性，以讹传讹导致传受过程失真。

第二，过滤扭曲。话语生产者在话语实践的过程中，容易发生过滤扭曲的现象，这是由其主观臆断所造成的。传播者在进行话语权实践的过程中，经常习惯性地以布道者的身份自居，单纯从自我角度出发，武断地挑选方便自己工作的信息进行加工以及传播，对话语材料的其他部分主观删除。这便让话语体系缺乏整体性以及系统性，更容易断章取义地误导受众，不能达到话语规训原有的目的。美国杰出语言学家以及哲学家艾弗拉姆·诺姆·乔姆斯基提出，以美国为代表的大众媒介从自身的政治经济角度出发，遵循着一种特殊的宣传模式。某一事件在被报道之前，必须经过五大新闻过滤器，其分别为：（1）大众媒体的利益取向、所有权分配和规模；（2）作为其主要经济来源的广告；（3）对于外部权力的依赖，这些权力包括政治的（政府）、经济的（商业公司）、学术的（对于政治经济所资助以及认可的专家）等；（4）新闻的专业监督，即新闻以及新闻批评家对媒介的监督；（5）意识形态（在美国经常体现为将反对共产党作为其国教以及思想控制的机制）。这五个过滤器相互影响、交互作用，能够达成一致合力的情形并不常见，常常因为某些因素的牵制导致话语生产以及传播过程的扭曲。

第三，受众麻木。传统的话语规训模式，在话语生产以及传播的过程中缺乏灵活性。传播者往往满足于文本的简单灌输，教育方法缺乏灵活性。大众媒介在行使话语权的时候，因为信道的有限性也常常造成对某方面信息的过度强调，从而造成话语冗余。为了某一时间的某一主题以及某些话题，基于"魔弹理论"或者"皮下注射理论"对受众进行话语轰炸，经常通过不同媒介，甚至同一媒介对受众进行重复、大量的"填鸭"。这种简单的重复也许在封闭的话语环境内会产生一定的效果，但是在自媒体语境下必定引起受众的逆反心理。因为受众在形式化、教条化的社会政治动员之下终将导致话语过载而产生疲劳，从而发生"话语逃匿"，最终导致适得其反的效果。

第四，反馈缺位。传统话语规训过程中教育者是垄断性的主导，但是这并不意味着话语规训不需要反馈的信息回路。在现实的话语权实践过程中，虽然平等、交互、对话、沟通等理念逐渐彰显，说教、灌输等传统方式逐渐式微，但是传统话语生产与传播在实践中依旧缺乏聆听和倾听的耐心与心态。大众媒介在行使话语权的过程中，受技术的限制无法及时获取受众的反馈。在电视台的直播间或者录影棚里，播音员面对的只是冷冰冰的摄像机，没有了现场的反馈。因为无法把握受众对话语信息的理解以及反映，话语生产只能按照计划的节奏以及模式进行表演。这导致话语的生产与传播难以在互动中求得自我改善，因此在话语的生产过程上是不完整的。

第二节 话语主体游离状态加剧

自媒体在当下已经毫无争议地成了所有个体的主要信息来源，各种公众号、新闻客户端通过社交网络的传播为人们提供了多元化的信息渠道。在自媒体平台上，个人成为具备自主传播权力的主体，完全基于自主意志决定内容发布。自媒体对传统大众媒体的话语秩序进行了颠覆。从话语生产的角度观察，自媒体赋予用户积极参与的权力，他们不再是单纯被动的受众，而成为话语的主动生产者，它赋予每个用户自主创作和发布话语信息的权力。从信息传播的角度观察，用户无须再通过"把关人"的中介，具有了向所有个体发布信息的能力，信息向所有个体开放，通过个体发送以及群体协作进行传播。从话语影响力的角度观察，用户通过点赞、评论、链接、分享、转发等行为实现了话语的互动，受到广泛关心的话语将会通过群体的协作上升为"公共话题"而产生强大的影响力。这就是自媒体对所有个体的"赋权"。自媒体解构了大众传媒时代不对等的话语权力架构，而随着话语权回归大众，个体在社会关系中的角色、地位发生了巨大的变化。因为获得了不受约束的独立话语权，所有个体也被赋予独立的话语利益，他们可以通过话语利益的兑现而独立生存，不再依附于组织之上，以自己为中介或者媒介，成为游离状态的主体，这种状态可以称为自媒化。这种个体的游离状态有利于话语的自由竞争，但是过度自媒化也产生了许多负面效应。

一、自我封闭导致意见极端

1. 话语的群体极化

群体极化现象是在群体成员的互动过程中，个体或者亚群体的倾向性逐渐得到加强，其结果为一种观点或者态度从原来的一般水平逐渐加强至群体支配地位。在群体极化现象中，群体的讨论加强了群体中类同个体支持的观点，让原本坚持此观点的个体更加坚定了其观点的正确性，原本反对其观点的个体亦更加坚定地反对。最终群体的意见将出现极端化的特点，群体讨论的结果将让群体态度愈加分化。

社会心理学认为个体存在从众现象，个体在群体中经常受到群体不知不觉的影响，在判断、知觉以及行为中倾向于与群体中多数人一致。去个性化现象认为个体在群体中丧失了控制自我的能力，将自我与群体同一而无法区分开来。集体无意识现象将以上两种现象的效果叠加，表现为个体在群体氛围的影响下做出与平常自我性格相违背的行为，这种行为又助长了这种氛围。个体在这种氛围支配下所做出的疯狂举动不但没有内疚，反而产生一种被群体承认而融入群体的快感。以上三种社会心理学现象均认为群体对其成员施加了一种无形的影响力，从而导致个体倾向于做出群体认可的行为。从众现象、去个性化以及集体无意识等群体行为现象容易导致群体内个体间的相互模仿、交叉感染等现象。格式塔·勒朋研究了集体行为的感染机制，认为集群行为中传染性、易受传染性以及不可征服性三个因素让人可以着迷于群体行为。在这些行为里，人们的心智模式常常降低并毫不犹豫地模仿和接受群体中他人的态度和行为。布鲁莫的"循环反应"也类似地认为群体中的情绪感染由他人传递给自己，又反身作用于他人，在相互循环中加剧了情绪的激烈程度。[1]

自媒体的传播群体行为不仅是个体行为，更是居于群体中的行为。由于个体归属感的需求以及对孤独感的恐惧，群体环境将极大影响个体行为。在自媒体语境中的集群行为中，由于社会心理学中的集体无意识、从众行为以及去个性化等现象，个体在群体中容易丧失理性与独立思考的能力，所以我们不难想象在自媒体的"公共空间"中，经常发生网络狂欢甚至网络暴力现象。这主要表现在以下若干方面。

其一，自媒体社区的高度同质化让议题集中的程度提升。自媒体社区是由相同关注点的受众所组成的，这些受众对于信息的分享与转发也都在与其由类同特征的好友之间进行。他们之间容易自发形成同质化较高的社区。在这个社区中出入的信息都是经过过滤的类同信息。异质化的信息很难进入这些社区，即使进入了也会被社区内部的成员所排挤和攻击，逐渐地，社区内部只留下单一化、同质化的论调与观点。这种情形又反过来让社区成员更加坚信他们所持观点的正确性，更加排斥相异的话语信息。

其二，自媒体社区的高度组织化让共识达成的效率提升。自媒体让相同兴趣爱好的个体可以方便地形成社区。与既往的社区不同，互动的高效与便捷让大量用户可以参与社区运营之中，频繁的协作提升了社区的组织化程度。用户参与让社区内容与用户本身的相关度提升。高度组织化与内容相关性让社区形成高度的社区归属感，又促进了线上线下社区组织的活动开展，增强了凝聚力。高度的组织化让"混入"社区内部的异质化意见很难成为"漏网之鱼"，一经出现就会被迅速发现并被整合排挤甚至吸收，最后只剩下高度一致化的声音。

其三，自媒体社区的高度一致化让受众的个体责任感弱化。自媒体社区依

---

[1] 柳军. 微内容网络舆情传播研究［M］. 武汉：武汉大学出版社, 2013：44.

靠社交网络进行传播，在"六度分隔理论"的作用下，自媒体社区可以建立起一张似乎无边无际的关系网。这让用户容易有社区很大，无所不包的错觉。因为群体数量基数的庞大，群体行为的责任最终似乎又由群体所承担，所以个体自我感觉就如同在群体的保护伞之下，比独自个体的时候更倾向于表达极端的观点，这便造成群体无意识以及去个性化的现象。每个个体都倾向于极端，这将推动群体滑向极端的深渊。❶

2. 话语的民粹主义

在当前的自媒体话语环境中，有一种话语现象较之以前十分突出：一些局部性的小事件，在网络空间却十分意外地容易掀起滔天巨浪，乃至从网上蔓延至网下，造成社会性的舆情动荡。在自媒体的传播过程中，未经确认就盲目转发、盲目起哄的行为比比皆是，对政府和精英进行经常性的任性的攻击、随意的调侃，引发了话语场域中的混乱。这种情形凸显了自媒体话语场域中的民粹主义特征。民粹主义是一种极端平民化的倾向，极端强调平民的价值和理想，将大众化和平民化作为所有政治活动和制度合法性的唯一来源，以此评判社会历史的发展。它反对精英主义，忽视或者极端否定政治精英在社会历史发展中的重要作用。❷ 在自媒体语境中，民粹主义的表现包括以下若干方面。

第一方面，自媒体场域的民粹主义话语立场是反权威、反精英、反制度的。美国著名学者克利福特·斯托尔认为，网络是人类历史上最接近无政府主义状态的东西。❸ 自媒体为社会话语资源的分配提供了全新的话语机制，每一位普通个体都能够成为话语创造、传播和消费的主体，以往的受众可以自主决定话语的形式与内容。基于自媒体的开放传播模式，自媒体文化是一种多元的文化类型，社会公众由此暴露在多样化的意识形态和社会思潮之下。也许已经禁锢于传统文化权威太久了，一接触自由多元的"话语空气"，公众开始质疑传统文化的权威。在此时大众的眼中，开始倾向于认为之前的主流文化是少数精英阶层创造的"他者"强加于自己的文化，正是这种文化阻碍了公众参与生产自我文化的权力，限制了个体价值的实现。现实世界中没有话语实现的渠

---

❶ 张燕. Web2.0时代的网络民意：表达与限制 [M]. 上海：复旦大学出版社，2014：284.
❷ 俞可平. 现代化进程中的民粹主义 [J]. 战略与管理，1997（1）：89.
❸ 熊科伟. 媒介素养手册 [M]. 北京：经济日报出版社，2015：107.

道，自媒体的话语场便成为普通民众挑战权威、彰显个性实现自我价值的突破口。所以不难理解，自媒体话语成了民粹主义实践的最佳载体。自媒体场域的民粹主义盲目认为政府的决策目标仅仅为了维护精英阶层权益，不可能将全民利益置于考虑的中心位置。他们追求一种过分理想的自由民主，对当下政治体制和政府管理充满了不信任。尤其当国家面对外部压力，自媒体民粹主义往往夹杂着民族主义，以"爱国"为口号，以"排外"为目的，将对现状的不满发泄于不负责任的话语之上，成为所谓的"键盘侠"。他们往往先入为主，不愿意见到理性的评论，不相信官方的消息，宁愿转发质疑的、发泄的非理性消息，单纯解构而不建构。

第二方面，自媒体场域的民粹主义的话语策略是"二元对立"。民粹主义在自媒体舆论场上的一个话语策略就是大量利用话语标签，将一般草根与精英乃至社会统治阶层对立起来。草根阶层对众多精英阶层贴上了嘲讽式的标签，例如"宝马女""富二代""砖家""叫兽""官二代"等。❶ 为什么会产生这种现象呢？这是因为自媒体的话语博弈中形成的二分法的话语模式导致了施米特的"敌/友"模型。在媒体的话语场域中，存在严重的二元对立以及过分简化行为，将原本多元、异质、丰富的话语状况加以同质化、扁平化、标签化、浅薄化乃至妖魔化。只要不是己方，便被"他者化"。个体采用刻板印象的方式描绘他者，无视真实情况的复杂性，由此"武断的自信"形成行动性对策。桑沃卡也认为在有一个"我们—他们"物质和心理因素为基础的二分法话语网络形成于多元民主文化和民族主义话语模式之下。"他者"（other）其实是由拥有话语权的一方对另一方的歧视。一方通过辨识性的差异将他人或者群体设定为"他者"。当这些差异被强行区分，正常与异常，可接受与不可接受，我方与地方的界限也被划定。一旦界限形成，将被不断加以约定俗成并固化下来，变成了排他的封闭性"敌/友"模型。❷ 在自媒体的话语空间中，遵循着"戈德温法则"：一场在线讨论进行过程中，参与者将意见不同者类比于纳粹主义的概率趋同于100%。所以不难理解，为何在网络的公共空间里，公共性

---

❶ 李强，刘强：互联网与转型中国［M］．北京：社会科学文献出版社，2014：11．
❷ 武汉大学媒体发展研究中心．中国媒体发展研究报告（2014 媒体卷）［M］．武汉：武汉大学出版社，2016：3．

的讨论演化成情感宣泄、拉架谩骂了。

第三方面,自媒体场域的民粹主义的话语风格是霸道排他的。因为二元对立的敌我模式的存在,在自媒体话语争夺的风格过程中,必定采取霸道的排他风格,以限制与自己不同的声音。"要么起哄、要么炮轰、要么搞臭"的暴戾之气经常在热点舆情事件中出现。通过霸道式的话语垄断以压制敌方的话语力量,将自己的观点等同于"人民"的观点,完全不能容忍他者观点的存在。这种自媒体领域的民粹主义纵容乃至发动谣言、谩骂、攻击、贴标签等行为,助长了社会敏感焦点下的社会情绪。而且自媒体民粹主义经常并不止步于制造话语焦点,引起全民围观,还经常性地通过现实世界的反抗乃至暴力群体活动推动公共事件恶化。

二、兴趣沟通形成信息闭环

法国哲学家托克维尔在19世纪便提出,个人主义是社会民主状态的必然产物,身份平等是民主状态的基本特征。当每个个体都拥有足以维持其独立和生存的智力、财产等资源时,个体之间将相互独立、互不依赖。这便粉碎了社会成员之间的有机统一的联结,而呈现"机械"联结的状态,社会将出现"原子化"的趋势。在这种个体与群体的存在境况之下,个体自我将不能意识到自身的局限,视野显得狭窄。❶

在互联网发展的早期,麻省理工学院的传媒与科技学者尼古拉斯·尼葛洛庞帝(Nicholas Negroponte)便预言一种完全个人化报纸的出现——"我的日报"(The Daily Me)。这种报纸可以让每个个体自主挑选自我喜欢的主题。2006年哈佛大学法学教授、美国前总统奥巴马的法律顾问桑斯坦在《信息乌托邦》一书中认为"我的日报"让我们可以在各种纷繁复杂的信息中挑选我们青睐的观点和主题,从而定制一个彻底个人化的报纸。但是这种个人化报纸的结果也可能对民主和商业带来负面的效果:容易让人们陷于自己所编织的信息茧房之中,而且具有类似观点的个体聚集将诱发观点的"共振",居于其中的人往往倾向于选择自己喜欢的观点或者领域,与自己观点相似的人交流互动,

---

❶ 田毅鹏,吕方. 社会原子化:理论谱系及其问题表达[J]. 天津社会科学,2010(5):68-73.

聚合形成一个个社会"原子",这即为"信息茧房"。美国传播学者詹姆斯·卡茨（James Katz）同样也认为人们用手机创造出自己的微文化,其通过"交往隔离",构筑了一种微文化的"围墙花园"。❶

（一）信息茧房的成因

1. 兴趣：信息茧房的自我生成与固化

在自媒体的众声喧哗的语境之中,信息量严重过载。因此,个人只能在其所容易达致的话语资源中进行筛选,但其在选择过程中必定受到自我偏好、兴趣等因素的诱导。自媒体赋予所有个体自由选择的权力,为"信息茧房"的自我封闭提供了可能的物理空间。在这种语境之下,个体可以不受资源以及他者意志的限制,自主对话语资源进行选择。例如,微信中自主决定订阅信息源或者删除信息源,自己决定参与某些群组的讨论或者退出,自己决定观看某些朋友圈或者屏蔽。但是,个体的选择本身是无法吐丝成网而为"茧"的,必须通过兴趣沟通元的连接。

沟通元（meme）源自生物学领域,后延伸至社会学以及传播学领域,指一个可以不断自我复制的文化传播基因。这种基因由信息消费者最能引起关注以及讨论的主题以及最感兴趣的内容凝聚而成。作为一种文化传播的基本单元,其一进入话语生产以及传播环节,将会通过关注、分享、参与与讨论汇聚处于游离状态的个体。在话语生产和消费各环节的互动、竞争与协作过程中,沟通元在内在基因的遗传再造中逐渐形成话语裂变的创新循环,将外部的信息以及能量吸收进入话语系统。随着系统的逐渐壮大,对于其他系统的话语资源的排斥也随之增强。

年轻的网络一代更倾向于兴趣沟通元的集结,青年亚文化是这种信息茧房现象的突出例子。青年们对年长者所热衷的具有单位性质的集体活动并不感兴趣,却积极参与各种线上兴趣社区。歌迷粉丝群、A 站、B 站、C 站、豆瓣社区、自媒体粉丝群（如《罗辑思维》的粉丝群体）等众多类型的兴趣社区不仅具有强大的凝聚力,而且发展形成深厚的经济利益,其活动已经不局限于线上,而且延伸到了线下的实体活动乃至运动,对现实世界的经济与政治生活造

---

❶ James E. Katz, Mark A. Aakhus. Perpetual contact: mobile communication, private talk, public performance [M]. Cambridge: Cambridge University Press, 2002: 30.

成深远的影响。作为群体集结的中介,沟通元具有以下特点:其一是单一性明确。沟通元所蕴含的信息必须清晰明了,否则将导致话语过载而扰乱成员共识的达成。其包含的信息必须明确,即在话语空间中沟通元可以构成受众群体在社会和文化层面的共同意义空间,让群体成员产生一致的感受与联想,例如看到土豪金,即给人一种具有炫耀色彩的、格调不高的感觉;听到富二代,马上就会给受众呈现出一副不劳而获的纨绔子弟的嘴脸。其二为可分享性。沟通元在话语空间中须能引起大规模的关注与互动,并诱发受众自发性地分享从而向外传播,不需创造者的再推动而具有自我复制的能力。其三是可衍生性。在话语空间中沟通元应该像一颗种子,在话语生产与传播过程中不断自我衍生。话语受众在接受信息的同时亦参与话语再生产,话语信息不断被再造、重塑、变异。其四为可参与性。自媒体传播依靠社交网络的传播,其与大众媒介的区别在于容易引发信息的二次传播、多次传播乃至群体传播。话语信息最终将形成富有活力网状的结构,网络上所有节点相互连接,相互吸引,相互博弈而形成一个完整的有机整体,从而强化了自媒体"WE"的群体意义。所以,以兴趣元为链接,各种具有强大排他性亚文化群体建构起来。例如"火星文"是由符号、繁体字、冷僻字、韩文等非正规符号或者文字所组成的符号系统,乍看似乎是打错的字或者乱码,使用规则也比较随意,难以被一般人所理解。但是,作为一种最初在青少年之中流行的游戏《泡泡堂》中使用的符号系统,通过 QQ 以及微博迅速传播开来,成为一种流行的青少年亚文化,让老师、家长无法理解而称为"脑残体"(见图 4-1)。

2. 推荐:信息茧房的技术推手

当下信息茧房除了自由化的个体兴趣自我集聚力之外,其背后还有技术的推手。这些技术推手是在自媒体时代,作为话语内容生产者之外的话语服务第三方,他们为碎片化的话语信息进行收集、重组以及价值重构,并为其他的话语生产者提供话语的平台或者基础设置。❶《美国新闻业 2011 年度报告》首次将此类机构定义为"新中介",我国则将其归入"新闻客户端"。它们将自媒

---

❶ ARD Guila - Obra, Padilla - Mel, A Ndez, Serarols - Tarr, S, Christian. Value creation and new intermediaries on Internet. An exploratory analysis of the online news industry and the web content aggregators [J]. International Journal of Information Management, 2007, 27 (3): 187 - 199.

体以及新媒体的内容作为信息的主要供应来源,仅仅面向用户提供平台接口,一方面直接面向内容最终消费者提供个性化的话语服务;另一方面客观上将内容生产者与最终信息消费者之间的距离拉大,将两者分离而自己充当一种新型的话语中介,从而控制媒介话语信息的走向。

Orz = 跪拜（五体投地）（利用了象形法,仔细看那三个字母,像不像一个人跪倒在地?）
3Q = 谢谢（THANKYOU）（利用了形声法,把八个字母缩成两个,讲的还是外文!）
↓4I（O）= 吓死偶（利用了指示法?连箭头都用上了!）
Orz6——偶认栽咯（表示很无奈）
99,3Q 古力 I,I 会努力 D = 舅舅,谢谢你鼓励我,我会努力的。（综合造句,这样你大概理解了吧?）

orz 也疯狂
Orz6——偶认栽咯（表示很无奈）
@ rz←呆滞的 orz
orz——这是小孩
OTZ——这是大人
〇rz——这是大头
Xrz——这是爆炸头
On——这是婴儿
prz——长发垂地的卤 rz←轰炸超人
★rz——武藤游戏
—Drz——爆脑浆
崮 rz——这是囧国国王
茴 rz——这是囧国皇后
同 rz——这是囧到下巴都掉了
商 rz ——这是戴斗笠的囧

图 4 – 1　部分火星文常用符号❶

当下话语消费已经由大众化消费时代过渡至个性化消费时代,这种个性化需要必然衍生出提供个体性化话语服务的组织,他们为所有受众提供筛选与推介的服务。这种新型中介的形态千差万别,可以采集各种来源的问答、图片、

---

❶ 百度百科：火星文 [R]. (2018 – 06 – 07) [2018 – 08 – 20]. https：//baike. baidu. com/item/火星文/608814.

公众号信息、视频、文章等内容，通过话语的聚合功能造就个性化的定制阅读信息，同时鼓励用户通过分享以及互动加强信息的聚合效能。在当下我国的新闻客户端大致可分为三种类型：第一，新旧媒介结合型。依托传统大众媒介，将自身现有平台已产生内容作为新闻客户端的基础内容。凤凰卫视客户端、人民日报客户端、澎湃新闻客户端以及环球杂志客户端是其典型代表。第二，网站类新闻客户端。这种客户端以 Web 1.0 门户网站和搜索引擎网站作为基础，其代表有搜狐新闻客户端、腾讯新闻客户端以及网易新闻客户端。第三，综合新闻客户端。这种客户端的新闻内容来源十分广泛，其信息来源不局限于某一平台，来源十分广泛，今日头条、ZAKER 是这种客户端的代表。还有一些音像类自媒体平台也有属于此种类型的，例如喜马拉雅、蜻蜓 FM 等。

这些"新中介"通过聚合各种不同来源形式的话语内容，通过受众订阅以及大数据推送的方式，为不同用户推送不同的话语内容。以目前国内最大的新闻客户端"今日头条"为例，其平台定位为"只做新闻搬运工"，其将各种类型的媒介信息整合，不对信息内容进行加工，而是通过大数据技术为用户提供个性化的新闻推送。其在用户订阅的基础上，大量的新闻是由大数据、算法以及人工智能作出决定的。以人工智能为例，其在平台的后台程序通过分析用户浏览信息的地点、时间节点、主题、时间、转发、收藏等行为痕迹来记录用户的关注点，并通过大数据对类型受众的建模为用户提供个性化的信息服务。随着用户登录以及使用平台的时间以及次数的增加，平台将获取更多用户的个性化信息，为用户进行更为精确的"数据画像"，从而进一步提高了信息推送的个性化以及精确度。以今日头条为代表的新中介一定程度上改变了原有的话语分配碎片化状态，让 UGC（User Generated Content）的无序化、低效率、低匹配状态成为一定程度上的有序、高效、高匹配的话语生产与消费循环。让受众在碎片化的信息汪洋大海中便利地寻得自己感兴趣的话题以及具有类同兴趣爱好的伙伴。

（二）信息茧房的影响

1. 信息茧房对个人的影响

个性化推荐技术在信息聚合的基础上让信息的个性化消费得以实现，彻底改变了人们对信息获取的方式。

其一,"回音室"效应。无限制的推荐将过滤掉很多受众原来有可能听到的不同声音,剩下的只是其喜欢听到的声音,其信息来源将越来越狭窄。正如桑斯坦所指出的,由于人们仅仅选择自己所喜欢的话语,逐渐地具有类似想法的个体都陷入自我设计的回音室,从而容易导致偏激的错误、过度自信和无理由的极化。❶

其二,信息窄化导致认知失衡。美国新闻评论家李普曼在《公众舆论》一书中认为大众传播形成一定的信息环境——"拟态环境",❷ 这种环境来源于真实环境而又与真实环境不完全一致,是媒介将信息或者时间进行选择性加工以及重构后展示给人们的环境。受众在接收信息过程中,媒介所虚构的"拟态环境"便成为其外在影响要素。这种外在环境将外在真实世界加以屏蔽,从而造成客体认知上的差异。今日头条们所创造的"拟态环境"一味满足个人的信息偏好,仅仅提供个体偏好的单方面话语信息。这让受众沉浸于"个人日报"所提供的虚假快感之中。由于信息推荐的"马太效应",个体所接触到的是越来越单纯的偏好信息,多元异质观点的碰撞与交锋被彻底屏蔽了。这种信息平衡的打破造成个体信息输入的非正态分布,这必将加剧个体认知上的失衡。

其三,个性推荐导致信息质量的雷同与低质。随着新闻客户端的发展,大量的非专业自媒体创作者加入内容创造的团队。机器对文章推荐度的质量往往从文章的点击量、浏览量以及转发量等大众化指标进行判断。这导致推荐给受众的文章是符合一般性大众化口味的,小众的、专业的、高雅的优质文章往往在这种推荐机制中被淘汰。由于机器学习对于文章的分类是通过一定的算法标签进行的,标签的有限性让对某一相关内容呈现出高度的类同性,这将导致推荐给对相关议题感兴趣的受众的信息具有高度的话语一致性,这必然造成受众时间与精力上的浪费。

其四,数据收集威胁个人隐私安全。为了达到个性化推荐的目的,同时也为了完成相关平台的商业化目标,众多新闻客户端、网站都悄悄记录用户的使

---

❶ 凯斯·R.桑斯坦.信息乌托邦——众人如何生产知识[M].毕竞悦,译.北京:法律出版社,2008:6.

❷ 胡正荣,段鹏,张磊.传播学总论[M].北京:清华大学出版社,2008:117.

用习惯。用户的登录时间、地点、场景、频率、时长，关注话题等都通过算法进行建模并对用户的隐私情况进行"画像"，逐渐打造了完整的个人数据库，不仅个人的阅读习惯，而且相关的性别、年龄、身体、情感状况甚至子女信息等都可以被分析得出。这些被"打包"的消息一旦被泄露，将不可避免地对用户的隐私甚至个人生活造成极大的威胁。

2. 信息茧房对公共领域的影响

德国哲学家哈贝马斯最重要的学术成果就是"公共领域"概念，指的是政治权力之外，公民作为民主政治的基本条件，他们自由对公共事务进行讨论并参与政治活动的空间。在其理论之中，公共领域的构成必须具备的要素有三个：其一，公众具有理性的批判意识，在理性的基础上公众就公共问题进行充分探讨。其二，媒介能保障充分沟通、平等交流，即所有个体都能自由行使言论权力。其三，达成一定共识，从而促进公共事务的解决，进而构建社会体。但是，这三大要素在自媒体语境下都受到了极大的挑战，从而对公共领域造成负面的影响。

第一，消解公众批判的理性基础。在自媒体的语境中，个体以及群体的话语状态都与现实空间有所区别，从而产生非理性的行为。这种非理性因素主要包括：其一，心理上的去背景化导致主观片面意识的抬头。现实社会的生活中，所有个体对于事务的观点以及行为都受到各种背景化因素的制约，这些因素包括话语的时间、地点、对象、场景等。在自媒体语境中，由于匿名性以及时空上的随时切换，导致个体在进行话语生产以及传播行为的时候是置身于虚拟的场景之中的，现实世界的约束缺失了，虚拟世界的约束又难以奏效。个人可以随意访问任何话语节点而不必考虑任何物理成本。这导致话语行为的主观随意性，这种随意性表现为对理性思维的忽视以及对客观事实的无视。自媒体场域似乎成了话语可以恣意妄为的空间，个体容易将主观偏见引入对客观事件的观点以及探讨之中，从而引发冲突，成为非理性的因素。其二，需求上的冲动导致非理性行为的凸显。在自媒体话语的公共空间中，一方面，由于现实的利益诉求难以得到满足，在虚拟的自媒体空间里表达意见、发泄不满往往成为一种体制外的重要途径，因为虚拟空间缺乏有效的约束，所以这种利益诉求经常是非理性的。另一方面，自媒体价值观的多元化与碎片化导致众多观点难以有效组合。这种场景之下理性探讨已经无法奏效，话语多方往往诉诸互相约架、攻击、辱骂甚至诽谤等非理性行为。这种行为不仅仅损害当事人利益，更破坏了公众批判的理性基础。其三，群体上的压力导致从众的非理性行为。从众行为主要是由于群体之中的个体为了寻得个体安全感，或者为了取悦他人而采取的盲目跟从他人的行为。这种行为往往以集体的名义破坏道德、违反法律，侵犯他人利益。从众的心理往往是个体受群体压力的影响，在判断、认知与行为上保持与群体一致的行为方式。在自媒体的话语场中，受众往往在舆论的压力之下表现出从众的非理性行为，例如人肉搜索、道德审判、群体网络约架等，这些行为为公共领域的形成造成极为负面的影响。

第二，阻碍言论自由权利的行使。一方面，信息茧房导致言论自由的"合理化剥夺"。在信息茧房中，所有个体都只能接触到类同性质的观点，其他异质的观点被屏蔽了。这让受众失去了获得其他观点的机会，实际上对其言论自由进行了隐性的剥夺。麦克卢汉认为，媒介、技术对于人类感觉器官功能具有极高的替代作用，并将其比喻成一场"无痛截肢"。它将人类个体原基本的知觉功能被搁置，用各种电子或机械的"假肢"替代。任何的技术都是人体器官功能的延伸，这种趋势需要其他器官作出相应的萎缩性调整以适应并产生官能上的平衡。这种"无痛截肢"是从个体意义的角度上进行分析的，从社会公共领域的角度，基于主动推荐的某种倾向的言论能力的过度延伸，必将导致对其他言论关注机会的剥夺，让受众完全无法意识到对这种异质化话语的需求，这是对真正意义上言论自由的隐性剥夺，但又是似乎合理的。另一方面，信息茧房加剧话语权的实际不平等。自媒体话语权的平等，不等同于实际话语权的平等。自媒体场域中所有个体都可以自由发布各种话语信息，但是只有少数精英的话语能进入大众的视野，大部分个体的话语都淹没在各种嘈杂的噪音之中了。随着主动推荐技术的普遍应用，在马太效应的作用之下，话语权力越大的精英越能够吸引更多的注意力，从而获取更多的话语资源。在精英话语所能辐射的场域里，信息茧房效应阻断了其他话语的干扰，放大了话语的影响效应，加大了一般受众逃逸的难度，事实上放大了实际话语权的不平等。

第三，破坏社会共同体维系的黏性。俗话说"兼听则明，偏听则暗"，个人企图掌握全部知识是不可能的，因此保持对异质信息的接触以便于扩大知识面，提升决策合理性。对于群体而言也是如此，真理也许有时会被少数人所掌握，协商有利于挖掘少数人信息，凝聚多数人共识。桑斯坦在论述信息技术所带来的个人化对政治生活影响的时候,提出了"完善民主的两个前提性要件":❶ 一为处于自然的信息传播状态,这种信息传播不能被预先筛选,而应该为无法控制,未经计划的,不能人为去除从未预料到,甚至负面的信息。能在未经筛选过的题材里寻得全新的话题以及观点是民主的真正意义之所在。二为一定程度公共经验在大部分成员中的存在。如果成员的经验没有相当的共享性,多元化的社会将很难达成一致性的共识以形成决策,从而一起面对,一起处理共同面临的问题。在这一点上,共同经验是社会黏性的源头。在现代社会中,媒介是共同经验塑造的主要中介。

自媒体的自由民主赋予受众多元的选择权。20世纪60年代所预料的"地球村"❷ 被"信息茧房"所替代,但是过度过滤将带来庞大的社会性难题。

一方面,选择权的钝化消解了共同体的相互交流。在话语爆炸的当下,话语资源的可选择性增强,为解决受众的选择难题,个性化推荐为受众基本满足了信息的量身定做需求。无论是个体的自我选择还是人工智能的个性化推荐,人们倾向于选择志同道合的主题与观点。这不仅减少了社会不同意见之间的对话与交锋,更容易导致个体沉溺于自我包裹的信息茧房里,自我封闭形成刻板的思维惯性,丧失了对异质他者的兴趣与感知能力。这必将导致整个社会不同群体的话语交叉性不足而最终导致社会的分裂。

另一方面,选择权的窄化减少群体之间的相互交融。自媒体的传播极大地依赖于社交网络,信息茧房的效用导致人们社交的宽度变窄和深度变浅,这种交往的缺失将削弱个体以及群体之间的共同信任与理解。这种信任与理解是社会达成一致意见形成共享价值观的前提与基础。桑斯坦将其称为"社会黏性"。缺乏社会交往,各个体以及社会群体之间在意见、利益、资源上的竞争与协作无从说起。只有他们之间形成深度交融,社会整体才可能形成紧密协作的网络。选择权的不适当地过度运用,将腐蚀社会黏性。交往窄化导致信息窄化,其结果必然是社会趋向分裂。各种群体之间更倾向于相互不兼容甚至互相排斥和攻击。在社会群体内部,因为极化效应群体内部观点趋同并倾向于极端

---

❶ 王国华,曾润喜,方付建. 解码网络舆情[M]. 武汉:华中科技大学出版社,2011:210.
❷ 岳广鹏. 冲击·适应·重塑:网络与少数民族文化[M]. 北京:中央民族大学出版社,2011:142.

化，这又进一步加深了群体之间的裂痕。这对社会的合作和民主都是直接性的危险。由此，桑斯坦将其过程归纳为：信息的量身定制—个体信息窄化—社会的群体极化—社会黏性下降—民主弱化。❶ 近年来以英国脱欧、苏格兰脱英、西班牙加泰罗尼亚地区独立为代表的世界民族分离运动就是这种现象的明证。

三、空间碎片化引起规训低效

1. 话语空间的政治意义与碎片化的"第三空间"

时间与空间是人类社会构成与运作的基本要素。马克思在论证19世纪的物流与信息传播关系的时候，提出了"用时间消灭空间"的论断。这个论断最初出现于《1857~1858经济学手稿》，而后在《资本章》第二篇《资本的流通过程》也得到了进一步的论证。马克思认为随着轮船、铁路等交通工具以及报刊、电报等媒介的发展，人类正用信息克服了空间上的障碍。他将时间和空间视为生产的要素，并借由"时间消灭了空间"导致经济活动产生了重要变化初步论证了对社会关系的影响。❷

20世纪70年代以来，随着社会理论的复兴和拓展，一股从时间向空间研究转向的风潮在西方学术界兴起。学术界逐渐将空间的概念引入社会理论架构并用于审视社会的日益分化。空间逐渐脱离了零散的研究边缘，逐渐脱离了"背景"的地位而形成自己研究范式，建构出较为清晰的空间理论体系。学者们的研究主要通过两支路径展开：其一是在现代性的范畴内的探讨，这种研究以列斐伏尔为代表，其主要研究空间的生产以及空间与社会的关系；其二是后现代性的探索，以福柯以及哈维为代表，将地理学的想象和隐喻用以研究社会空间，并将历史与社会生活理论用空间性思维加以重构。这些学者对于空间生产和知识隐喻作出了充分的阐释。在此基础上，以索雅为代表的学者综合以上研究，终于建构形成专门的空间思想。❸

法国马克思主义思想家列斐伏尔在反思马克思、恩格斯关于生产力与生产

---

❶ 张燕. Web2.0时代的网络民意：表达与限制 [M]. 上海：复旦大学出版社，2011：262.
❷ 陈力丹. 2012解析中国新闻传播学 [M]. 北京：人民日报出版社，2011：106.
❸ 黄继刚. 空间的迷误与反思——爱德华·索雅的空间思想研究 [M]. 武汉：武汉大学出版社，2016：49.

关系的基础上，开始从哲学层面上反思并转向空间生产的研究。在其六部关于城市与空间方面的著作之中，建构起"空间—社会—历史"三元辩证法，用空间解释历史和社会。他认为资本主义生产不仅受时间与空间的制约，而且是不断"自我生产"的超越空间限制的过程。他认为空间具有显著的意识形态的政治学意义："空间一向是被各种历史的、自然的元素模塑铸造，但这个过程是一个政治过程。空间是政治的，意识形态的。它真正是一种充斥着各种意识形态的产物。"❶ 资本主义通过对空间的占有并在资本主义的框架内将空间加以整合，从而实现资本主义生产关系的延续与生存。不仅如此，他还认为空间是资本主义国家统治人民的工具，通过横向的空间分割进行地区管理，纵向的空间分层进行阶级区分，并将两者整合成为有机的整体一致性。这三者综合起来便是空间政治的常用手段。

微观话语权理论强调"空间是任何公共生活形式的基础，空间是任何权利运作的基础"，❷ 并采用空间、知识和权力三位一体的框架重构了其后现代的知识观和权力观。他们似乎对建构系统的空间文化理论并不感兴趣，另辟蹊径从知识考古学、系谱学出发，将空间理论置于话语权力、知识与身体的谱系之中考察。他将空间研究的重心置于微观的权力如何在空间之中进行分配与组织。在对规训的具体剖析之中，空间技术进行了精细化的发展。

美国后现代地理学家爱德华·索雅在列斐伏尔的空间认识论基础上，发展了自己的第三空间学说。他认为第一空间是现实世界的空间，第二空间是"构想"而来的世界空间，例如艺术作品中被虚构的地理空间便为第二空间。这两种空间之间的关系就如同现实的物理世界与思想的精神世界之间的关系，关系到现实世界是否真实存在的基本问题，因此它们是二元对立的非此即彼关系，两者不可调和。第三空间是人脑构筑出来的产物，但是经过人的建设而变为可感受的"客观世界"，人居于其中，例如基于计算机、媒介技术而产生的自媒体话语空间。由此，第一、第二空间之间无法兼容的壁垒在第三空间被消解。现实与虚拟、个人与群体，线上与线下不再是非此即彼的二元对立关系，

---

❶ 陈金龙. 陈金龙自选集［M］. 广州：中山大学出版社，2015：87.
❷ 米歇尔·福柯. 权力的地理学［A］//严锋译. 福柯访谈录：权力的眼睛［M］. 上海：上海人民出版社，1997：205.

而是相互交融，你中有我、我中有你，边界模糊、中心缺失混沌一体的世界。这正如同电影《阿凡达》里面男主角对于现实与虚拟两个空间的感叹一样"到底哪个是现实，哪个是虚拟的，似乎虚拟的比现实更为真实"。

索雅与列斐伏尔一样强调空间观念极大影响了人类社会的政治与生活。例如在《后大都市》一书中他"描绘"了监狱城市的图景，监控技术逐渐取代警察的职能而监控整个城市的运转，城市居民的生活宛如在监狱之中。❶ 在这种空间作用的前提之下，第三空间呈现空间、历史和社会因素并存且交互非线性交融的状态，索雅将这种空间所造成的后果称为文化马赛克。这种文化马赛克的空间呈现出碎片化、拼贴、杂糅、混搭的文化特征。每一块"文化马赛克"各代表一种文化，颜色各异的各种马赛克毫无规律地拼凑在一块。每一块马赛克之间又没有清晰的界限，相互之间呈现一种重合的状态。整个板块中的每一块色彩，既不愿意被他者吸收，也不愿意吸收他者，都极力地表现以证明自己的与众不同。❷ 这种各自为政的"马赛克"碎片化局面，便是后现代的空间极力追求多元化的必然结果。

从话语生产的角度看，自媒体生产的策略性导致话语生产的碎片化。自媒体所营造的"第三空间"如此错综复杂，但是这种与以往所塑造的第二空间截然不同。下面以与自媒体有所类同的"自"传日记《瓦尔登湖》为例做一番比较。该书是美国作家索罗在瓦尔登湖畔独居两年的时间里的所见、所闻和所思，详细记录了其内心的渴望、纠结、失望以及自我修整的循环反复的过程。虽然以日记的方式呈现，但其是围绕作者所要表达的思想有逻辑、紧密地展开的。作者通过以上不断循环的描写用以挑战人类的自我极限——伤后复原的无限力量。如果说第二空间的话语生产在乎的是内在的自我，自媒体话语生产注重的是外在的影响。自媒体的作者由于处于第三空间之中，历史、社会等各种因素在互动中呈现五彩斑斓的状态。个体在这种空间中为了证明自我的与众不同，必须在话语博弈中十分讲究话语生产的策略，❸ 作者千方百计地建构

---

❶ 王红霞. 中国城市马赛克：人口多元化进程及其社会影响［M］. 上海：上海社会科学院出版社，2013：14.

❷ Edward W. Soja. Postmetropolis: Critical Studies of Cities and Regions［M］. New Jersey: Wiley - Blackwell，2000：7 - 16.

❸ 李维屏. 英美文学研究论丛（第八辑）［M］. 上海：上海外语教育出版社，2008：318.

自我形象、吸引受众群体、扩大话语影响。在这种话语氛围之下，论述的严谨以及逻辑的连贯往往并不吸引大量的粉丝，能吸引注意力的话语信息方才是符合话语传播策略的。因此，自媒体信息成了包罗万象的万花筒，花边新闻、无聊吐槽、美女图片、小道消息……印证其影响力的只有量化的指标——点击量、评论量、转发量等。

　　从话语消费的角度看，用户阅读习惯的碎片化成为话语消费的常态。自媒体用户正是处于碎片化的"第三空间"之中。他们在各种纷繁复杂的自媒体信息中似乎如鱼得水，可以同时关注若干话语信息，这些信息内容可以是属于不同领域的不同乃至相互矛盾的内容。用户们似乎自如地应付各种话题，正在观看一条新闻的时候点击打开另外一条标题引人的信息，虽然这条信息与之前的毫无关联。但是这条信息"有图有真相"，也许还播放着音乐，或者有刺激感官的视频，于是通过分享功能将其分享给好友或者朋友圈之中，然后期待着点赞的到来以便予以回应。在等待的过程中，顺便刷刷朋友圈，看看朋友们吃什么、玩什么、看什么、做什么。这些话语信息经常性地毫无关联，分布、排列也没有规律，但是都被个体犹如马赛克般不加区分地阅读与吸收，并在群体之中进行分享与传播，这几乎成为所有自媒体用户的共同体验。这种体验营造了一种全新的第三空间"全息"体验，这种碎片化的"N维"空间与现实世界的"三维一体"空间截然不同。其所形成的虚拟身体感知方式以时间和空间的割裂为前提，不是一种一体化整体场的感知，而是一种碎片化的囫囵吞枣式不加区分的一并吸收。这将导致人们可以在自媒体马赛克化的语境的中收放自如，然而却在现实生活简单的情景中迷失方向。

　　2. 话语空间的过度碎片化引致个体的"施奈德病症"

　　"施奈德病症"是梅洛庞蒂提出的知觉重要现象之一。施奈德病症是由于枕叶区被弹片所损伤而导致的。病人虽然视力并没有受到伤害，但是没有办法整体把握某个部分缺失的物体。例如，将一支钢笔的一部分（笔扣）进行隐藏，施耐德病人只能对这支钢笔余下的部分进行描述，而不能认出这是一只钢笔。病人因为弹片对枕叶区的损伤而无法在整体与部分之间建立起象征性的联想，无法理解事物整体自明性的意义。这种病人整个身体知觉完整并且能对刺激作出正常反应，但是在例如联想等更高级的知觉功能运用上是缺失的，这便

是"精神性盲"。❶

　　这种症状的病人无法整体对一个事物进行连贯性的把握,永远活在当下,丧失了将当下感觉对象与历史事件中延续的"意义"相结合的能力。在自媒体的虚拟语境下,空间与时间的过度碎片化让变化成为唯一的不变,在这种感觉意境中培养起来的条件反射能对当下的刺激进行有效反应,而不能对既往以及将来进行持久的沉思,个体难以抓住纷繁变化中唯一不变的本质。个体在无法窥见事物的整体时,由于"视觉想象力"的缺失而只能对面前部分的显露进行描绘。自媒体语境下的"施奈德病症"具有强烈的后现代意味。正是后现代性的崛起解构了任何的系统,导致以意识形态为代表的元叙事土崩瓦解。因而不难解释后现代语境中的自媒体用户们厌恶宏大叙事,转而青睐草根文化。但是,缺乏理性的展示与商讨,草根崛起的吵吵闹闹不能算是民主,自媒体所营造的似乎无所顾忌的自由语境不能给予人们解放,带来的也许是一种奴役甚至是灾难。个体被当下、片面所奴役,人们无法挣脱网络热词,被裹挟着进入网络事件,在舆论的浪潮中"一浪尚未平息一浪又来侵袭"。感官刺激遮蔽了事物的联系,对既往的反思,对未来的规划以及对整体的把握陷入了灾难式的沦陷。

3. 话语空间的过度碎片化导致群体话语规训的低效*

　　微观话语权的规训理论中,强调将空间规训技术的理论大致划分为四个模块:❷ 第一是单元性,由空间分配方法所塑造;第二是有机性,对教育对象活动的编码进行有机记录;第三是创生性,通过时间的积累进行规训;第四是组合性,通过微观权力力量的组合进行规训。❸ 其分别对应的是空间分配的艺术、行为控制的技术、时间积累的筹划、权力力量的编排。正如上文所言,微观话语权理论十分重视空间在规训中的重要意义,强调人们处于权力—知识的网络之中,并将这个复杂互动的关系网络称为"异托邦",福柯还进一步对统

---

❶ 谢耕耘,陈虹. 新媒体与社会(第十一辑)[M]. 北京:社会科学文献出版社,2014:240-245.
* 马汉广. 论福柯的启蒙批判[M]. 哈尔滨:黑龙江大学出版社,2014:196.
❷ 马汉广. 论福柯的启蒙批判[M]. 哈尔滨:黑龙江大学出版社,2014:195.
❸ 米歇尔·福柯. 规训与惩罚——监狱的诞生[M]. 刘北成,杨远婴,译. 北京:生活·读书·新知三联书店,2003:188.

治、纪律中的技术基础进行了突破性的研究,并将其戏称为空间"分配艺术"❶。微观话语权理论将空间技术精细化地区分为几大要素。

第一,封闭空间。这种与外部相区别的自我封闭的场域中,纪律才可能有效地对个体进行规训。他用学校、工厂、兵营、医院等作为例子,证明封闭空间对统治的必要性。监狱的电网与高墙、学校的住宿制、工厂的工作时间隔离等都营造了一种封闭的环境。

第二,分类和分割各类空间。个体被隔离于能相互结合的各种空间之中。例如医院将不同的病人进行分科管理,医学上的隔离是进行传染病、麻风病和精神病隔离的重要策略。工厂里将不同工序区分为不同车间进行分工、培训以及考核。只有通过这种方式,个体才可能被定位,纪律才可能被更加细致灵活地付诸实施。

第三,确切的位置。采用更细致、灵活的方式利用空间,通过分割定位原则,分配给每个个体以确定的位置,每个位置都有确定的对象。为了更好地监督以及监视教育对象,消除分配上的模糊不清以及防止人员的流失。"这是一种旨在了解、驾驭和使用的程序",❷通过位置的确认,可以时时刻刻监控每一个个体的表现,从而进一步评估以及处理。

第四,分级的奖惩。空间被切割成一系列的小空间,被教育的对象被分隔存在于各个小空间之中,各个小空间之间的个体之间可以相互替换。这些对象在空间中具有固定的位置,同时又依据一定的规则进行循环的流动。在流动的过程中区分不同的等级情况进行奖励与惩罚。这种安排有利于监督、分析以及惩戒的进行。如学校里的某一个学生必定处于某一年级某一班级之中,在某年某月某日在某一教室接受教育,而下周、下月、下年学生又位移到另一个系列空间。在这个学生空间流转的每一个周期之中,采用成绩的方式对学生能力进行定位,决定其是否升学,是奖励还是必须受到惩戒。在以上的空间之中,年级是表示年龄规律的空间序列,成绩是表示学生能力或者知识等级的空间序列。

---

❶ 米歇尔·福柯. 规训与惩罚——监狱的诞生 [M]. 刘北成,杨远婴,译. 北京:生活·读书·新知三联书店,2003:160.

❷ 米歇尔·福柯. 规训与惩罚——监狱的诞生 [M]. 刘北成,杨远婴,译. 北京:生活·读书·新知三联书店,2003:162.

以网络为基础的自媒体空间彻底改变了人们传统时空体验，传统的空间及其实在性被彻底解构，并且同时被重新归入马赛克状的拼贴碎片化体系中。自媒体技术让个体可以便利且低耗地共享文本、图片、音频以及视频。在信息的发布与分享中，围绕个体的信息在不知不觉中完成了不同意义空间的切换。换句话说，通过对信息的追踪，个体随着信息流动而相互关联。这种无约束无方向的空间切换让原来坐落有序的空间结构被解构成毫无逻辑关联的碎片，总体、层级以及部分都散落成一地鸡毛无法区分。新马克思主义学者卡斯特将这种空间新样态称为"流动的空间"。与其老师列斐伏尔有所不同，对于其老师置阶级斗争以及生产方式于不顾来谈论空间有所不满，所以更加强调社会物质的基础。❶ 他认为信息技术革命所带来的当代社会重大结构性转型将导致旧社会空间的瓦解，传统社会空间被虚拟化而被重新赋予新的文化、地理和历史内涵，成为"流动空间"。这种"流动空间"与传统的"地方空间"相对应，后者以地域为基础。他将他所指称的"流动空间"划分为三个层次：一为技术层面，指互联网中的电子交换回路系统。二为社会经济层面，谓之"节点与核心"，指各种网络终端以现实社会经济体系为基础，形成具有新的社会、文化以及物理功能的全新体系。三为阶级层面，即占据支配地位管理精英的空间组织。❷

　　受其生活的时代所限，福柯所指称的空间大致还是以地方空间为基础，其规训的空间技术的若干要素在自媒体的"流动空间"里有所难以达成。其一，自媒体话语空间是开放的。各种话语节点构成全球范围内技术流动、资本流动、信息流动以及各种符号和形象流动的网状空间。这些节点的连通建构了一个高度开放的动态社会系统。能量与信息在这个系统可以相对自由地进出，再也无法返回封闭的状态。其二，流动空间呈现混沌一体的状态，无法分割，更难分类。例如，在一个特定的空间里，距离较大的节点之间由于网络的连通可以瞬时实现信息的传递，在这个网络结构里所有节点之间似乎都没有距离的差异。他们之间拼接、杂糅成一个混沌的马赛克"迷雾"。空间的"距离"以及时间的"历时"在这个"流动的空间"被消解了。其三，个体可以随意在各

---

❶ 陆扬，王毅. 文化研究导论［M］. 上海：复旦大学出版社，2015：468.
❷ 李春敏. 马克思的社会空间理论研究［M］. 上海：上海人民出版社，2012：254.

自媒体社区、话题部落中切换，无法确切加以定位。其四，流动空间构筑了全新的等级化社会空间结构。在这个架构里面，信息精英具有优势地位。但是由于其区别于传统空间的结构，导致传统的奖惩方式度量尺度以及评价效度效率降低。这些都对规训的空间技术造成极大的挑战。

四、个体原子化导致道德失灵

德国社会学家齐美尔首先提出"原子化"的概念。齐美尔认为，城市生活长期处于不断变化以及紧张刺激的状态之中，居民的激情将逐渐消亡而趋于过度理智，过度理智以及高度专业化将导致人与人关系的原子化。德国哲学家阿伦特进一步丰富了"原子化"的内涵，现代社会中的个人被她形容为"原子化的个体"（atomomozation）。"原子化的个体"是完全私人化的，孤独并沉迷于物质享受中。这样的个体之间缺乏强有力的联系，他们普遍地以散落的状态存在。"原子化"与"原子主义"相区别。原子主义指的是将个人置于首要的位置，个人权利优先于社会权利。原子主义之下的个人独立于社会之外，是完全自给自足的自我。[1] 而原子化是在社会制度变迁的过程中社会单位制度等组织形式解体的过程，个体联系弱化、个体与公共世界脱离是其主要表现。由此导致道德等社会规范的失灵，社会赖以生存的社会联结被肢解。所以，原子主义指的是自由主义的个人主义，而原子化形容的是社会的碎片化，即去组织化、去中心化、离散化。但是他们之间有一定的联系，社会原子化的根源是功利主义与个人主义，社会原子化又加剧了社会功利主义与个人主义的泛滥，最终造成个人脱离集体、集体脱离国家，导致道德失灵、社会失范。在这个过程中，真实自我的异化与人际关系的疏离化是相互促进、相互影响的一个互动过程，两者共同导致了以道德为首的社会规范的失灵。

1. 自媒体社交环境下的自我异化

人原是生产以及文化实践中的主体，本应在主观能动性的引领之下操控自媒体，利用自媒体、社交网络等媒介工具为自己服务，当下在某种程度上却成为自媒体的"奴隶"。自媒体所创造的虚拟世界已经渗透人类社会日常的所有

---

[1] 洪波. 马克思个人理论的整体性与当代性研究［M］. 杭州：浙江大学出版社，2015：237.

角落，反过来支配、控制着人类个体、群体乃至整个人类社会。这导致个体以及群体的交往方式、组织模式、价值观念以及道德标准发生有悖于人类初衷的异化。人类个体以及整体的主体意识正在被进行无痛的肢解，渐渐原子化、碎片化而坠向空心化的深渊。这就是人类主体在进行网络实践的过程中所发生的异化现象。自媒体语境下这种异化在个体上表现为主体自我能力的退化、心理孤独感加剧、自我认同困境等。❶这种个体上的表现更导致个体间人际关系的异化。

自媒体的虚拟世界中个人的"自我"也面临异化。这种异化是基于一种虚拟自我与真实自我的内在矛盾而导致的。在自媒体的虚拟空间中，个体可以为所欲言而极少考虑真实世界的各种羁绊，从而展现真实的自我，相反在真实世界中受到诸多约束，所展现的反而是带着各种面具的虚假的自我。巴格等人将互联网的这种自我异化现象比喻为"火车上的陌生人"❷——匿名的个体似乎更愿意将生活的细节透露给陌生人。这是因为陌生人在其亲密社交圈之外，对他们产生影响的可能性较小，这种细节倾诉的行为的潜在代价比较低。所以，虚拟世界让个体表达真实自我的时候更加自由，导致"用假名说真话、用真名说假话"的现象。自媒体的话语平等赋权更加强化了这种现象。真实世界中话语渠道的缺失导致自媒体场域中话语权力的滥用，话语能量向虚拟世界进行"逃逸"，这导致现实世界中的"信任"与"真诚"越来越稀薄。在自媒体的媒介传播之中，符号是媒介传输的基本载体。话语首先在媒介中经过编码、传输、解码，最终又以符号的形式通过身体发生作用，但是符号化的媒介传播并没有向身体保证什么。在这种传播中，"身体不再拥有无可辩驳的个性象征或人格象征。我们的面孔、行动、声音、思想和互动，已经全部迁移到媒介之中；在没有得到我们允许的情况下，媒介把我们个性的标记撒播开来。交流已经成为脱离人体的东西。"❸麦克卢汉预言了身体的悲剧，他认为电子媒介将使身体分裂破碎，"专门化总是遮蔽或泯灭了社会良心"。❹鲍德里亚更进

---

❶ 谭志敏. 网络文化与伦理概论［M］. 重庆：重庆大学出版社，2015：48.
❷ 亚当·乔伊森. 网络行为心理学：虚拟世界与真实生活［M］. 任衍具，魏玲，译. 北京：商务印书馆，2010：123.
❸ 彼德斯. 交流的无奈——传播思想史［M］. 何道宽，译. 北京：华夏出版社，2003：216.
❹ 赵毅衡，蒋荣昌. 符号与传媒［M］. 成都：四川教育出版社，2010：77.

一步认为，媒介传播所创造的超现实（hyperreality）利用符号（code）和仿真（simulation）吞没了每一种现实，从而用"仿真"的原则替代了过时的现实性原则。❶

2. 自媒体语境下人际关系的疏离化

自媒体时代之前，每个个体基本都必须隶属于某个组织——学校、医院、军队、行业协会等，其组织架构基本为科层式的。个体价值往往由其在组织或机构中的地位、价值所决定。自中华人民共和国成立以来，我国吸取传统社会"一盘散沙"的教训，力求通过单位制度建构高度组织化的"总体性社会"。这种单位制度表现为纵向组织结构体系（国家—单位—个人）以及集体主义道德体系。这种道德体系强调一致性、整体性以及动员性。单位组织的功能不仅体现在政治控制上，还体现在生活庇护和人际关系组织上，单位制度成为社会整合的最佳手段。但是随着市场经济的发展以及网络社会的兴起，人际关系逐渐疏离。即使发展到 Web 1.0 时代，依然可以看到总体性社会的科层框架印记。用户发布信息时，基本都必须登录门户网站，发表的内容隶属于网站的某一版块、某一主题。主题、版块的内容依据逻辑关系亦构成一个层级累加的目录树。隶属于某个层级机构成为几乎所有个体正常的存在状态。

自媒体语境下所有个体话语权真正实现了平等，所有节点都是平等的，互相之间没有先后或者隶属关系。由此他们之间是游离状的，他们的地位是各自独立的。技术在赋予所有个体独立话语权的同时，也意味着赋予了其游离于组织体之外的生存能力。《罗辑思维》的创始人罗振宇提倡年轻人过一种"U 盘生活"，即一种游离于组织之外不可逆转的潮流。"U 盘生活"的口号为："自带信息，不装系统，随时插拔，自由协作"。这是因为在自媒体时代，所有个体都处于网络中，组织边界消亡，个体无须依附于组织获取生存和发展的空间。其价值不再由组织确定。个体面对着无限多节点联系的可能，获得更多联系便意味着更大的话语市场。平等节点间为争夺更多联系形成一种基于竞争而形成的市场定价机制。以罗振宇为例，其以公众号为主要依托，创立不足 3 年的时间里获得 530 万粉丝的关注，已经完成 B 轮融资，估值 13.2 亿元人民币，众多的业界大 V 成为其粉丝甚至股东。从一个科层机构的底层成员，到一个

---

❶ 赵毅衡，蒋荣昌．符号与传媒［M］．成都：四川教育出版社，2010：78.

呼风唤雨的自媒体大佬,这种逆袭便是自媒体话语赋权的真实写照。话语的获取以及话语的发布再也不需要依靠科层式的组织架构,其功能真正由自媒体的网状结构所承担。话语权的独立行使便可以获得话语利益,个体从而取得了生存的基本保证。话语的独立让个体不再附着于"单位"这个母体,不再内生于某个组织。

这种原子化倾向一方面似乎给用户们一种在信息以及社交上接触范围飞跃式提升的感觉,另一方面又使他们沉溺于虚拟世界浅层阅读与交往而缺乏现实接触与交流,这终将导致其与现实生活逐渐远离甚至背离。这种背离指的是个体在自媒体虚拟语境中的碎片化生存将进一步加剧其心理孤独。虽然个体已经在某种程度上摆脱了群体依附性,但是虚拟社交并不能替代现实的社交以及社群生活。个体可能认识众多陌生的虚拟个体,但是对方也仅仅为一个熟悉的符号,缺乏真实的温度。因此,在插科打诨、嬉笑怒骂的话语狂欢之后,因为缺乏现实的关爱与支持往往会落入更深切的落寞与空虚之中。当人们过分依赖网络社交传情达意时,对于现实世界中人际关系必然有所忽略。所以,线上的狂欢无法化解,甚至加剧了线下的孤寂。

3. 自媒体语境下社会道德的失灵

维持社会体系最重要的要素或者"黏性"是个人与公共的联结。成熟的社会文明必须建立在真实的社会联结基础之上。当个人与个人、个人与社会间联结的集体意识基础被掏空后,各种社会制约的因素也逐渐失效,社会上极端个人主义以及利己主义将盛行,这将导致社会的原子化。当个体将集体以及社会视为纯粹的工具时,社会协作的纽带将被扯断,这必然导致个人道德水平的滑坡以及社会道德的解体。个体从瓦解的共同体中游离出来,似乎实现了自我中心以及自我价值,却因为无法寻得在公共生活中的意义以及在公共社群的坐标或者地位,所以无法取得作为社会关系的主体性价值,更加谈不上产生社会需要的担当。

同时,市场经济的发展以及虚拟社会的迭代,都加速了社会的转型,当代中国正从传统上的熟人社会步入陌生人社会,熟人社会传统的伦理纲常逐渐式微,陌生人社会乃至虚拟社会的新式伦理尚未成型,这造成两种规范的衔接之间存在较大的空档,在这个时期社会伦理的失序以及个人道德的失范将是必然的结果。人类接受社会规范的社会化过程都是以集体组织以及集体生活为依托的。原子化的个体间也许还有一定频率的互动，但是由于集体组织平台依托的失缺，群体规范制约个体的能力被极大削弱。熟人社会具有较高的稳定性以及社会黏性，所以其道德他律、自律、自觉和互信比较容易产生。自媒体语境下陌生人社会匿名导致的肉身缺失削弱了道德他律的制约，于是个人在自媒体平台上容易发生将道德制约置于不顾的现象。这种道德失灵的现象将导致社会逐渐分裂。❶

第三节　公私边界消解

一般而言，泛媒一词可被解读为两层意思，第一层次是媒介范围内新媒介数量、种类以及途径的不断增加，所导致的媒介功能泛化现象。例如，传统的媒介形式一般有书籍、报刊、电台、报纸等，而发展到自媒体时代，除了微博以及微信之外，视频直播、播客、弹幕等诸多媒介形式层出不穷。更重要的是，新型的媒介形式以"自"为出发点，从每个个体的角度出发，依托于社交网络，综合了大众传播、人际传播、群体传播、组织传播，媒介功能泛化进入经济、文化、政治等所有社会功能之中，渗透个人以及群体生活的方方面面，甚至开始营造一个媒介化的话语生存空间。例如，以往的人际交往主要依靠的当面交流的音容笑貌，泛媒介时代对他人的印象已经被他人在各种通信工具、朋友圈、微博里面所塑造的媒介形象所替代。另一层次是指在新的信息技术革命的背景之下，许多原本不具备媒介功能的物品由于信息功能的增强而逐渐成为新型媒介，导致"媒介"与"非媒介"界限逐渐模糊乃至逐渐消失，未来也许会出现"万物皆媒"的泛媒介化时代。这一层次泛媒介化过程处于正在到来的进行时之中，其主要推动力为云技术、人工智能以及物联网。当下最前沿的动向主要为生产过程中大量传感器与物联网的结合应用，智能家居以及智能穿戴设备在个人生活中的媒介应用，车联网技术带来的移动媒介功能应用。❷ 因为第一层次的泛媒介化与本书所探讨的自媒体话语权关系较为密切，

---

❶ 田毅鹏．"单位共同体"的变迁与城市社区重建 [M]．北京：中央编译出版社，2014：238．
❷ 彭兰．万物皆媒——新一轮技术驱动的泛媒化趋势 [J]．编辑之友，2016（3）：5．

第二层次的泛媒尚处于不成熟的阶段，所以本书的泛媒采用第一层次的意义。

当下自媒体话语领域的泛媒现象主要包括以下特点。其一为泛领域。与"互联网＋"的理念一样，自媒体作为众多媒介形式的重要载体，承载了越来越多的"＋"。自媒体在方法上可以结合大数据、人工智能、云计算等，在应用上可以用于新闻传播、商业广告、舆情分析、公共服务等。其二为泛平台。从最开始的微博、发展到通信工具类的米聊、微信、易信、钉钉等；新闻客户端有凤凰资讯、今日头条、搜狐新闻等；浏览器类的UC浏览器、QQ浏览器。众多的媒介平台淘宝、咸鱼、京东也发展出基于自身业务的自媒体产品。其三为泛形式。自媒体的表现形式十分广泛，从微博最初始的140字，到微博微信的图文声像，扩展到音频平台，如蜻蜓FM、喜马拉雅等播客平台；而后短视频平台，如快手、秒拍等；再到新近的视频直播，如映客、斗鱼，各种各样的媒介形式层出不穷。其四为泛边界。自媒体运营在各组织机构里面的职能越来越宽，边界也越来越泛。以公司运营为例，以前只有公司里面的公关部门需要与媒介打交道，而今公司几乎所有的部门都需要利用自媒体的多种功能——市场部利用自媒体进行活动营销；公关部利用自媒体进行广告投放、形象塑造；生产部门利用自媒体与客户进行直接沟通，了解客户需求；设计部门利用自媒体进行团队协作与沟通。每个部门职责不同，自媒体在组织整体之中的功能、地位也有所侧重。其五为泛内容。各种形式的自媒体内容十分广泛，即使是专业类型的自媒体公众号，其内容也涵盖经济、科学、政治、人生、哲理、历史、心灵鸡汤等内容。以微视频为例，长度从几秒到数十分钟，形态多种多样，包括微电影、MTV、记录短片、搞笑视频、内涵段子、现场摄录、生活片段等。

然而，自媒体泛媒介化也导致了话语权从封闭向开放的转变。传统话语权主要局限于狭窄的空间之内，而后随着大众媒介的发展，话语权的疆域扩展到社会公共的话语平台之中，为所有个体参与公共事务提供了一个相对理性的话语平台。随着自媒体的普及，话语权不再局限于公共的话语平台，而逐渐渗透至个体和群体生活的所有角落，延展着人类的生活空间。各角落的个体不再是封闭话语的"笼中之鸟"，而是随时随地知晓天下之事的话语权主体。他们不仅仅只是受教育者，而是与所有其他个体一样既是教育者，同时又是受教育者。从话语权的争夺角度考量，这种话语权的转变对传统话语权所有者而言无疑是失落的，是对其话语权的挑战。话语权陷入一种人类信息化大迁徙所带来的临时性困境中。在这种背景下我们应该深刻认识到这种话语权泛化所导致的影响。

一、话语权与公私领域的界限

1. 话语权与公私领域的诞生

我国著名社会学家郑杭生先生认为，话语权从本质上应为"说话权利"和"说话权力"的统一。❶ 说话权利通俗而言就是有机会、有资格说话，这是话语权实现的前提。说话权力则是指说话主体影响受众的能力，只有受众能认同话语并产生共鸣，而且在行动中予以服从或者遵从，话语权方可能得以实现。社会上所有的个体以及群体都渴望拥有话语权，但是并非所有个体都拥有平等的话语权。资本主义社会以前，无论是西方罗马法中的家父权以及中国古代的"君君臣臣，父父子子"儒家家国观念，统治阶级的公权力与具有浓厚私人色彩的家长权混同于一起。但是随着资本主义社会的兴起以及所伴随的市民社会的兴起，个人话语权与统治阶级话语权进行争夺的过程中，公共领域与私人领域才产生分离的趋势。

阿伦特与哈贝马斯都对公共领域进行了较为深入的探讨。❷ 虽然他们有较多的分歧，但是他们都共同承认，公共领域存在的前提或者基础是国家与市民社会在社会结构上的二元对立模式。❸ 其原因如下：首先，只有独立于个人与政府的"其他权力"才能建立起公共领域。在封建社会中，政府与社会是统一于一个整体，或者说社会还没有发育出来，私人领域的概念因而也没有明晰，所以传播质疑政府的话语权也无从谈起。公共领域产生的条件是：一方面公众组成并且真正形成并表达公众意见；另一方面政府保护公共领域的职能，以使其能自由交流以及开展活动。当然这两方面都是必须在话语权的斗争中才能逐渐获得的。其次，国家和社会一定程度上的分离是公共领域存在的另一个

---

❶ 郑杭生. 学术话语权与中国社会学发展 [J]. 中国社会科学，2011（2）：27-34.
❷ 胡泳. 众声喧哗 [M]. 桂林：广西师范大学出版社，2008：28-59.
❸ 熊威. 网络公共领域研究 [M]. 北京：中国政法大学出版社，2016：25.

前提。这是因为，在国家与社会一体之下，国家的权力不受制约则容易失去对其的控制，将导致国家权力背离社会的需求。当背离无法得以及时控制时将导致社会与国家的同时衰弱。❶

因此，在哈贝马斯等的理念中，公共领域的构成必须具备的条件有：（1）公共由私人所组成。私人必须人格独立，可以基于理性在普遍利益问题上开展辩论。（2）媒介可以自由交流、充分沟通。作为信息的载体，媒介决定信息的流向。信息单向沟通将引起信息的匮乏以及意义缺失，以至私人的理性与独立失去了意义。（3）能对共同利益进行充分的交流以及自由的辩论，在理性批判的基础上形成共识以及舆论。❷ 阿伦特试图直接描绘理想的公共领域，但是这种理论嫁接让理想与现实相距甚远。哈贝马斯较为谨慎地将公共领域的考察基于其话语权的变革所导致公共领域范畴的演变之上。首先是古希腊、古罗马为代表的古典形态，其特征是公共政治生活上的平等参与、直接讨论、集体决策。其次是中世纪的公共领域形态，其特征是展示王权以及宫廷权贵。接下来是资本主义时期的"资产者公共领域"，产生了文学争鸣和政治辩论机制，其采取平等交往、公开讨论和关注世俗运作机制，形成代表资产阶级利益的公共舆论并最终将其转换话语权上的意识形态。❸

2. 私人领域与公共领域的界限

随着网络社会尤其是自媒体的飞速发展，不少学者寄厚望于自媒体促进民主政治，他们试图将自媒体的话语空间与哈贝马斯的公共领域产生联系。微博、微信等在推动社会反腐、社会公共服务的进程中取得的成绩有目共睹。但是，我们也看到了自媒体领域的鱼目混珠、泥沙俱下。在自媒体的话语空间，理性的公共讨论空间依然没有出现。相反，自媒体的话语在商业化以及娱乐化的推动之下，充斥着各种躁狂、谣言与不安，呈现一种众声喧哗的局面，出现公共空间私人化和私人空间公共化两个平行相向的过程。❹ 以私人空间公共化为例，以往各种私人空间的私密话题，在获得极高流量效应的反馈之后似乎有愈演愈烈之势。优衣库自拍、陆家嘴不雅视频、车模自拍等各种艳照门层出不

---

❶ 熊威. 网络公共领域研究［M］. 北京：中国政法大学出版社，2016：26–27.
❷ 熊威. 网络公共领域研究［M］. 北京：中国政法大学出版社，2016：26.
❸ 熊威. 网络公共领域研究［M］. 北京：中国政法大学出版社，2016：33–34.
❹ 胡泳. 众声喧哗［M］. 桂林：广西师范大学出版社，2008：235.

穷；王宝强离婚事件、郭德纲师徒对撕、鹿晗公开女友事件等具有较强私人性质的事件成为全民关注的焦点，占据了大量的公共空间，以至于许多公共事件被挤出了公众关注的视野。自媒体兼有私人媒介与公共媒介的两种性质让私人领域的事件容易进入公共空间，私人空间也因此而难以独善其身。

为了探寻私人空间公共化与公共空间私人化的问题，首先必须厘清它们的界限，而这必须从它们之间的关系以及历史演化开始来探究方为可能。哈贝马斯的公共领域被视为国家权力和个人权力博弈的场所，居于国家与市民社会之间。公共领域里公共经过自由讨论形成公共意见，通过公共舆论向国家权力施压，因此公共领域是市民社会参与国家权力事务的平台。而私人领域主要为市民社会，一般而言社会劳动以及商品交换是其主要空间，家庭生活以及个人的隐私生活也属于私人领域的重要组成部分。从哈贝马斯的观点可以看出私人领域与公共领域之间似乎应该具有清晰的界限：公共领域应该是公共意见的场域，而私人领域则局限于市民社会的生活。但实际上他们之间的界限并没有如此泾渭分明。

即使是依据哈贝马斯的考察，公共领域与私人领域在历史上并非一直存在，彼此相对。中世纪并不存在公共领域与私人领域的界限，公共性依附于封建王权。18 世纪晚期，公共财政从封建君王的私产中开始分化，司法、行政、军队以及官僚政治也逐渐成为自主的权力机关。逐渐地，封建统治集团分化出立法的权力机关以及部分的公共权力机关。而随着经济产业的分工，职业身份集团逐渐发展演化成为资产阶级的市民社会，成为与国家相对应的私人领域。至此，公共领域从私人领域中彻底分离，公私领域之间的界限才逐渐明朗。

但哈贝马斯也承认，他所认为的理想公共领域即使在欧洲历史上也只是昙花一现。商业逻辑以及市场化导致了公共领域的结构转型。随着经济的发展，众多单纯依靠私人领域不能解决的问题需要向国家求助，私人领域的众多冲突已经无法单纯依靠市场的自我调节自我修复，而需要国家加以调节，国家权力便逐渐进入公共领域。随着报刊等宣传媒介功能的增强，公共的界限已经超越资产阶级所能控制的范围，需要国家权力的介入。与此同时，随着媒介权力的提升，理性批判的氛围逐渐让位于对媒介产品不加选择的娱乐型消费。由此，重商主义和消费型公众对批判性公众的转变导致私人领域与公共领域再度融合，它们的界限重新模糊。然而，受传统社会空间的限制，公共领域和私人领域还是各自封闭的,它们之间有着较为难以跨越的壁垒,二元分离是它们的常态。例如,在我国传统大众传媒时代,一个娱乐刊物的编辑在面对陈冠希的不雅照时,一般而言不会将其予以刊登,更何况把关的不只是一个人,而是一整支专业化的编辑队伍。因为他们如果将不雅照予以公开,面临的不仅是道德以及法律的追责,还有来自于职业共同体内部的谴责甚至惩罚。然而在自媒体空间中,自媒体加上社交网络的传播,让主体可以随意切换于虚拟与现实之间。于是,"公"与"私"的含义出现位移,它们的界限更加成为一种"虚无"。

3. 自媒体是私人领域与公共领域的混合

移动互联网技术推广之前,用户接受与发布信息受到技术的时空限制。时空的限制导致效率的低下以及便捷性的缺失,与之相对应的是获取与发布信息的知识框架的限制。以网络最初始状态的公共空间 BBS 为例,其确实为具有共同关注点的用户提供了信息交换的平台。但是,随着 BBS 的发展,其逐渐专业化、主题化与规范化。论坛的宗旨以及版主的管理对于用户的话语产生直接的影响,各种层次的论坛管理层组成等级森严的机构。用户进入论坛,在论坛发言受到论坛各种规则的制约。笔者在注册进入若干学术论坛并意图下载一些学术资源的时候,受到了诸如必须注册后多少天才能够回复跟帖信息,跟帖多少个、完成多少论坛任务之后,累计完成多少积分,才能够开始下载资料。BBS 逐渐成为壁垒清晰、内部等级森严的小共同体。互联网世界被分裂成各个"鸡犬不相往来"的小王国,王国内部也是等级森严,板块分割。这与广大网民实现普遍性互联互通的理想相距甚远。

博客比 BBS 更具有个体性与连通性。博客将工作、学习以及生活融为一体,萃取、发布并链接最新奇的知识。博客第一次突破了时空的限制以及话语权的垄断,让文本生产者以及消费者能实现真正意义的互动,博客用户都是个性化"把关人",按照个性化标准取舍信息,能发现许多以往被"精英"机制所过滤的信息。同时,博客具有了初步转发以及链接功能,可以形成一定的博客圈子,具备了初步的网状结构,这决定了博客只是媒介发展的一个过渡形态。

从宏观的话语结构考量,自媒体的内容生产是混沌一体的,私人领域以及公共领域难以将其清楚地加以区分。微博、微信等网络工具完全改变了媒介面貌,这些工具让个体在网络媒介平台上充分发挥能量,所有个体都参与创造内容（UGC），并产生集聚、碰撞乃至发生裂变。每个个体不仅是信息生产者，同时也是信息消费者，所有个体是平等的中心。博客就如同一群人在篝火旁听作者讲故事，作者仍为主导，空间依旧以公共性为主。微博与博客仅仅只是"量"的区别——文本短一点、互动多一些，却造成"质"的变异。微信文本比微博更进一步，文本呈现即为了被他者点赞、转发，并引诱打赏。如果说微博在某种程度上赋予大V们批奏章的快感，那么微信的订阅、推送、求转发、求点赞的系统是文本生产者向受众的"跪舔"，文本为他人消费并激发互动的意味更加凸显。这时，不管是"公"的还是"私"的，只要能获得受众欢迎就是好的文本。法国后现代哲学家吉尔·德勒兹将超文本群落比喻成"块茎"。块茎区别于树木，既非主体又非客体，只是运动、量值和维度，是无等级、无中心的系统。微博、微信实现了真正意义上所有信息节点的平等，没有任意一个节点具有优先权，各节点要素之间没有固定顺序，可以随意链接跳跃，从而形成无数自组织的文本结合。这便自发形成了桑斯坦所谓的"观点市场"，通过詹姆士·苏瑞奥维奇所称的"大众智慧"规律，信息生产以及消费一体的群体合作方式方得以形成。这种去中心、块状、相互纠缠融合于一体的话语"块茎"是无法进行外科手术式的切割的。

　　从微观的话语生产传播角度考量，自媒体的技术特点决定了其"公""私"混合性。自媒体基于移动互联网的便利性，让用户可以随时随地将生活中的所见、所闻、所悟快捷地上传并分享，其碎片化的内容通过多元的平台以及多元的媒介形式，得以碎片化地表达。以前的话语生产须端坐于书桌之前或者电脑之前，具有一定的仪式感与隔离效应。这种话语生产可以将公共领域与私人领域加以区分。而自媒体时代话语生产的便捷性将这种最后的一丁点仪式都加以解构。各种碎片化的消息都被揉于一团不加区分地生产。个人生活中的琐事，飘荡的思维片段，突然的某种情感发泄，对时政的个人意见乃至情绪都可以不加掩饰地完全暴露于自媒体之上。大众媒介时期因为传播通道资源的有限性，个人领域"琐碎杂事"被视为没有意义的内容而被把关人拒于传播通道之外，而自媒体时期把关人功能的无效导致了各种内容散布于整个话语空间。这一方面让自媒体中"自"的私人属性发挥到了极致，话语的私人化表达让自我呈现出来；另一方面，自媒体基于社交网络传播的开放性让话语传播具有了公共性。即使是一条私人化的信息，只要引起足够的关注以及讨论，便具有了公共性。从这一点上，自媒体比论坛、博客公共性更加明确。所以，自媒体兼具私有媒介和公共媒介的两种属性。

二、公共领域私人化

传统媒介时代，私人领域通过个体之间在场的人际传播进行，其范围小、速度慢。新技术的出现提高了人们信息传播的效率，个体之间互动频繁，导致私人信息扩散的概率增大。同时，现代媒介为私人隐私的扩散搭建了平台。自媒体兴起之初，众多民众与学者对其给予了很高的期望，将其视为一种全新的民主化媒介，将足以促进全人类自由地进行讨论与批判。这不仅对于信息的生产与传播有益，而且将推动人类的民主与政治发展。然而，在经历了微博的狂欢之后，人们逐渐意识到，自媒体话语大解放的积极效用并不必然发生。自媒体空间里充斥着海量的碎片化信息，与公共事务相关的信息和私人生活相关的"柴米油盐酱醋茶"等琐事交叉传播，纠缠不清，它们之间的界限被模糊了。北京大学新闻学教授胡泳在《众声喧哗》中分析媒介对公私边界重构的时候，分析了这个进程中"两个平行的过程"："公共空间私人化"与"私人空间公共化"。[1] 公共空间私人化反映了"公共生活的缩减"，政治被逐渐消解成为地方性的，而后成为个人性的。私人空间公共化这个过程则将以往被视为纯属个人的私事成了公共关注的事情。隐私被放置于大众的放大镜之下，私密的私人领域被侵犯了，个人的自我理解与内在意义都被重新阐释。

另一个趋势是公共领域私人化。公共空间被海量的私人领域涌入，将导致公共空间的私人化质变。自媒体充分体现了个体对于自我个人生活以及自身个人利益的关注，这种关注不加过滤地涌入公共领域，导致个人生活中的点滴与琐碎相当程度上成为公共话题的主要题材。于是，公共空间中的主题逐渐分化为两种"不同颗粒"的题材：一些是专业媒介所主导的宏大政治、经济、文化、社会话题，其主导力量的来源为政治与商业；另一些是"自媒体"所关心的生活话题，其主要关注个体的生活状态以及自我实现，个人化特色显著。

不可否认的是，这种演变具有一定的积极意义，在某种程度上符合了吉登

---

[1] 胡泳. 众声喧哗 [M]. 桂林：广西师范大学出版社，2008：235 – 246.

斯所提出的"解放政治"向"生活政治"转变的趋势。他认为解放政治过于激进，只关心从不平等和奴役状态中如何解放。这一理论具有较大的缺陷：它是宏观政治，仅仅关注政治的体制和制度，忽略了与社会生活紧密相关的非正统政治，而且它也忽视了个体之间的团结与相互依赖。而生活政治关注个体日常生活，因此是微观的非正统政治，也更受欢迎。吉登斯甚至将生活政治视为社会平等、正义与参与的历史发展必然。❶

但是，吉登斯的理论似乎过于理想化。因为这一过程在更大程度上意味着传统社会组织形式的瓦解。换句话说，在传统公共空间中经过历时性博弈所达成一致的共识解体和崩溃了。这些共识包括标准化行为模式，参照性道德规范以及共享性互动契约。这必然导致社会地位、人际关系、家庭角色、性别角色既有范式的弱化。这一过程就如同鲍曼所形容的公共空间被殖民化。鲍曼认为欧洲历史上明显的个体化变迁有三次。第一次是生产资料大规模剩余导致了不平等，这种不平等引起的阶层分化促使个体为了自我的自由而进行斗争。第二次发生于启蒙运动期间，商贸活动以及工业化生产的发展促进了社会分工的细化。为了争取独立平等的发展权，不同技术领域以及不同职业的人进行了一场社会个体化思想变革。第三次则发生于全球化和信息化时代。信息技术革命引发了社会沟通机制的重大变革，网络技术为大众开辟了平等发表观点的公共空间。但是个人之间交流更多的只是关注自身个人利益，对于将个人问题上升为公共问题的努力并不感兴趣。从这个意义上考量，这种个体化的后果是公共领域的被殖民化，其后果是个人问题与公众问题之间的转换逐渐弱化。❷鲍曼预言，公共领域私人化的后果就是公共生活的缩减——"公共空间中越来越没有公众问题。它不再能够起到其先前的作用，供人们集会对话以便讨论个人忧虑和公众问题"。❸这种公共性缺失的最终后果将是个体权力的受损。"结果，权利上的个体转变为事实上的个体的前景变得更加遥远渺茫"。❹鲍曼甚至用"流动的现代性"形容媒介环境的不稳定性、敏感性、不安全性。它降低了职业媒介建立公共领域的可能性。"'公共空间'被'私人占领着'；公共关注

---

❶ 安东尼·吉登斯. 现代性与自我认同［M］. 赵旭东，译. 北京：生活·读书·新知三联书店，2002：252.
❷ 宋梅. 个体化时代的社区福利建设研究［M］. 北京：中国社会出版社，2013：31.
❸❹ 鲍曼. 个体化社会［M］. 范祥涛，译. 上海：上海三联书店，2003：131.

'被贬低'为对公众人物私生活的好奇心，公共生活的艺术，也被局限于私人事务以及公众对私人感情承认的公开展示。"❶

在后现代的语境中，不仅自媒体"流动的现代性"将更加泛化，成为"虚空的后现代性"，而且公共领域也面临解体的危险。此时，公众领域话语（公众舆论）的操纵和批判功能开始逐渐分离，前者为统治精英所把控，后者为自由主义分子把控。在批判功能缺失、公共舆论失去反思职能的情况下，舍夫勒认为公共空间的话语逐渐采取非政治取向，公众舆论逐渐演化成为"大众的随意反应"或者"普通大众或者任何特殊的公众的某些观点、价值判断或者意志倾向的表达"。❷ 从而将公众话语的研究从政治范畴推离而进入了社会心理学范畴，将其视为社会群体成员对某一话题的态度（请注意这里是群体成员而不是群体）。虽然哈贝马斯反对此种观点，坚持认为公共空间的话语应该与政治权力联系紧密，而且应该在正式交往中存续。但是其也不得不承认真正意义上与政治交涉的公共空间所存在的时间十分之短暂。❸ 所以，自媒体领域公共领域的话语比较适合采用非政治性取向进行分析，它的公共性已经被挤压，仅仅是用户个体对私人和公共事务观点的集合。在自媒体语境之中，个体为了公共目的而进行话语行为的概率较小。其真正目的更多地倾向于获取周围环境变化的相关讯息并与其他个体或者群体建立联系。所以，人们的自媒体话语行为更多的是社会性的，政治性的意味相对较弱。从自媒体公共空间话语形态上看，除了意见、态度、意见等形式外，还大量夹杂着情绪。其话语是口语化的，在非仪式化的非正式交往中以一种文字游戏的形式率性地向前推进。因此，自媒体场域中的话语演化成为一种个人化的、非正式的、非公共的意见系统。

三、私人领域公共化

自媒体话语的发展与繁荣一直以来与各种新、星、腥、性等抓人眼球的话题相伴随。个人隐私频繁地出现在自媒体话语空间，常常能瞬间引起众声喧

---

❶ 鲍曼. 流动的现代性 [M]. 欧阳景根译. 上海：上海三联书店，2002：56.
❷ 哈贝马斯. 公共领域的结构转型 [M]. 曹卫东，等译. 上海：学林出版社，1999：287.
❸ 熊威. 网络公共领域研究 [M]. 北京：中国政法大学出版社，2016：118.

哗，形成热点事件。不可否认，众多的公共事件经过自媒体话语场域的推动而在现实空间得以解决，例如"表叔事件""重庆雷政富不雅视频案"等。即使是与大众相关切的公共事件，如果没有与以上若干特性相关联，也无法满足受众越来越"重口味"的信息偏好，而难以在话语场中得到广泛的关注。实际上，大量的小道消息、谣言乃至丑闻充斥着整个自媒体的话语空间。"人肉搜索"式的个人隐私拼图将个人隐私的曝光成为"网络暴民"道德审判的牺牲品。自媒体平台上的讨论常常难以就事论事地进行理性探讨，而常常以谩骂、人身攻击乃至约架收场。自媒体不但没能够成为公共利益的守护神，反而成为公众话语暴力的法外之所。无所不在的话语触角将自媒体话语场变成福柯式的全景敞式监狱，所有个体都可能被置于公众的话语放大镜之下无所遁形。自媒体话语空间的过度自由与失控无序让人性的黑暗面无所抑制地膨胀，私人话题也因此常常成为大众的谈资。公共领域失去了公共性，成为对隐私旁观甚至窥探的角斗场。例如在李小璐与 pageone 事件中，众多网友居然在两人日常的微博之中挖出了很多交往的细节，成为当天自媒体的热议话题。

私人领域公共化从表面上看是私人领域受到自媒体等媒介的越界与侵犯，其实际后果并不局限于个人隐私权的损害，更重要的是媒介公共性的缺失以及公共领域的伪公共化。而其深层次原因是媒介市场化背景下消费主义的兴起，国家意识形态控制以及媒介去政治化等多种因素作用下自媒体一种适应性的路径选择。

现代的消费主义最早在西欧产生，19 世纪末在西方强大的经济文化影响力之下扩散到世界各地，其中尤以美国为突出的代表。所以，现代意义的消费主义文化主要是以美国为代表的生活方式、价值观念以及文化态度，其将消费置于个人生活中的中心位置。人们在消费主义文化中的消费行为已经超越了单纯的基本生理需要，更是为了满足人为制造的欲望。人们消费的不仅仅是商品和服务的使用价值，而更多的是象征着其身份、个性、品位等的符号象征意义。[1] 大众媒介由于其担负了较多的意识形态等公共功能以及传播需要高昂的成本，所以消费主义虽然已经有所抬头，但还是有所收敛的。随着自媒体的大

---

[1] 付晓静. 1990 年代以来媒介体育传播中的民族主义话语建构 [M]. 武汉：华中科技大学出版社，2014：158.

量涌现，传播话语权从有限的精英受众转移到无限的所有个体，话语场域本身变成一个自由竞争的集市。❶ 此时，自媒体与消费文化一拍即合，点燃了消费性话语爆炸性增长的引信。各种各样的自媒体传播的似乎只是碎片化的资讯，实际上是在为其所在受众群体的需求提供关于价值以及生活方式的消费话语。自媒体话语的海量性、及时性以及便捷性，让消费文化能触及任何受众。此时话语生产与消费的天平已经反转，从大众媒介时代的生产不足到自媒体时代的生产过剩而消费能力不足，此时受众的注意力成了稀缺资源。自媒体的话语生产不得不低下头来迎合消费者的需求以争夺注意力市场的份额，从而导致"以受众为中心"经营理念的成为事实，而不仅仅是口头上的理所当然。

消费主义的兴起让话语生产从形式上重视受众的舒适与愉悦感受而非顾客孤独的理性思考，从内容上关注受众所关心的切身的、日常的"周遭"，所以其话语中必然添加了大量日常感性或消费感性的因素。❷ 从草根大众个体最根本的人性出发，话语生产中必然出现越来越多与身体、情色、内幕、暴力、隐私相关的描写。它们包括躯体感性、日常感性与艺术感性。从马斯洛需求层次理论角度考量，这种话语消费满足了最基本层次的生理需求。由此，大众的话语消费里日常以及身体的感性消费具有增加的趋势。19 世纪 60 年代，乔治·斯泰纳指出：黄色文学之危害即在于剥夺了人的最后一点隐私。❸ 当下消费主义的草根文化比大众文化更加对受众"无下限"地"跪舔"，将私人领域的隐私内容作为出售的商品。马克思与沃勒斯坦批判的"万物商品化"运动在此处被淋漓尽致地展现了。商品意图获得更大的市场份额，迎合大众的口味是必需的，因此，受众的趣味、欲望成了生产的方向标。为扩大市场，原本理应被边缘化的情色、变态、暴力、同性恋等私人领域中的隐私内容被主流化成为可以出售的商品。弥尔顿形容大众文化为通俗的、一次性的、消费的、廉价的、大批生产的、年轻的、诙谐的、色情的、机智而有魅力的。❹ 而自媒体语境下的草根文化比大众文化更加猎奇、媚俗。在这种消费主义的草根文化中，私人领域的隐私成为日常消费的对象，成为交易的客体。

---

❶ 李东. 自媒体环境下媒体话语形态的转变 [J]. 编辑之友, 2016 (10)：65.
❷ 时胜勋. 中国艺术话语 [M]. 北京：中央编译出版社, 2015：327.
❸❹ 明卫红. 隐私与偷窥的文化研究 [M]. 南京：南京大学出版社, 2014：15.

第五章　自媒体视域下话语权建构策略

信息社会尤其自媒体时代的到来为传统的话语权提出了空前的挑战，以习近平同志为核心的党中央立足于推进国家治理能力和治理体系的现代化，提出从"社会管理"向"社会治理"转变的治国理政新理念，并将其应用于互联网以及相关话语治理。网络治理系列思想包括如下几个方面：一是提出"国家治理新疆域"与"网络地球村"的"互联网时代全球化"网络空间观；二是建构"网络强国"以及"网络空间命运共同体"的网络安全观；三是网络民主观，认为网络应该走群众路线、发扬民主并接受网络监督，培育向上向善的网络文化。这些思想皆体现了党和国家对于建构网络社会话语和谐目标的决心。

第一节　推动话语平台良性发展

从组织权变的角度考虑，组织受其所在环境的诸多要素所建构，且与环境具有趋同趋势。一方面，组织建构是社会建构的反映，组织需要在自身结构中对环境要素进行仿效。另一方面，组织也需要在边界上与环境进行交易，实现自我改造与环境相匹配。迈耶和罗恩的《制度化的组织：作为神话与仪式的正式结构》曾设问：当制度环境多元化，且现代组织的不同部分已经从中吸收了不同的制度逻辑，组织如何解决这种结构性矛盾？在考察多种方案后，他们认为最应该采取"脱耦"策略，即将组织内部的强关联关系变为弱关联。对以大众传媒为代表的传统意识形态话语中介而言，面对自媒体多元环境下的脱媒困境，应该考虑如何将其内部组织模式进行"脱耦"式重构，以求适应意识形态话语中介的功能性需要，实现意识形态话语权的"再中介化"。

一、培育良性发展的外在条件

在自组织理论的理论体系之中,耗散结构理论、突变论、超循环理论以及协同学都力图解决系统如何从无序走向有序:系统如何在混乱无序的状态下,通过什么条件、以什么方式逐渐发展至有序状态。在自媒体的话语场之中,需要解决的是如何将混乱无章的话语生态系统引导至有序和谐的状态之中。普利高津的耗散结构理论对自组织理论体系所作出的最大贡献便是提出自组织形成的前提条件,包括系统开放、远离平衡态、非线性作用、涨落、突变等,其中前三者最为重要。其一,创造条件保持系统的开放性。这种开放性将保证系统外部对话语系统的信息以及能量输入平权化,保证系统中所有个体相对平等而不是处于显著的等级状态,同时保证信息以及能量输入超过一定阈值。其二,分析系统内部各要素,通过培育外部物质、能量以及信息的输入,导致内部各要素间差异性扩大,对这种差异的培育将导致系统呈现非线性发展,从而远离平衡状态。其三,构建系统发展的非线性机制,摒弃传统的线性发展观念。

(一)保护开放:维护话语系统的开放性

1. 话语系统开放的必要性

自组织形成的首要条件是系统的开放性。耗散结构理论利用熵[1]度量系统有序程度的高低,熵的值越大则系统无序程度越高。耗散结构理论运用此意义分析开放系统与外界环境交换物质以及能量时所发生的系统有序程度变化,论证了系统形成有序结构的前提是系统具有开放性。一个系统如果意欲从无序状态或者低级的有序状态进化为有序状态或者高级有序状态,这个系统必须与外界交换物质和能量。系统只有保持开放性,才能从外界吸收负熵以抵消自身的正熵,从而减少系统的总熵,推动系统从无序到有序不断进化。

对于自媒体的话语系统而言,培育有序竞争的首要条件是维护其开放性,尽量减少对其话语系统的不必要的干预。自媒体话语系统的生命力在于其不受外部影响的自组织式生长。过多的外部干预,话语系统将会失去自身的活力而

---

[1] 熵,为热力学中表征物质状态的众多参量之一,其意义为系统混乱程度的度量。

成为听命于外部指令的"他系统"。如此系统内部各个体的智慧、知识将无法在系统的动态发展中、在个体之间竞争与协作的博弈中被充分筛选与挖掘出来。约翰·密尔顿在《论出版自由》中提及"意见自由市场"的概念，他坚信真理是经过各种观点、思想以及意见的自由竞争后方可能获得，而不是简单的权力赐予。为了让个体有效发挥理性，便应不限制个体了解他人不同的观点、思想和意见。所以开放性至关重要，这与桑斯坦在《网络共和国》中所阐述的网络"意见市场"不谋而合。微博、微信上各种身份的用户在自媒体平台上平等、自由地对话，正是自由竞争的开放表现。

2. 自媒体话语系统的开放性

当下的自媒体平台以微博以及微信为代表。微博平台作为即时交流的大众化互动平台，准入零门槛、传播碎片化、信息公开化、传播效果裂变化，所以微博成为话语酝酿传播的摇篮，成为公众表达意见、态度、情感的开放巨型信息系统。每次有公众事件发生，微博的浏览量就如同"打了鸡血"一般急速上升。从这一层面观察，微博作为一个开放复杂的话语系统，外部事件将信息与能量传递给微博用户以及媒介，这些个体在交互式的媒介传播与人际传播之间构成观点的多重嵌套结构。这些结构在一次次社会热点话语事件的话语竞争中为个体提供了信息的黏合剂。媒体、信息以及用户之间形成多要素、多层次的相互作用，通过观点的多重置换，各要素之间信息和能量相互交流，为话语发展提供源源不断的动力，从而让微博话语从无序向有序演化提供了可能，这便是话语系统开放的功劳。事件信息以及话语主体关于观点和信息的及时性交换让话语系统时刻处于变化之中，某一偶然因素的介入都为话语系统提供了大量的话语能量，可以引发一场话语风暴，当事件得以解决或者被其他事件冲击而淡出公众视野时，话语场域又逐渐恢复平静。

2013年4月的雅安地震是微博开放复杂性话语系统的明证。地震发生仅仅一分钟之后，"@中国地震台网速报"作为国家地震台官微立即发布公告消息，随后，各媒介公众号、大V公众号、政务微博纷纷发布相关信息，众多网民个体也随之转发地震相关救援、公益信息。在极短时间内，微博将国家、灾民、媒体、机关、公益组织、明星等社会方方面面的力量聚合起来参与到救灾活动中。在震后一天之内，地震相关微博数量竟然达800多万条，新浪微博热门排行榜前100名中97%为雅安地震相关信息，原本参差不齐的海量信息构成了微博话语的复杂巨系统，相关信息话语演变呈现线性的趋势。外部的舆情信息为微博话语系统注入了强大的信息以及能量，平台的开放性为微博所有用户参与话语事件提供了便捷的渠道，这为话语系统的有序化升级提供了保障。在这种话语力量的有效组织之下，所有个体都参与到灾情发布——救援互助——灾后重建的有序传播过程之中，成为正能量的先锋队伍中的一员，不仅为现实救灾提供了强大的舆情支援，还有效组织了各种社会力量。

微信作为基于泛熟人圈的自媒体平台，其话语向度似乎没有微博那样开放，但形成了立体的三维交流矩阵：一是文本维度，包括文字、语音、图片以及视频；二是社交维度，包括微信群、手机通讯录、微博、QQ、智能手机客户端、朋友圈邮箱等；三是应用维度，包括 LBS 定位、摇一摇、游戏、二维码、红包等。与微博相比较，微信更像可以累加众多功能的平台，这种开放性亦直接影响话语功能的实现。例如微信群里大体上大家都互相知晓甚至相互熟悉，用户对于群里发布消息的信任度远远高于微博陌生人发布的话语信息。如此功能性强、开放度高的媒介以及应用的集合平台，在当下是其他的自媒体平台以及其他即时通信工具无法匹敌的。

3. 保证自媒体话语系统开放性的要点

自媒体系统必须保持开放但有限度的状态。依据维基百科网站的"互联网审查"相关条目显示，对网络的必要性监督是世界各国通行的做法，世界上并不存在无"墙"之网。以美国的"棱镜计划"为例，各国一般对国家安全、侵权资料（侵犯包括商业机密、科研机密、版权以及个人隐私而获取的相关材料）、违法网站（以违法行为为主业的网站，如网上赌场、网络招嫖等）以及违反道德网站（如宣扬色情、暴力，反对伦理的网站）进行监督。美国开放网络促进会对此进行了相关研究，也许其研究因具有一定的倾向性而不那么公正，但是我们也可以从中获得一些启示。在该协会的研究报告里，"少量审查"（Some Censorship）一档包括加拿大、美国以及一些西欧国家，"监控之下"（Under Surveillance）一档包括澳大利亚和俄罗斯等，而中东一些国家以及中国被归入"全面审查"（Pervasive Censorship）一档。

鉴于我国当下的政治制度、文化背景以及所处的西方强势渗透的国际环境，我国采取较为严格的网络内容审查制度，这是必须而且必然的。针对网络内容的审查，我国已经形成包括网信办、国安局、网络警察、自媒体平台自我审查等有效的内容审查机制。但须注意的是，这种审查制度不能为了"官样"的和谐而扼杀包括自媒体在内的话语开放以及话语活力。可喜的是，近年来我国政府在话语监控上保持着"松紧有度"的状态，造就了我国互联网行业的蓬勃发展，甚至诞生了阿里巴巴、腾讯、小米等一批具有国际影响力以及竞争力的互联网公司。2014年10月，《人民日报》刊文《让信息自由安全流动》清楚表明了我国对于互联网开放利用的立场："信息化如同修路。修路是为了跑车，跑车是为了装东西，而且装的必须是安全的、健康的东西，一环扣一环。我们不仅要把路修得越来越好，让车跑得越来越快，还要确保车里人的安全、货的安全。"❶ 法治与开放是互不矛盾的，即如"确保安全"与"修好路"是相互依存的关系。在2014年世界互联网大会开幕之际，国家主席习近平在对大会的贺信中称："中国数字经济发展将进入快车道"，并面向世界郑重承诺："中国对外开放的大门不会关闭，只会越开越大。"❷ 2015年9月22日，习近平总书记在接受美国《华尔街日报》书面采访时强调，中国坚定维护网络安全，并表示互联网不是"法外之地"，同样要讲法治，同样要维护国家主权、安全、发展利益。❸ 2015年12月17日，在乌镇召开的第二届世界互联网大会上，习近平主席在开幕式上发表主旨演讲，强调互联网是人类的共同家园，各国应该共同构建网络空间命运共同体，推动网络空间互联互通、共享共治，为开创人类发展更加美好的未来助力；并提出了互联网发展的"四项原则""五点主张"。尤其在四项原则中，习近平总书记强调尊重网络主权、维护和平安全、促进开放合作、构建良好秩序，将发展、安全、开放与秩序紧密结合成为一体。❹

为了维护这种状态，制度设计的目标就是寻找自媒体话语开放程度的规制平衡点。自媒体表达所必须把握的整体性原则为：一方面要保障公众话语表达

---

❶ 网信办依法治网组合拳：倾听、修规、惩处、招贤 [R/OL]. (2014-11-04) [2018-06-15]. https://thepaper.cn/newsDetail_forward_1275468.

❷ 中国承诺互联网的大门"不会关闭，只会越开越大" [R/OL]. (2017-12-05) [2018-06-15]. www.china.com.cn/news/world/2017-12/05/content_41966062.htm.

❸ 习近平：互联网不是"法外之地" [R/OL]. (2015-09-22) [2018-06-15]. http://www.sohu.com/a/32890736_119666.

❹ 深度解读习近平提出的互联网发展四项原则和五点主张 [R/OL]. (2015-12-17) [2018-06-15]. news.cntv.cn/2015/12/17/ARTI1450316815848330.shtml.

的自由权,保证自媒体在智慧聚集、群体协作、反腐问政方面的正面作用,另一方面又必须有效抑制有可能对国家社会产生的不利影响,保证自媒体话语场良性健康发展。基于此原则,可以确立以下的基本路径:一是完善话语责任追究机制。话语表达自由是基本人权之一,生产以及传播合法话语内容是社会基本规范的需要,同时也是行为人对自身行为承担相关法律责任的公民义务。也许有人会反驳,话语的意见发表不是现实社会的具体行为,如果追究法律责任有"因言获罪"的意味。然而在虚拟世界中所有的话语行为都是具体的个体行为,而且在自媒体场域中因为不当话语言论所造成的连锁性后果,往往与现实世界中个体单独孤立的话语行为严重程度不可等量而语。二是必须尊重自媒体场域的自治特性,充分发挥平台运营商、广大网民自身的作用,才有可能对海量巨复杂的话语系统进行有效规制。❶

(二)提升活力:保持系统远离平衡状态

系统具有活力的标志在于系统是否成为耗散结构。唯物辩证法创立之后,物理学家普利高津在自己的哲学思考以及科学研究基础上,接受了唯物辩证法的"自然界历史发展"思想,创立了耗散结构自组织理论,而后获得诺贝尔物理学奖。1969年他在理论物理与生物学会议上正式提出此概念,认为开放系统在远离平衡状态且达到一定程度,系统内部机制将突变而进化成一种全新的、稳定的空间、时间或者功能结构,而维持这种状态又必须不断"耗散"信息、物质与能量等资源。普利高津将此状态命名为"耗散结构",又称其为非平衡系统自组织现象。耗散结构自组织理论源自理论物理学,而后发展成为现代系统科学,其主要研究系统从无序向有序演化的条件以及机制,以及如何通过"涨落"导致系统有序化。耗散结构自组织理论不仅开创了自然科学研究的新方向,而且扩展到社会研究之中,取得了众多重要理论以及实践成果。❷

在普利高津的理论中,系统分为平衡以及非平衡两类。平衡状态是指系统内各种要素在分布以及能量大小上皆为均匀,要素之间平衡而缺乏势能差。耗

---

❶ 朱兰萍.论自媒体条件下表达自由的规制[J].大学教育,2015(5):159-161.
❷ 孟薇等.海南发展开放型服务业的约束、目标与路径[M].北京:科学技术文献出版社,2016:35.

散结构理论表明势能差缺失的平衡性系统服从势能最小原则,其必然功能低下,系统因而处于一种"死"的静止结构平衡态。这种表面的平衡将对管理起到窒息作用,导致系统缺乏竞争而死气沉沉,进而导致官僚主义。非平衡状态则是在开放系统的外部不断介入的情况之下,系统内外要素不断进行能量与物质交换而导致的能量有落差、分布不均匀的状态。以我国的改革开放为例,在改革开放之前,我国实行"大锅饭"式绝对平均主义,国民经济长期处于一种封闭缺乏活力的平衡状态。改革开放之后,随着外部资金、技术、人才、信息的引入,为国内经济带来了活力。随着"先富"带动"后富"的不平衡状态的形成,多种经济体制并存,国民经济因此步入一种非平衡状态的市场经济。如此一来,不平衡的市场经济由于开放而吸收外部能量、改革而激活内部竞争与协同的非平衡态,终于形成经济上的耗散结构,最终带来我国改革开放在经济建设与社会发展上的辉煌成就。由此可见,意图维持充满活力的状态,必须要打破内部的平衡态,只有系统处于非平衡态,系统才有可能保持活力。❶

在教育领域,美国路易斯安那州州立大学教授多尔在《后现代课程观》首次将耗散结构理论及其自组织理论在课程改革中加以运用。在这种理论视野中,教育系统是处于一定环境中沿着一定路径向着教育目标演化的系统,这个系统具有开放性、非线性、非平衡性、动态性以及有序性。作为社会系统内的子系统之一,教育系统本质上亦为自组织的。普利高津的耗散结构理论为教育带来了观念上本质的革新。教育话语权从原本单一、封闭、线性的模式转为多元、开放、非线性的模式。社会媒介的话语系统本质上是复杂的、多元的、开放的、非线性的巨型耗散系统。其不仅仅需要在开放中发育,更要求在开放中维持以及发展。只有在与外界不断进行能量、物质等动态交换过程中形成非平衡的状态,才可能激发自身迸发出无穷活力,从无序进化到有序状态,进而促进系统跃进到效率更高、稳定性更好、功能性更强的崭新状态。在当前全球化的背景之下,我国处于社会转型的关键时期,意识形态多元化对我国教育话语权的建构提出了全新的课题。自媒体场域的开放为教育话语权带来了挑战,也为激发话语场域的活力带来了机遇。教育如果还停留于既往的封闭单一状态,

---

❶ 罗胜杰.基于英汉语料的仿拟跨学科研究[M].西安:西北工业大学出版社,2015:33-36.

便只能逐渐走向"热寂状态"。❶

1. 异质：维护自媒体话语的多样性

（1）保护话语版图各部分之间的异质性，鼓励社会各阶层发声。因为国际形势以及自身执政理念的影响，我国传统话语系统十分封闭，且与外界缺乏交流。系统亦逐渐本能性地排斥以及抵制外来事物。因此，系统自组织功能、可塑性和适应性都较为低下。自从改革开放尤其我国加入 WTO 以来，社会公共话语系统无论对于外部的刺激还是内部的变化都十分敏感。系统涨落以及演变的频率和速率都极大提高，话语系统从而远离了平衡态。具体而言，社会公共话语系统的演化可视为"应激"的刺激而后反应的过程，刺激源是国内外事件的发生，相关刺激信息在社会有机体的"神经网络"中传播，到达社会个体。这些刺激性信息在个体以及群体的有意识以及无意识的固有反馈系统作用下，公众将自身对此刺激所反馈的意见、态度以及情绪进行输出。从耗散结构理论的角度，事件就是输入的信息性能量，公众的话语反馈便是能量输出。在信息化社会的语境下，信息系统难以自我封闭而"独善其身"。在自媒体技术迅猛发展的当下，各种全新的传播媒介不断涌现，极大便利了公众了解事件以及话语表达。所以，在自媒体语境之下话语系统的内外能量以及信息的交换也显得更为频繁。❷

自从微博、微信等自媒体平台被广泛应用之后，报刊、电视等传统大众媒介的话语权力急速下降。"两微一端"（微博、微信以及移动客户端）毫无争议地成为人们了解新闻事件的首要信息源。自媒体成为社会话语场的新引擎。尤其自 2015 年以来，随着移动网络的普及以及以微信为首的自媒体平台的广泛应用，自媒体应用的低门槛让更多社会阶层的人们都成为其用户，网民结构与中国社会结构日趋重合，"网络鸿沟"被悄悄抹平。自媒体成为话语权趋于均等化的助推器。❸ 这意味着各阶层通过自媒体都可以发出自己的声音，这将是中国历史上前无古人的第一次。为促进话语场域的健康发展以及民主政治的全面覆盖，需要鼓励不同阶层、不同群体的人在自媒体话语场中发出自己的声

---

❶ 张强. 加强思想政治研究改革教育教学工作 [M]. 北京：光明日报出版社，2015：174－176.
❷ 刘毅. 网络舆情研究概论 [M]. 天津：天津人民出版社，2007：301.
❸ 2015 年互联网舆情分析报告 [R/OL].（2016－01－15）[2018－06－15]. http://www.qstheory.cn/laigo/ycjx/2016－01/15c_1117775218.htm.

音,表达利益诉求。只有话语场差异性的存在,才有广泛协商对话的可能性,才能繁荣话语场并为解决社会问题,缓解矛盾提供有效机制。❶

(2)必须保护个体面向异质性,消减群体极化现象,避免信息茧房。前文所论述的"群体极化"以及"信息茧房"现象便是当下个体面向同质化的突出表现。群体极化现象常出现在同质程度较高的自媒体话语部落中,与该局部环境的主流意见不一致的言论往往招致炮轰、"拍砖"乃至围攻。因此,个体在这种话语权的"民主暴政"压迫之下,依然坚持"傲雪独立"需要极坚强的意识以及决心。一般而言,个体会选择话语不再发言而被传播学上"沉默的螺旋"效应所吞没,或者用脚投票逃逸到与自己观点相近的话语部落里参与活动以及表达意见,期望获得点赞以及支持。不少国外学者将其称为"赛博空间的巴尔干化"(Cyberbalkannization),意为虚拟世界中爱好相似高甚至仅仅有一点类似的个体逐渐发展成为小团体,其内部交流的频率和强度大大高于外部,因此,类同的话语及其观点在封闭的小圈子中不断被固化。个体置身于如此的虚拟部落中,类同的声音不断反射并回荡、类同的观点逐渐反复并强化、类同的情绪逐渐发酵并升温。个体似乎寻得志同道合的"同志",实际上却是让自己更孤立,陶醉于自我声音的回响之中无法自拔而听不到不同的意见。❷

群体极化现象亦与个人信息定制所导致的"信息茧房"密切相关。自媒体话语虽然多元、海量,个体虽然被赋予了充分选择信息的自主权,但是个体精力和时间的有限性导致自媒体用户不自觉地对自己关注的领域、信息源形成路径依赖。一般而言,这些自媒体公众号或者网站的内容、格调、倾向甚至链接都经过精心筛选以及过滤。桑斯坦通过实证研究发现,网站设定链接一般只会选择与自己观点、意见、领域相似甚至相同的网页或者网站,而极少设定与自己意见相左的网站。美国20世纪90年代中期,政党网站提供对手网站链接的仅占15%,其提供链接的目的通常为攻击对手的卑鄙、愚蠢乃至危险。这种链接不是为了融通而是为了分裂,话语传播的带宽在这个过程中被窄化,

---

❶ 张长龙. 经济法 [M]. 北京:知识产权出版社,2014:343.
❷ 安云初. 当代中国网络舆情研究:以政治参与为视角 [M]. 长沙:湖南师范大学出版社,2014:200-202.

"信息茧房"便逐渐形成。这种缺乏异质竞争的话语传播将必然反过来导致群体极化。因此，技术上赋予了个体自由徜徉的权力，实际上却让其作茧自缚。❶

自媒体语境下两股推力导致了这种现象更为凸显。其一为社交网络的助力。社会化网络成为自媒体所赖以传播的基本载体，在社交网络协同过滤的效用作用下，我们正逐渐从公共话语空间中抽离。微博以及微信平台上，我们仅仅关注自己喜欢的话题以及领域，获取的信息是我们自己事先框定的内容。微信中，我们不仅基于地缘、亲缘、学缘等关系参与各种群组，同时还置身于若隐若现的各种群组之中。朋友圈的分享、群组的群发、个体间的转发所带来的话语信息都是经过自己设定的社交网络筛选的结果，这在无形中屏蔽了那些与自己相异、相反的内容。其二为智能算法的推动。以"今日头条"为例，其宗旨为"你关心的，才是头条"。该应用以用户的阅读行为、地理位置、年龄、职业、社交行为等进行数据挖掘，通过大数据建模分析用户兴趣，并为用户推荐其极为可能喜欢的信息。用户每次阅读行为都被跟踪和记录，其用户模型进行实时更新以便更进一步为用户推送新闻信息。这种高度个性化的服务在迎合用户需求以及爱好的同时却将用户囚禁于算法所建构的"回音壁"之中而自我陶醉无法自拔，但这不利于用户接受多元化的信息。

桑斯坦在其著作《网络共和国》中强调了话语异质性以及共有价值的必要性。他认为异质的社会需要共同的架构以及经验，而不是话语的各自割裂。在自媒体传播语境中，随着个人媒介的话语渗透以及媒介进一步细分，个体的信息接触愈加局限于自己所感兴趣的领域。在当下信息过剩的年代，个体却倾向于越来越躲在自己所关注的话题圈里，碎片化的时间被这些不同兴趣"黑洞"所吞噬而难以幸免，社会认知的版图却被分裂成无数细小的割据式的话语部落。各话语部落形成自我闭环而在彼此之间形成"老死不相往来"的局面。这种局面造成的负面效应也是显而易见的。如果社会整体在公共认知以及公共体验之上无法共享，那么运作良好的公共领域便无法建立，公民社会的发展便成了空谈。❷ 桑斯坦在此基础上重新诠释了自由：自由不应该仅仅满足某

---

❶ 安云初. 当代中国网络舆情研究：以政治参与为视角 [M]. 长沙：湖南师范大学出版社，2014：200－202.

❷ 茹西子，胡泳. 知乎：中国网络公共领域的理性试验田 [J]. 新闻爱好者，2016（2）：20－23.

些特定爱好，而更应该置身于充分异质的信息以及多元广泛的选择中，人们才真正有机会追求自身的爱好乃至信仰。在公共议题上，如果人们被剥夺了接触不同观点或者反对意见的机会，甚至因此丧失了评判不同意见的能力，那么即使是其选择的，也不是真正意义上的自由。❶

在这方面，中国的类维基百科问答平台"知乎"作出了一些十分有益的尝试。其保证了平台信息的异质性以及理性化，从而为群体集思广益的知识拼图提供了一种有效智慧合作的机制。知乎的两种措施值得自媒体平台加以借鉴。

其一，界面设计保证用户对异质信息的可接触性。知乎在每一个议题之下，都采用提纲式地保留了几乎全部讨论内容，而不会因为用户预设的爱好以及身份标签屏蔽用户可能不感兴趣的内容。事实上，知乎也存在过滤机制，在个人首页为用户推送其个人关注的信息，在话题页面上根据用户关注的话题为用户推送其可能感兴趣的其他话题。但是难能可贵的是知乎保留了与推荐内容相平行的"发现页"。此页面显示公众性的不经过滤的信息。热门话题以及知乎圆桌等栏目都吸引用户参与到公众关注较高的话语主题中，而这些主题往往并非用户之关注。在每一个回答的评论区，大量的异质化评论都是没有经过过滤的，将不同观点置于一起推动讨论的发展。从这个角度而言，相对于微博的掐架以引人关注、微信的跪舔以讨人喜欢，知乎的理性为话语的自由提供了难能可贵的异质性。

其二，理性协商平台为重大应急事件提供多元化竞争的机会。当下各自媒体平台初步建立了基于用户举报的用户自我管理模式。但是，这种平面化的模式在重大、应激事件发生时，经常充斥着各种非理性的观点，往往导致形成过激的群体极化现象。此时应该将各种意见主体引导至理性协商的平台进行有效的、客观的对话。协商民主理论证明集结民众意见的有效路径只能是公共协商。微博虽然公开、便利、互动地让公众能够突破现实背景的约束以及时空限制而进行长期讨论，被认为较为接近哈贝马斯的"理想沟通情境"。但是其碎片化的话语割据现状导致重大、应急事件发生时信息冗余、观点分散、论述随意，绩效低下。这对自媒体平台的设计提出了更高的要求：不仅要真实呈现个

---

❶ 茹西子，胡泳．知乎：中国网络公共领域的理性试验田［J］．新闻爱好者，2016（2）：20-23．

体的真实声音，而且须帮助参与者有效把控协商过程中的核心信息以及整体境况，以便于公众对公共有具体清晰的判断进而进行理性分析与论证。知乎产品的设计模拟了真实世界中一群人围成一圈深入探讨一个话题的模式，对问答界面进行纲要式的展现。理想的协商需要强调讨论过程的主题性，对所有发言进行复议、修订、反对、赞同或者评论。知乎为了保证以上目标的实现设计了折叠以及举报的反馈机制：所有的回答都被折叠展示以便所有用户都可能触及，如果参与者违反以上协议，也将会被其他参与者折叠和举报，从而被讨论过程所排斥。这种设计是为了避免碎片化的信息以讹传讹，在此过程中大量平台的志愿者以及一般用户参与了自我管理，保证了平台的正常运营。

2. 涨落：适当引导系统演化

涨落指系统的变量或者指标对系统平均值的偏离。涨落在不同状态效果截然不同：在平衡状态或者平衡状态附近，涨落是消极的干扰，对稳定性起破坏效果；在远离平衡状态的时候，涨落是积极的建构，由系统的不稳定状态跃升到新的稳定有序状态。随机性的小涨落可以通过非线性作用以及蝴蝶效应的触发效果被迅速放大，在系统整体上形成"巨涨落"，导致系统突变而形成全新的有序稳定状态。由此，涨落触发和催化了耗散结构的形成。当然不一定所有的涨落都能诱发系统突变，但是涨落可能引起局部功能的改变。对于系统细小的涨落，如果缺乏适宜的调节机制，涨落将改变原来的整体系统。改变后的系统又反过来决定未来的涨落。在话语权的建构过程中，我们必须主动引导系统的涨落，一方面主动创造话题，为话语系统注入新的能量；另一方面引导现有话题，把握系统方向。

（1）话题创造为系统注入能量。

在系统科学中，吸引子指的是系统本身具有朝着某个稳态发展的趋势，这个稳态便称为吸引子，有平庸吸引子和奇异吸引子两种类型。奇异吸引子是由茹勒（D. Ruiie）于20世纪70年代提出，指代在非线性（混沌）运动的过程中，决定秩序或者运行轨迹的范式，即决定系统运行基本秩序的根本循环结构以及特征。[1] 作为非线性运动的主要特征，其内外运动模式截然不同：在奇异

---

[1] 混沌理论和奇异吸引子 [R/OL]. (2012 – 08 – 27) [2018 – 06 – 15]. http：//blog. sina. com. cn/s/blog_ 5f60104501015sv0. html.

吸引粒子外部的所有系统运动都趋向于奇异吸引粒子，即系统看似杂乱无章，但是其运动最终的目标或者归宿都趋向于奇异吸引子本身，所以奇异吸引子是系统发展过程中关键的稳定要素，决定了系统内看似杂乱的运动在既定的秩序或者规律中运行。在奇异吸引粒子内部却是随时都有可能产生不稳定演化，这种不稳定有可能改变系统运动轨迹。以管理学做类比，在管理的复杂系统之中，其奇异吸引子可以区分为各种高低层次。较高层次的奇异吸引子包括终极目标、价值观、共同愿景、宗旨等，低层次的奇异吸引子包括服务或者产品的短期经营目标、市场定位等。管理系统中的奇异吸引子能保证系统中各种复杂行为在有限范围内稳定演化。系统成员在差异性以及变化性允许的有限范围内运动，它们的运动都趋向于奇异吸引子。系统成员通过不断自觉调整自身行为，确保对系统总体的发展方向不过多偏离。当外部环境变化较大时，系统成员以奇异吸引子为趋向目标进行积极应变，通过打破既往惯性思维从而迅速、自发地对个体行为以及群体组织模式进行调整，形成全新的组织模式。[1]

利用奇异吸引子的原理，我们可以在复杂的话语系统中通过创建奇异吸引子以"吸附"各种话语能量，增加主流话语凝聚力，保证话语系统与话语目标的一致性。笔者在研究2008～2016年的网络话语事件（2010年之后随着微博的兴起，自媒体才成为主要信息源）中发现话语系统中如下的规律：一般而言仅有怪异的、奇特的、负面的话语事件可以在极短时间内获得关注而吸收极大的话语能量，所以大部分的话语热点事件都是负面的。仅仅有一些与国家、民族等全民利益以及情感紧密相关的重大正面事件按照国家既定的议程发生时，才难能可贵地获得全民一致的话语能量。以2015年的众多自媒体热点事件为例，关注热度前15名的事件之中大部分为负面的，如天津港特大爆炸事故、南京宝马撞人案、长江沉船事故等，而另外一些正能量的热点事件都是与中华民族发展息息相关的国内外重大事件，而且这些事件与民众的幸福生活以及对未来美好生活的向往息息相关时，民众的话语反映方为正面的，例如抗日战争胜利70周年大阅兵、成功申办冬奥会、屠呦呦获2015年诺贝尔医学奖、李克强敦促各部委减政放权等。所以对话语权的建构而言，最高层次的话语奇异因子便为中华民族的伟大复兴以及中国梦的实现，并将其与较低层次的

---

[1] 徐俊，王宁. 论管理对混沌理论的借鉴 [J]. 企业经济，2006（1）：11 – 13.

关系民众美好幸福生活切身利益的短期目标相结合起来。换言之，建构我国主流话语权最根本的一环即是我们必须"撸起袖子加油干"，以中国梦的实现为目标，将人民群众的切身利益摆在首位，不断提高为人民服务的水平。

（2）话题引导为系统把握方向。

在复杂性系统发展过程中，当系统处于临界点的涨落超过一个临界点的时候，系统受不同涨落的影响便出现系统演化过程的分叉。此时，系统发展的方向将面临对称或者不对称的多种选择，系统此时依据自身的发展往往"左顾右盼"难以抉择，开放性的系统又为环境诱导提供了可能性。传统的管理以及思想政治教育采用直接干预的方式事实上是对系统自组织性的破坏。自媒体时代的话语生产传播可以通过外部信息流、能量供给的变化引导现有话语系统的演化，根据不同的情况可以采用不同的方法。

当需要对正面信息进行增援的时候，❶ 可以按照以下步骤进行话题引导。

首先，营造正面的舆论氛围引导大众。大部分自媒体话语事件之所以爆发，是因为其触动了对此类社会现象的普遍化情绪，这种情绪公约数在自媒体的人际传播以及媒介传播之中方可能取得热烈的共鸣，进而推动话语向着更广泛的范围以及更宽广的领域循序蔓延。因此，在平时以及自媒体话语热点事件发生之初，必须充分梳理大众可能存在的各种情绪，加以有针对性的疏导。在热点事件爆发之后，制定应对方案时必须考虑公众的情绪。在自媒体时代，大众媒介采用铺天盖地的正面宣传方式只能是欲盖弥彰。各级干部应对群众在自媒体平台上反映的具体问题，必须抱着对人民负责的态度即时彻查并加以处理，并即时公布事件真实情况以及处理结果，防止负面情绪被利用。所以，此处的正面舆论氛围主要的是公开、透明、公正面对事实的态度以及对人民负责的态度。

其次，建立及时有效、公开透明的政府信息公开制度。在自媒体热点事件发生后，经常出现事件对立的双方或者多方尖锐冲突、互不相让的局面，彼此都提高了话语的分贝，力图在冲突中取得优势。从事件发生到扩散形成热点事件，往往仅需要一个小时甚至更短。此时间段是危机处理以及话语引导的

---

❶ 姜胜洪. 把握网络舆情规律 加强正面舆论引导——以杭州飙车案的网络舆情变动为例［J］. 中国党政干部论坛，2010（7）：56-57.

"黄金抢救时期",如果错过了这个黄金时期,负面的话语信息极可能将成为主流,在"沉默的螺旋"效应之下,话语场将充斥着负面信息,再试图改变难度将大大增加。这便要求治理者必须及时掌握话语动态,密切跟踪,科学判断话语发展的趋势,精确拿捏当事人需求、传播脉动以及受众心理,及时调查事实真相并形成官方观点,第一时间发布权威信息,发布真相信息。被动、掩盖或者沉默都将加剧情绪对立以及公众猜疑,导致各种谣言横行,事态扩大。

再次,传统媒介与自媒体密切结合。随着近年来自媒体的普及性极大提高,话语事件的源头从大众媒介逐渐转移到自媒体手中。一位著名导演曾经感叹:以前发布信息必须要找一些记者过来,甚至还要给人家辛苦费,现在只需要动动手指,发个微博就可以了。自媒体经常成为独立的信息源,自媒体"爆料"甚至经常成为大众媒介的重要新闻来源,这也造就了自媒体"倒灌"大众媒体的现象。但是,大众媒体在话语场中依然占有一席之地,许多话语事件必须经过大众媒体传播才可能"点燃"使其成为社会热点。所以,要引导自媒体话语走向,可以通过大众媒体话语能量的外部冲击而使其改变走向。主流媒介必须增强与自媒体话语场对接的紧迫感并提升自媒体话语能力,提升在新话语传播领域的影响力,将大众媒介与自媒体紧密结合起来。

最后,发挥"意见领袖"作用,引导话语系统自我教育。在很多话语热点事件中,政府本身作为当事人一方,其所发布的观点意见难以得到公众的认同。此时作为话语系统内部组成要素的"意见领袖"可以起到意想不到的作用。在几乎所有自媒体热点事件中都活跃着大量意见领袖,这些民间观察家的观点往往能引导受众的判断以及话语的走向。而且,他们本身作为话语复杂系统中的要素之一,其观点容易被受众所接受。所以,在自媒体话语治理中充分重视与"意见领袖"的沟通,通过意见领袖引导系统内部要素的涨落,将其"收编"成为和谐话语环境中的建设性力量。

当系统发生负面信息,就必须设法引导信息流以及受众注意力的转向。马克思曾言,新闻报道是报纸的有机运动,因为受众对具体话语热点事件具有一定的兴趣周期。自媒体话语的碎片化、开放性、随机性加剧了这种话语生态系统的新陈代谢,在自媒体的话语海洋中某个话语浪潮不可能引起民众长期持续的关注。排除外部干扰,不同的议题在受众的视野中活跃周期各不相同,其本身具有出现、发展、高潮、消退的生命周期。依据百度搜索指数,可以对不同热点事件统计平均活跃天数：2009 年 16.8 天，2010 年 15.1 天，2011 年 21.4 天，2012 年 23.2 天，活跃周期总体而言有所延长。其主要原因是此类事件影响范围大，还原事件真实需要一定的调查时间，更重要的是社交网络的崛起将引导全民介入事件的"拼图游戏"之中，发掘事件真相成为全体公众碎片化知识的拼图游戏，从而使话语热点事件成为有机的社会运动。基于社交网络的人际传播源自于大量用户的关注、点击、转发、点赞乃至模仿、狂欢。这一过程充满了不确定性，在话语事件持续的时间段中如果发生新的事件，将夺走受众有限的注意力而冲击原有事件的传播周期，加速事件从公众视野中的消亡。因此，当某一热点话语事件发生的时候，治理者可以利用甚至创造另一热点事件，在原有信息流中楔入新信息流，吸引公众注意力从而对热点事件的降温形成釜底抽薪的效果。上文所及的"帮汪某上头条"便是信息流被分流最好的例子。

（三）重构机制：构建系统发展的非线性机制

线性思维是一种单向、直线、缺乏变化的思维方式。非线性思维则是由众多点相互连接，立体化、非平面、无边缘、无中心的网状结构的思维方式。❶ 非线性机制的范畴是相对于线性机制而言的。线性机制在数学上可以将系统动力学状态采用微分方程进行表达。各因素相互作用的总和等于单个作用叠加的代数之和，作用之间是相互独立的。非线性机制则是由多种相互作用耦合而形成的整体效应，在数学上用两次以上的函数项的方程式加以表示，而且多种相互作用的综合与每一个作用叠加的代数和是不相等的。❷ 线性相互作用与非线性相互作用具有明显的区别：其一，线性系统具有独立性，部分之和等于整体，遵从叠加原理。非线性作用具有相干性，相干的效果便是叠加失效，整体与部分之和不相等。其二，线性系统具有确定性和均匀性。非线性系统则体现出明显的非均匀性和不规则性。从数学的角度考虑，非线性方程式一般都有多重解，即体现为系统发展的分岔效应。

系统具有非线性特征意为系统内部各要素作用的关系是非线性的相互制衡关系，而非自上往下的线性关系。这两者的区别也正是自媒体语境下话语系统

---

❶ 张从明，马京成. 网络教学设计［M］. 西安：第四军医大学出版社，2004：49.
❷ 杨德才. 自然辩证法［M］. 武汉：武汉大学出版社，2006：91.

体现的非线性关系,传统思想政治教育与大众媒介的话语系统体现的就是线性关系。在自媒体话语形成以及发展的过程中,话语系统是各内部要素相互作用、相互调节的非线性自组织系统,各要素之间非线性的作用决定着话语系统的演化走向。这种非线性的作用具体表现为话语主体、话语事件、话语空间以及意见、态度、情绪、意愿之间竞争及其协同的作用。因为,公共事件的信息将刺激个体以及公众对某具体议程的意见、态度、意愿以及情绪,从而影响受众的反应;个体以及公众的意见、态度、意愿以及情绪将反过来影响公共事件的发展以及决策。这两个过程不是简单的叠加,而是复杂的、非线性的过程。❶

1. 线性机制向非线性机制转换的原因

线性思维适应的是传统科层式社会,非线性思维呈现网状结构,更适应自媒体的网状社会结构。话语系统是由自媒体话语的原子有机排列所组成的。话语或者语言的使用以及传播体现的是一定文化在传播过程中的倾向,其本质上是由社会文化心理以及文化背景所决定的。自媒体话语在很大程度上亦体现了后现代社会的文化心理以及文化背景。❷ 而这种文化心理以及文化背景的背后是技术变革所导致的生活方式变革。

随着原子能、激光、通信工程以及生物基因工程等新技术的突破,第三次技术革命不仅为人类带来了先进的生产工具、新的社会环境,更带来了全新的生活方式。随着个人电脑以及互联网技术的普及,尤其是移动互联网技术的全面应用,技术革新渗透到社会以及个人生活的每一个毛细血管。人类个体生活以及社会生活已经全面陷入虚拟的"泥潭"。以自媒体为代表的网络技术对信息传播按照跳跃式、非线性的非逻辑模式进行。这导致生存于其网状结构上的人类也不得不依照其网络思维模式处理信息。在虚拟世界中,个体之间的交往或者信息沟通都通过话语媒介进行。而话语在虚拟世界之中已经将现实世界中外在的物质制约属性冲刷,余下较为单纯的话语属性。物化的标准以及受现实制约的线性逻辑由此被网络的非线性思维所替代。

---

❶ 喻国明. 中国社会舆情年度报告(2012)[M]. 北京:人民日报出版社,2012:12.

❷ 王炎龙. 网络语言的传播与控制研究:兼论未成年人网络素养教育[M]. 成都:四川大学出版社,2009:119.

虚拟空间的心理因素也是导致非线性思维发展的重要原因。从心理学的角度进行分析，虚拟世界导致用户思维出现五个方面的变化：（1）从要素主义的思维向虚幻感受转换；（2）发展了情境化的批判思维技能；（3）元认知开始出现，其体现自我的同一性；（4）思维流畅性因为不受现实束缚而提升；（5）自我效能感增强。❶ 这种变化导致人们在交流时显得思维发散、跳跃以及不合逻辑。在自媒体空间的信息交流中个体倾向于运用表情、贴图等符号元素，力求再造一种虚拟话语情景，而这种情景没有现实空间的物质性逻辑关系。这些都导致了自媒体的虚拟空间思维方式区别于以往的特征。自媒体话语的虚拟化让个体的思考以及认知更加自主以及独立，这必将导致个体思维模式进一步摆脱线性化和简单化，而逐渐转向非线性化以及立体化。在"80后""90后"甚至"00后"的"网络新生代"身上，这种非线性的思维方式体现得更为显著。作为虚拟社会的"原住民"，他们在成长的过程中习惯于通过超文本链接进行阅读，通过网状结构建构并处理信息。在这种超链接所构筑的生态环境中，他们也培育出非线性的、跳跃式的思维方式。

2. 构建非线性思维的启发机制

线性思维其实就是基于直观经验，沿着线型或者类线型的思路解决问题的思维方式，其基本属于静态思维的范畴，特征为顺向思维和定向思维。定向思维和顺向思维最典型的表现便是迷信和盲从。

非线性思维是指除了线性思维之外的其他类型的思维，其特征是发散思维，包括模糊思维、系统思维、逆向思维、否定性思维、多视角思维等。因为事物发展的非线性表现有着众多的表现形式，例如跃变、突变、质变、分岔等，所以非线性就意味着不确定性，试图将非线性归结为若干种范式是徒劳的。但是，依照非线性思维的特点，科学家依然可以开发构建非线性思维的启发机制。这种机制对于突破线性思维的限制，建立非线性思维具有很强的建构意义。基于自媒体空间非线性机制的启发机制可以依照以下步骤进行。

第一步：确认事实，即搞清楚"是什么"。在面对间接事实（他人所告知的所谓事实），直观或者经验的时候，不能被假象、谣言或者骗局所迷惑，以逆向思维等众多发散思维的方式进行分析判断。在管理决策以及学术研究中，

---

❶ 李宏利等. 互联网对人的心理影响［J］. 心理学动态，2001（10）：376.

很多人囿于线性思维,在面对被假象掩盖的事实时,只是顺着错误的方向思考,所以得出错误结论,作出错误决策。在对自媒体话语进行分析的时候必须以发散思维挖掘话语及其实践的社会意义。在客观解读事件本身的事实之外,还应该挖掘其背后深层的社会意义,超越事件本身的框架性限制,以发展的眼光认识话语及其事件背后的矛盾以及原因。例如,在对富士康跳楼事件的报道中,一条微博被限制于140个字,为了吸引阅读以及转发,作者故意突出了其中一些容易引起关注的内容。如果止步于此,我们将无法获得更多的价值,而应该放宽视野,关注当事人所置身的生活环境、工作环境、学习环境等;由此再放眼社会,关注农民工在城市中的生存现状,那么对话语及其事件的思索便远远超越事件本身。话语以及相关事件的解读便得到了价值的升华。❶

  第二步:分析原因,即弄清楚"为什么"。非线性思维要求质疑现有的所有解释,而不管这种思维是否有理论依据,是否权威论断。人类在认识世界过程中,只有不断质疑已有的论断并加以颠覆,才可能有新的发现。人类对于自然以及社会的认知都十分有限,所有当下的科学被冠以"定律"甚至"真理"的头衔,但是其也仅仅是人类认识道路上的一个小驿站而已。所以,我们都必须抱着质疑的态度加以分析。

  自媒体话语场中众多的"躺着也中枪"的事件证明:再也不可以以传统线性思维的模式解读自媒体话语的背后原因。"躺着也中枪"源自周星驰的喜剧《逃学威龙》,此台词原意为:躺着保持极低的姿态,居然能被子弹击中。这种无可奈何的自嘲简称为"躺枪"。在自媒体时代这句话意指什么事情都没有做,没招谁惹谁却成为他人攻击的靶子。❷ "躺着也中枪"成为网络流行语,甚至入选了2012年网络流行语排行榜。这证明在自媒体的语境之下,这种非线性的关系并非个例,而是具有一定的普遍规律。从众多的自媒体事件中,被"中枪"的受害者包括备受关注的人或物。名人不仅包括现实空间中名望较高的人(如李开复),还包括在社会上或者虚拟空间中备受关注的人(如"范跑跑""芙蓉姐姐")。备受关注的物品包括与日常生活息息相关的物品(如"蒜你狠""豆你玩"等事件中的大蒜和大豆)或者具有一定特殊性质的物品(如

---

❶ 高宪春. 引导"围观":微博时代党报对舆情事件报道的提升 [J]. 中国记者, 2011 (7): 58.
❷ 马中红, 陈霖. 网络那些词儿 [M]. 北京:清华大学出版社, 2014: 202.

杜蕾斯系列广告)。

非线性思维在大数据时代还突出表现为传统的因果关系在某种程度上让位于相关关系——"要相关,不要因果"。相关关系的核心是将两个数据之间的关系进行量化,一个数据变化另外一个数据随之变化则相关关系强,反之则相关关系弱。如果将相关关系视为一个盒子,因果关系则为盒子里面的东西。从这个意义上分析,两个事物之间的因果关系必为相关关系,但是相关关系并不一定为因果关系,因果关系是相关关系的子集。众多学者在欢呼大数据到来的时候都认为,大数据只需要分析相关关系——在基于大数据所求得的相关关系足以解决实际问题时,可以不再探究因果关系,著名的"尿布与啤酒"例子便为明证。当然,笼统地认为"只要相关不要因果"是偏颇的,之所以当下强调相关关系而故意"冷落"因果关系,只是一种为了纠正既往用僵化的线性因果关系思维分析问题的交往过程。完全割裂因果关系而只重视相关关系便会造成以下的闹剧:2013 年,纽约萨克福马县一对夫妻因为妻子用谷歌搜索了"高压锅",而丈夫在同一时段用谷歌搜索了"背包",7 月 31 日竟遭遇一个由六人组成的联合反恐部队全副武装上门搜查,因为他们的上网记录被美国情报部门所监控,美国情报部门怀疑他们具有制造高压锅炸弹的嫌疑![1]

二、建构良性发展的动力机制

竞争与协同是复杂系统两种动力的方式。协同是系统相关性、整体性的内在体现,意为系统中各子系统之间相互合作、协调的集体联合作用。竞争是自组织的首要条件,其导致系统各要素相互平衡。协同则体现为在非平衡状态下系统中某些趋势联合起来并将之放大,使其占据系统支配地位,影响系统演化。在系统竞争和协同的过程中产生序参量,序参量一方面指挥各子系统如何运动,另一方面显示系统在宏观上有序的状态,从而反身支配整个系统,这便是系统运动的完整过程。[2] 以上即为协同学方法的主要内容,其在自组织方法

---

[1] 美夫妇网上搜索高压锅遭反恐部队搜查 [R/OL]. (2013-08-02) [2018-06-15]. http://news.sina.com.cn/w/2013-08-02/112627843944.shtml.

[2] 杨涛. 地质遗迹资源保护与利用 [M]. 北京:冶金工业出版社,2013:107.

论中居于动力学方法论的地位,它研究的是系统如何保持自组织活力。其原理表明,在系统演化过程中,制定规则,通过一定参量调节子系统演化,然后让子系统不受影响地自己互相作用,从而产生序参量运动模式,进而推动整个系统演变。这就是遵循系统自组织、非线性演化规律的最佳管理模式。❶

从一些通俗的例子可以证明尊重系统自组织、非线性演化规律管理模式的重要性。以教育为例,中国的父母习惯性地望子成龙、望女成凤,常常将自己的希望强加在儿女身上,自觉不自觉地越俎代庖为儿女设计或者选择成长的道路,而无视子女的意愿。这样经常造成两种后果:其子女或者失去了自主选择的能力而过度依赖父母,成为被组织者;或者对父母的过度干涉反感逆反甚至反抗,成为无组织者。自组织协同竞争动力学演化方法的管理学意义便是充分信任被管理者,实行自下而上的民主管理。这种管理模式与一般管理理论在人性假设上有所不同,既不片面地假设人性本善,也不过分强调人性本恶,而是客观地认为人性的善恶同时存在。它同时又尊重系统中所有个体的主观能动性,认为在市场竞争与协同的过程中,系统将自主走向有序。在本质上,它激励组织成员通过自组织的协同竞争过程建立系统的自发秩序。❷

（一）鼓励竞争

我国自组织理论大师吴彤在总结协同竞争自组织动力学的技术要点时,认为首先必须鼓励竞争:第一,如果系统存在大量子系统,为鼓励竞争应该平权输入必要的能量、物质以及信息,从而激发子系统之间相互作用和影响;第二,竞争必须具有自己的规则,从而形成自我净化的能力,进而导致竞争规则不断进化;第三,不符合竞争规则的竞争者应该被淘汰出局,这是竞争规则中最为严厉的惩罚。第二以及第三点将在下文专门论述,此处主要涉及第一点。

为了鼓励竞争,必须保证竞争的平等性。在传统的科层结构中,成员之间呈条块结构分布:这种结构的信息传递是非平权的、纵向自上而下的指令。在网络结构里,成员大体上是平权的,整体约束个体的能力较弱,个体有较强的行为自主性,成员之间存在大量的现实或者潜在联系。在网络结构中,因为系统成员大体上是平等的,所以信息传递主要为横向。这种社会网络是社会自组

---

❶ 李梓房. 知识结构与知识型企业成长 [M]. 北京:经济日报出版社,2008:57.
❷ 吴彤. 自组织方法论研究 [M]. 北京:清华大学出版社,2001:152-153.

织运动的主要载体,网络越发达,个体之间的能量、信息交换越频繁,他们之间的竞争也就越激烈,系统的自组织性也越强。❶ 客观存在的现实是,所有的社会网络不可能完全是平权的,网络结构也不可能没有他组织属性而是彻底的自组织。例如,在自媒体兴趣群体的网状结构中大家的关系是平等的,但也必然存在领袖人物,他们在群内具有较高的威望,乐于并且善于组织线上线下的活动,活跃群组气氛。所以,一般而言,网络结构中个体成员是相对较为平权的。

  这种平权的信息能量交换所导致的平等化竞争事实上也存在缺点。自媒体的网状信息传播结构颠覆了传统链式传播模式,演化为多元传播的同心圆结构。这种结构在自媒体话语的传播过程中呈现出高效率、高连通性的特点,具有较高的传播随机性。传统话语传播模式下,依靠封闭管道传播的模式可以采取"堵"的方式。在随机性网络结构中因为其极高的结构弹性,如果某条传播路径被强行限制,其传播流向将瞬间改变,如同水流一般从其他渠道继续流动。此外,自媒体的网状结构模式提升了信息传播效率,传统话语传播在社会中主要依靠媒介进行,而自媒体话语主要依靠社交网络的人际传播模式,其传播成本大大降低。❷ 但是这种"口口相传"的方式的确造成了较强的传播随机性以及较高的信息失真率,确实造成了一定的混乱——没有类似传统科层管理模式下那么整齐划一,给受众以及管理者造成较大的麻烦。但如同市场经济较之于计划经济,正是因为参差不齐的落差才让资源向着更加有效的竞争者流动,从而造就了我国社会主义建设的辉煌成就,不应因为必然的困扰而因噎废食舍弃这种难得的平权,而应该对其加以容忍,信任其能够自我纠错、自我进化。李克强总理在这一方面做出了值得赞赏的表态,在 2016 年 5 月 24 日出席中国大数据产业峰会暨中国电子商务创新发展峰会重要嘉宾对话会上就腾讯总裁马化腾的提问答道:"一个新事物诞生的时候,我们确实不能上来就管死了,而要先'看一看'。这既是给它一个成长的机会,也是为了暴露监管漏

---

  ❶ 苗东升. 复杂性管窥 [M]. 北京:知识产权出版社,2014:44.
  ❷ 李彪. 舆情·山雨欲来:网络热点事件传播的空间结构和时间结构 [M]. 北京:人民日报出版社,2011:176.

洞，让随后出台的监管政策更加公平有效。"❶

（二）提倡协作

依据竞争与协作的原理，在鼓励竞争的同时应该提倡合作，这便是一种协同的关系。在竞争中发展交往以及合作关系，在合作中形成抗衡竞争的张力。在合作中让一些经由竞争形成的优势自主扩大，从而形成动力学的模式。这种合作即是竞争的，同时又是合作以及协作的，是它们共同作用的动力学模式，而不是某些子系统统治整体系统。❷

1. 促进人才与资本协作

人才是任何事业最重要的资源，也是系统里面最活跃、最有决定性的要素。在自组织的管理模式中，管理者应该将人的自主发展置于十分重要的位置。在当下复杂的社会经济环境下，让复杂的人担任管理主体管理复杂的管理对象，这便需要对管理者给予更多的信任以及授权。管理者必须培养、信任并授权下属，创造环境让他们自我管理、自我成长。但是充分信任的管理必须与制度管理充分结合，在缺乏制度的环境中让其自我管理无异于放虎归山，完全失控的混沌状态将威胁组织生存。❸ 在进行话语权建构的过程中，必须重视人才的培养与管理。在培养渠道上，必须构建条件为相关人才搭建职业发展的空间。更重要的是，必须建构可以笼络相关人才的自组织平台，采用类似"安卓市场""苹果应用商店""今日头条"等经营市场的模式，构筑社会力量与话语建构良性发展利益共享的平台。以"今日头条"为例，其笼络了大批自媒体内容生产者，在为他们提供购买版权、提供导流等服务的基础上与内容生产者进行广告分成，让内容生产者能安心地从事优质内容的生产。但是，"今日头条"在信息的推送上过于依赖人工智能，忽视了话语信息价值观、新闻价值的把控。2017年12月29日，"今日头条"被北京市互联网信息办公室约谈，责令企业立即停止相关违法行为。这次约谈主要涉及其违规提供互联网新闻信息服务、传播色情低俗信息。在此之后，为了打击标题党以及

---

❶ 一个新事物诞生的时候不能上来就管死了，要先看一看[R/OL]. (2016-05-25) [2018-06-15]. http://www.sohu.com/a/77074069_119738.

❷ 吴彤. 自组织方法论研究[M]. 北京：清华大学出版社, 2001: 65-67.

❸ 徐俊, 王宁. 论管理对混沌理论的借鉴[J]. 企业经济, 2006 (1): 11-13.

低俗内容,该平台进行了一系列整顿,其中包括在天津招聘内容审核编辑,岗位职责为审核相关信息内容是否违规,要求每天审核1 000条左右相关信息。值得注意的是,职位招聘的要求是关心时事、热爱新闻,具有良好的政治敏感度和鉴别力,本科以上学历,尤其引人注意的是党员优先。关于党员优先的要求在国内媒体界引起了广泛关注。至2018年1月,"今日头条"内容审核团队已经超过4 000人。其副总编辑徐一龙声称,这个数据将很快突破1万人。❶ 这次对相关平台的整顿活动,为相关人才的培养以及储备建立了体制之外的职业发展空间,也让相关企业思考如何平衡商业利益与社会责任的问题。当更多的公司、团队、个人可以从自媒体话语健康发展的过程中获益,而且这种获益大于其从负面话语(如谣言、水军、诈骗等)中得益的时候,自媒体话语建构相关人才发展的良性循环必将形成。

资本也是最重要的社会资源之一。资本是经济运作的命脉,也是媒介运作的血液。在自媒体运作的资本进入上,近年来我国已经有了众多有益的尝试。以南方新媒体产业基金以及南方媒体融合发展基金为例,它们为众多的自媒体平台发展注入了资金,这也意味着这些自媒体平台的发展具有了国家主旋律的血液以及基因。这种资金控股或者参与的方式比原先外部简单粗暴的行政命令更有效,也更尊重自媒体话语系统自组织发展的规律。2016年4月,规模为100亿的广东南方媒体融合发展基金正式投入运行,而后投资了第一期新媒体项目。2016年5月,由广东国有金融企业——粤科风险投资集团公司注资成立了规模100亿元的广东新媒体产业基金。广东省委宣传部的相关负责人表示:"这两支基金各有侧重",新媒体产业基金重点为政策引导,其主要关注媒体融合的基础性建设以及长远项目,确保媒介融合不仅仅是简单的"旧+新",而是努力促成其从简单的物理反应向非线性的化学反应转变,真真正正实现从"我就是我,你就是你"到"我中有你,你中有我"乃至"我就是你,你就是我"的质变;南方媒体融合发展基金则主要面向市场,侧重关注新媒体领域的最新技术以及前沿业态,为主流媒体在新媒体领域实现"弯道超车"

---

❶ 大整顿:招2000个编辑,党员优先[R/OL].(2018 – 01 – 04)[2018 – 06 – 15]. news. sina. com. cn/o/2018 – 01 – 04/doc – ifyqinzs8429371. shtml.

提供支撑以及引导。❶ 这种资本融合的做法引起了学者的赞赏，暨南大学支庭荣教授认为：中国媒体人一直以来话语权较大，但是互联网普及之后，大量社交网站以及相关媒介在话语场的影响力越来越大，传统主流媒介的影响力受到极大冲击。尤其众多的"80后""90后""00后"大部分都从网上获取信息而不看主流媒体。对此习近平总书记的态度十分明确，他要求主流媒体尽快掌握话语场的主动权而不能被边缘化。这种资本参与的媒介运作行为便是积极响应总书记的号召而作出的回应。

北京市在这方面也尝试与企业进行资本与技术的合作。北京市相关部门与北京广播电视台一同出资设立北京新媒体集团，并与奇虎360合作，将奇虎360公司的渠道以及技术优势和北京电视台的内容优势结合起来，共同推出"北京时间"网站和APP，以此平台承载新媒体。同时为各类新媒体设立了宣传扶持资金和宣传文化引导基金，重点支持重大主题宣传、成就宣传和典型宣传。在人才支持上，北京市委市政府与中国人民大学共建首家"马克思主义新闻观研究中心"，在共建机构之间进行双向交流挂职，以及举办学习习近平总书记系列重要讲话精神培训班，举办"走转改"主题采访系列活动，在都市报中层骨干中组织基层挂职锻炼，壮大新闻舆论工作队伍；还加强了互联网从业人员的门槛管理，进行互联网信息服务行业从业资格认证，进行属地网站编辑实名以及工作代码页面标注。此外，北京市还加强重点网站、新闻客户端、重要平台、重点栏目、直播平台的日常监督和监管，建设微信新闻快速处置渠道，并建构多元异构的大数据处理平台，将数据支持作为一项重要工作来抓。

2. 促进媒介融合

习近平总书记在党的新闻舆论工作座谈会上强调："要推动融合发展，主动借助新媒体传播优势。要抓住时机、把握节奏、讲究策略，从时、度、效着力，体现时、度、效要求。"❷ 媒介融合的相关讨论自大众媒介时代已经开始，但是直到纸媒以及电视台等传统媒介在互联网自媒体时代陆续倒闭，媒介融合

---

❶ 中国掌握新媒体融合发展主动权［R/OL］.［2018-06-15］. http://news.qq.com/a/20160511/044351.htm? w=wm00k? 6402.

❷ 习近平亲密接触新媒体释放了什么信号［R/OL］.（2016-02-22）［2018-06-15］. http://www.xinhuanet.com/politics/2016-02/22/c_128739415.htm.

的紧迫性方才真正凸显。1978年尼古拉·尼葛洛庞帝便开始描述印刷业、广播电视业以及计算机工业（那时候互联网还没有普及）随着数字化浪潮的席卷逐渐融通重合的发展趋势，他的这种描绘被视为"媒介融合"的思想萌芽。美国马萨诸塞州理工大学的伊契尔·索勒·普尔于1983年在《自由的科技》中率先提出"形态融合"，用于形容各种媒介的形态差异或者组织壁垒逐渐消亡，通过合作的方式共同传播，呈现媒介功能一体化大融合的趋势。詹金斯（Jenkins）于2001年总结了媒介融合五种形式：技术融合、产业融合、社会和组织融合、文化融合和全球融合。❶ 美国的李奇·高登（Rich Gordon）教授亦概括了其五种基本类型：信息采集融合、新闻表达融合、策略性融合、结构性融合和所有权融合。❷

不管是主流媒体还是自媒体都必须适应当下媒介融合的趋势，多种因素对这一趋势进行了驱动：一为受众需求的推动。受众需要对各种不同媒介形式以及内容进行集合式消费，而消费者个性化需求则相应要求推动媒介融合的发展。二为技术变革的推动。信息处理、传输技术以及相应的网络技术的发展促进了媒介技术更加细分的发展。三为政策法规的推动。包括我国在内的众多国家对传统媒介、电信产业以及信息产业从严格管控向逐步放宽迈进，从客观上促进了媒介形式的融合发展。四为产业竞争的推动。随着受众需求的推动，相关产业相应发展起来。相关媒介为了生存以及发展主动或者被动地采取并购或者联盟的发展方式进行发展，后果必然是媒介之间的整合。五为国际化潮流的推动。❸ 随着经济全球化的发展，信息流通速度加快，客观上促进了全球各种媒介形式互相交流与学习，并打通各种媒介形式之间的壁垒，从而推动了媒介融合。

当下话语权的困境在于传统载体——主流媒介面临自媒体的冲击，自媒体领域下的"主旋律"又淹没于多元话语之中。所以，对于主流话语而言更应该主动融合各种媒介形式，将传统大众媒介的话语信用背书以及自媒体的传播渗透功能相结合，主动融入日新月异的媒介发展进程，方可能掌握自媒体时代

---

❶ 申凡. 媒介融合教程［M］. 武汉：武汉大学出版社，2015：3-4.
❷ 邵鹏. 媒介融合语境下的新闻生产［M］. 杭州：浙江工商大学出版社，2013：10.
❸ 郭小平. 视听新媒体导论［M］. 北京：北京大学出版社，2014：33-34.

下的话语权。在这个过程中必须重视以下几个方面。❶

首先，必须在原有话语价值资源上进行延续性创新，在媒介模式上进行破坏式创新。克里坦森的"破坏式创新"被《哈佛商业评论》称为"既往80年最具影响力十大管理思想之首"。他将创新区分为延续性创新和破坏式创新。❷延续性创新在原价值网络中沿着既定的技术进化轨道，改进并强化产品性能以继续满足顾客需求，其产品定位于主流市场。延续性创新的缺点在于其"良好"的管理机制有可能因限制创新发展的空间而错失良机。破坏式创新在技术环境剧变的环境下诞生，是在颠覆原有管理模式基础上的创新，其提供了一种与原有主流产品相异的新价值。破坏式创新一般在两个领域发生：低端市场以及新开拓市场。所以，一方面，话语权的建构首先必须在原有价值资源的基础上进行延续性创新。因为主流市场是延续性创新的领域，而破坏式创新是对原有延续性创新的颠覆以及再定义。话语权目的在于强化既有的价值观念，当然只能在原有价值资源的基础上进行创新。另一方面，在媒介形式上必须大胆地进行破坏式创新。原有的媒介形式已经与当下的话语场域不相适应，应该在坚持"内容为王"的基础上，做好话语形式的"卖相"。在自媒体领域，用户体验基于用户黏性，是多种变量的共同效果，除了话语内容之外还包括界面形式、社区服务、媒介入口等。所以，片面强调内容为王有失偏颇。对于受众而言，受教化的、俯视的媒介形式应该受到颠覆，而采用受众易于接受的寓教于乐方式，以此达到规训的作用。

其次，重构独立的机构以及内部流程。原本大众媒介科层式的组织模式已经不能满足自媒体时代所需要的灵活多变的组织模式要求。需要建立的独立机构是否与母机构实现分离并不十分重要，关键在于必须拥有独立的媒介传播决策权以及独立的流程。这是因为两种机构在组织文化、成本结构以及盈利模式上都相距甚远。人民日报客户端、凤凰网客户端以及澎湃新闻客户端都建立了独立的自媒体团队，其编辑人员以及操作流程都与原来母媒体相独立。相对于成熟的传统媒介组织，自媒体团队在组织模式、决策体系上也许不那么正规和完善，但正是这种不成熟赋予了其灵活性以及生命力。

---

❶❷ 宋昕月. 困境与出路：突破式创新视角下的媒介融合——以澎湃新闻客户端为例 [J]. 新闻研究导刊, 2017（3）：250.

最后，建立针对性新品牌。受众对媒介品牌具有较为深刻的印象，如新的媒介品牌依然沿用原有品牌，将会对受众产生"保守""刻板"的印象。新媒介受众主要为年轻人，需要建立新的子品牌以适应受众的口味。众多的媒介在推出其新的媒介产品时都使用了全新的品牌，例如澎湃新闻源自上海报业集团、环球网源自环球时报、CCTV5+源自中央电视台新闻频道。

（三）培育权威（参量）支配话语系统

1. 基于自组织理论的后现代管理观

经典自然科学以及西方现代哲学都属于柏拉图主义传统。这一传统认定自然界以及人类社会都遵守某种具有确定性的规律，所以可被精确预测并控制。社会管理的目标在于精确地把握社会并有效对其进行控制。利奥塔在《后现代状况》中指明："如果承认社会是一个系统，那么对系统的控制就要求精细地确定它的初始状态，这种确定是无法实现的，所以这种控制不可能是有效的。"❶ 与自然科学一样，社会系统的控制必须有一个前提——精确测量系统的初始状态。但是依据量子力学的"测不准原理"，对初始状态各种参量的测量是不现实的，单独精确测量某个具体参量才具有可能性，但这也将耗费巨大的能量。所以，利奥塔在书中认同布里渊的观点，力图完全控制系统的目标与效果是南辕北辙的："它本来应该改善系统的性能，但它却降低了它所宣称要提高的性能。这种不一致性特别地解释了国家官僚机构或社会经济官僚机构的缺陷：官僚机构窒息了受其控制的系统或子系统，同时也窒息了自身。"❷

后现代科学和后现代哲学观点认为自然界和人类社会基本特性为不确定性以及不可操控性，自组织理论便是其表现之一。作为协同学的创始人哈肯将自组织定义为："如果系统在获得空间的、时间的或功能的结构过程中，没有外界的特定干预，我们便说系统是自组织的。这里的'特定'一词是指，那种结构和功能并非外界强加给系统的，而且外界是以非特定的方式作用于系统的。"❸ 形成于自组织理论之上的后现代管理观认为，协调而不是控制才是社会管理的基本任务。因为系统的自组织过程或者自组织状态是有序的、自我进

---

❶❷ 让-弗朗索瓦·利奥塔. 后现代状况——关于知识的报告［M］. 车槿山，译. 北京：生活·读书·新知三联书店，1997：119.

❸ H. 哈肯. 信息与自组织［M］. 郭治安，译. 成都：四川教育出版社，1998：29.

化的、功能性更强的，所以，社会管理目标是促进社会自组织过程的形成，管理者不应强加确定性太强的目标给社会系统以控制社会，这便为外部的直接干预，而应该以"非特定"的间接方式作用于系统。❶ 普利高津的耗散结构论提醒我们，在自组织状态下，系统成员协同行为是系统内在环境支配的结果，而不是外在力量的控制。如果希望社会系统走上自组织发展的道路，那么管理者便应该致力于营造有利于系统成员间形成良性协作与竞争的环境。换言之，当管理者发现社会系统中出现危害自组织的冲突或者希望自组织系统往某一大致方向发展时，应该通过引入某种序参量（orderparameter）以破坏原相对平衡状态而造成对称性破损（broken – symmetry）。

序参量是在系统自组织发展的过程中支配系统成员行为的因素，哈肯将其形容为一只"看不见的手"。序参量表现为系统成员的集体行为。一方面，系统成员的协同作用构成集体行为；另一方面，集体行为形成之后将反身支配系统成员的行为，形成一种正反馈的机制，这种机制促进形成了自组织过程。一个系统的自组织过程往往有若干集体行为同时共存，他们之间形成竞争的关系。如果在竞争中一个集体行为脱颖而出占据统治或者支配的地位，它将成为系统的序参量，引导系统演化出一种由其所决定的新秩序。但是，如果这些系统内集体行为中没有最终优胜者，存在势均力敌的两个乃至多个竞争者将会形成对称式的格局，这种对称格局将导致社会系统内的冲突而破坏自组织过程。如果希望建立或者维持自组织过程，就必须引入外部要素以打破对称格局（导致对称性破缺），促进系统形成最终的序参量，而这便是后现代治理的使命。法律、公共舆论、习俗以及传统都被哈肯视为社会系统中可能的序参量。

2. 组织中愿景以及权威序参量的重要性

"自组织"不等于无组织。其作为一种组织形态，在组织外部形态、内部控制以及运行机制上与传统的官僚科层组织有所区别，但是其本质追求没有改变。中国人民大学彭剑锋教授概括自组织管理的核心要素为共享、共治、共创。共享即自组织强调建立利益共同体，追求信息、资源的共享；共治强调个体共同参与形成共识，追求大家一同制定群体规则；共创就是所有成员都是价

---

❶ 郭世平，朱新民. 从社会结构到社会自组织——一种基于自组织理论的后现代社会管理观[J]. 苏州大学学报（哲学社会科学版），2011（6）：98.

值创造的共同主体。

为了达到以上状态，自组织需要有共享的目标乃至愿景。自组织需要战略上的愿景引领，组织整体以及个体才可能在混沌之中寻得明灯，在迷惘之中觅得方向。从实践上观察，符合自组织特质的团队具有共享的愿景，既分工协作又单独自我运转。团队成员基于总体战略，按照自己的节奏朝着自己的目标独立发展。组织内部所有成员为团队愿景负责，他们都不是绝对的管理者但又都是团队的管理者，一起完成团队的任务。❶

基于自组织的组织模式，所有个体都可能成为系统的中心，人人都能成为管理者，这将自然呈现去中心化、去权威的态势。但是这种去中心化并不是全然否定中心的必要性，它只是颠覆了原来固态的中央集权科层制的中心模式，演化为多中心控制模式。组织内部的权威模式发生了变化，从单向的、自上而下的科层行政权威转变为分布式、多层次的权威体系。在这种全新的权威体系之下，自组织内部角色分工并不明确以及固定。这种角色是依据情境自动生成的，甚至有时一人承担多重角色。在这种权威序参量"无形的手"的作用下，自组织内部形成高度信任的授权体系，系统中所有个体都自动追求协同，自动承担职责。此时，权威并不体现于命令的压力以及惩罚的威吓，而像福柯所说的"生产性"一样将信任与授权作为无形的压力，共享与共治变为有效的管控，从而形成自组织共享、共治并共创的格局。

因此，自组织并非排斥权威以及目标、愿景——不要"领导"、不要"组织"。而是从更高的层次理解与把握权威以及愿景，通过高效的制度安排，让人尽其责、物尽其用，发挥所有个体最大的潜力以及积极性，进而使组织富有秩序、充满活力。

3. 自媒体话语系统权威序参量的识别与培育

（1）自媒体话语系统的权威序参量识别。

哈肯在研究各种系统演化的过程中发现，各种参量对系统演化影响的效果是不均等的，有的作用大，有的作用小。各种参量中影响力的参量（序参量）不但决定了系统演变的性质以及特点，而且决定了其他参量的演变。哈肯得出以下结论：只要对这些序参量的变化规律分析清楚，便能随之掌握其他参量的

---

❶ 陈以新. 互联网时代的"自组织"管理［J］. 决策，2015（10）：78-79.

演化特点。因为序参量在整个系统演化过程中，主导并决定了系统内外相互作用，支配并规定着系统内各微观子系统的有序状态以及结构性能。总之，整个系统包括各子系统都是受序参量支配，在其作用下有序运动的。与传统组织模式绝对权威支配相区别的是，序参量支配作用是动态的、相对的。其他子系统及其参量对序参量具有反作用，这体现为：一方面序参量是在各子系统及其参量的集体运动中在共同作用下产生，受其他子系统及其参量制约；另一方面参量之间的地位关系是动态变化的，某些子系统及其参量可以成长而取代原来的序参量成为新的居于支配地位的序参量。系统中如果同时存在几个序参量，它们之间将既互相依存，又互相竞争，在共同的竞争与协调中决定系统演化的方向以及结构的变化。

开放系统在远离平衡态的前提下，如果外部参量的变化导致系统量变到达质变的临界点时，系统的结构或者能量的平衡状态将被打破。系统内各子系统及其参量的能量、作用、地位的分布格局将发生剧变，从而产生两类性质相异的系统参量。绝大部分系统参量犹如流星般稍纵即逝，它们临界阻尼较大，衰减速度较快，对系统的演化方向以及结构特征影响力极其有限。此类参量是快参量（或快弛豫参量）。有极少数的参量在系统演化的整个过程支配多数子系统并受到它们的影响，对系统发展的方向、速度起着决定性作用，它们就是慢变量（或慢弛豫参量）。这就是序参量支配原理：快参量的变化受少数慢参量支配，其变化不决定系统相变；慢参量支配快参量，慢参量的变化决定了系统的相变。❶

既然序参量在系统演化中具有如此重要的作用，那么如何识别序参量呢？哈肯的协同学序参量模型提供了一种微观、宏观相映照的方法。在比较简单的系统中，在各种变量中如果一个变量的变化速度明显慢于其他变量，那么它就是序参量。❷ 对于复杂的开放式巨系统，因为对其进行描述的参量太多，需要弄清并定量描述各种作用关系，已经超越了现在人类的能力，人类只能退而寻找模糊的方法——著名自组织学者吴彤教授总结出了寻找支配系统演化的变量以及序参量的方法要点：

---

❶ 兰洪杰. 食品冷链物流系统协同［M］. 北京：北京交通大学出版社，2012：45-46.
❷ 谭璐，姜璐. 系统科学导论［M］. 北京：北京师范大学出版社，2009：73.

第一，通过比较系统各参量的寿命长短，将快、慢变量区分开来；

第二，通过各参量影响力的演变，区分重要以及非重要变量；

第三，围绕慢变量整合快变量的所有作用，作为总量之部分合理安置于总作用的框架之内；

第四，通过分析慢变量或重要变量的运动模式，筛选能反应系统演化模式有序程度的参量，它便为序参量；

第五，检查所挑选出来的参量是否与系统演化模式之间有支配与被支配关系，如果没有这种关系，则该变量不是序参量，如果有支配关系，则可能是序参量；

第六，如果通过以上方法或者哈肯的微观、宏观方法寻得同时存在若干个序参量，那么还要进一步从中挑选其中居于主导地位的主序参量。❶

自媒体的话语系统是一个开放的复杂巨系统，虽发展的历史进程较短，但发展速度十分迅速，影响因子众多。对于整个系统而言，信息源的数量、话语生产数量、用户数量、用户受教育水平、话语质量、话语噪音、话语利用率、话语处理效率等因素都有可能成为自媒体话语系统的序参量。具体到某话语事件，与事件本身相关的当事方、第三方、事件的客观环境要素甚至事件的观众都可能成为参量，这些参量两两甚至两两以上结合将产生海量的可能性。因此，系统内部子系统之间、系统与外部环境之间的作用是非线性的，这种非线性又比线性因果关系复杂得多。综合以上因素，如果企图将各种相互作用关系都加以定量描述，大量的偏微分方程组是必需的，而现在科学家尚未能解决大量偏微分方程组的求解问题。所以，对于复杂系统，虽然确定其序参量在理论上可行，但确定其序参量确切具体的规范方法尚不存在。❷

无法把控的复杂性加上难以预料的随机性，意图采用传统管理学精确控制的"套路"把控自媒体话语系统的序参量是不可能的。但是关于复杂系统的参量支配定理依然具有极高的理论以及实践价值。所以，从后现代的治理观出发，我们在把握序参量的时候必须注意以下原则：

第一，在治理自媒体话语系统的时候必须与不确定性共舞，不要追求不切

---

❶ 吴彤. 自组织方法论研究 [M]. 北京：清华大学出版社，2001：65 – 67.
❷ 谭璐，姜璐. 系统科学导论 [M]. 北京：北京师范大学出版社，2009：73.

实际的整齐划一，必须容忍参差不齐，甚至"错漏百出"的情况出现。

第二，对于序参量的判断与筛选，也并非决然没有办法。以医学为例，西医还停留在以某项指标作为诊断主要依据的阶段。如果将人视为一个复杂的巨系统，中医则基于中国传统的模糊哲学，在生活以及医学实践积累的基础上，辅以"望、闻、问、切"的方法框架。所以，对于复杂的信息巨系统的判断应该在建立有效的方法框架基础上，随着话语系统大数据的积累而初步成熟。

第三，在面对已经超越可以把控的复杂性以及随机性时，化繁为简，采用哈肯所提倡的比较各变量快慢的方法是简单且有效的。复杂的方法难以解决，也许简单朴素的方式却十分有效。此方法给予我们启示——面对各种令人眼花缭乱的话语实践时，不用着急，最富有智慧的选择也许就是"走好自己的路""以不变应万变"。其一，必须自信，在面对多元多变的自媒体话语环境时，应该具有一份坚毅的自信——对于我们制度、理论、文化的自信，只有这样才能不自乱阵脚、摇摆不定。其二，以静制动，无论话语场风吹雨打、腥风血雨，坚韧、缓慢地坚持培育属于我们自己的慢变量。正如习近平总书记所说，我们要"面向未来，面对挑战""不忘初心、继续前进"，也许在某些时候曾经的"主流话语"不再受待见，没有关系，风起云涌的那些弄潮儿总会逝去，最终剩下的才是金子。其三，以不变应万变是变，有所变也有所不变。以不变应万变不是不变，而是一定要变，非变不可，但是要小心翼翼地应变，即"不可不变，不可乱变"。那么具体如何变呢？必须坚持"原则不可变，方法应该变"。❶ 话语规训的基本原则、基本内容不可变，但是自媒体话语规训的方法应该权变。

（2）自媒体话语系统的权威序参量培育。

自十八大以后，我国社会治理的思路以及方式都发生了重要的转型。以习近平同志为核心的党中央、国务院多次阐释治国理政的方针理念：制度自信、中国梦、美丽中国、社会主义核心价值观、依法治国、群众路线等。信息传播涉及话语领域的包括：强调社会主义核心价值观的宣传以及教育；倡导互联网良好生态建设、充分发挥网络反映民意、引导舆论的作用；坚持党媒姓党，强调党性和人民性的统一；讲好中国故事、阐述好中国特色等。2014年2月，

---

❶ 曾仕强. 持经达变的学问［M］. 北京：北京联合出版公司，2015：53.

习近平总书记在中央网络安全和信息化领导小组第一次会议上强调："做好网上舆论工作是一项长期任务,要创新改进网上宣传,运用网络传播规律,弘扬主旋律,激发正能量,大力培育和践行社会主义核心价值观,把握好网上舆论引导的时、度、效,使网络空间清朗起来。"❶ 在进行自媒体话语权建构的时候,我们必须坚持主流话语的权威序参量培育。近年来国家在自媒体领域培育主流话语方面取得了不俗的成绩。

第一,凝聚社会共识,塑造弘扬社会正能量以及树立社会主义核心价值观的主流话语。作为主流话语权的主要部分,国家主导的政治话语反映并建构了权力组织运作形式。不同时期的主导意识政治话语有效地推动了社会动员以及政治经济的转型。进入自媒体时代以后,在社会分化、群体利益鸿沟形成的前提下,社会话语断裂的现状反映到自媒体领域更加剧了自媒体话语分裂的局面。基于以上原因,十八大以来党中央将树立社会主义核心价值观以及弘扬社会正能量作为重要的议题着重强调。习近平总书记强调："有效整合社会意识,是社会系统得以正常运转、社会秩序得以有效维护的重要途径,也是国家治理体系和治理能力的重要方面。"❷ 对于社会主义核心价值观的推广和普及,成为各级党政机关的重要任务。与社会主义核心价值观一脉相承的是,在社会各领域掀起了一股弘扬"真、善、美"的社会正能量建设热潮。习近平总书记也在多个场合中强调弘扬"社会正能量"的重要性。这种社会共识的凝聚是必要的,在日后也必须"缓而用心"地坚持社会主义核心价值观的建设,培育符合主旋律要求的慢参量。以北京市委市政府为例,其围绕鲜明的主题如"党中央治国理政新理念新思想新战略"以及"十三五"规划等,打造"红色大V"队伍,组织微信、微博公众号以及头条号进行主题宣传,甚至还打造时政评论的品牌公众号"燕鸣",在报道中充分利用动画、视频、图标等媒介形式进行报道。在日常的自媒体宣传工作中注意与公德建设与公益活动紧密结合,通过激励机制与评价体系激发个人以及企业创作自媒体内容。例如"争做中国好网民""网络中国节""乡贤文化""互联网公益联盟年度年会"等

---

❶ 学习贯彻习近平总书记关于新兴媒体发展战略重要论述［R/OL］.（2016-06-14）［2018-06-15］. http://www.xinhuanet.com/2016-06/14/c_1119039425.htm.

❷ 习近平在中共中央政治局第十三次集体学习时强调把培育和弘扬社会主义核心价值观作为凝魂聚气强基固本的基础工程［N］. 人民日报,2014-02-26.

系列活动都为凝聚社会共识作出了十分有益的尝试。❶

第二，支持国家队力量的崛起。自媒体发展至今仅仅只有短暂的几年，在这几年时间里话语场域中各种意见领袖在充分行使"指点江山"的话语权的同时，也对话语场域造成较大的混乱。美国学者塞缪尔·亨廷顿曾经形容大众政治参与模式为"参与的爆炸"，其可能导致社会冲突和两极分化的加剧，从而引起社会趋于崩溃。自媒体话语场中民粹主义盛行，如薛蛮子、韩寒等一些意见领袖为了哗众取宠，对公权力采取怀疑以及批判立场，却受到疯狂追捧。2012年十八大之后情况有所改观，网络"大V"们在相关传播政策的压力之下，主动或者被动地在时政讨论领域有所收敛。与此相对应的是国家队力量的逐渐崛起，国家在政务微博微信、主流媒介的"两微一端"以及民间"网评员"三个方向逐步发力。依据人民网舆情监测室的报告，2013年8月，体制内媒介政务微博和媒体微博的推文数量超过了"意见领袖"。2015年这种格局逐步稳定，公权力的工作遭遇"吐槽""围观"的被动情形大为改观。❷

第三，对负能量的转换。在系统之中，有许多参量犹如流星一般，出现以及发展的速度十分迅速，消逝的速度也很快。基于我们生活的常识经验，"来得快"的事物"去得也快"，所以快参量从长期角度是难以影响系统的发展与质变的。在自媒体话语场中许多突发事件因为奇特、敏感而关注度急剧上升成为热点事件，虽然按照序参量支配原理长远来看不会造成系统的过大冲击，但是从历史发展截面上看依旧要防范其短期之内释放过多能量而导致系统崩溃，"阿拉伯之春"便是突出的例子。所以，在坚持正面参量培育的同时必须注意负面参量的影响。近年来自媒体舆论场中逐渐形成对负面话语的能量转换的有效经验。以前体制外意见领袖在进行话语评论时习惯采用"唯制度归因论"的视角，将所有的负面事件都归因于制度的不足，将受众引导至对体制进行诘问的思路上来。随着体制内意见领袖影响力的逐渐提升，他们不但直接传播正面的声音，而且在面对负面新闻时主动进行议程设置，引导受众转换关注视角，将从对体制的诘问转移到对公民自我的反省与激励，从而将负面能量一定

---

❶ 孙瑞祥，张传香. 网络社会治理中的政府舆情管理［J］. 天津师范大学学报（社会科学版），2017（4）：38-39.

❷ 2015年中国互联网舆情分析报告［R/OL］.［2018-06-15］. http://yuqing.people.com.cn/GB/392071/401685/.

程度上转换成正面能量。2012年7月北京暴雨引起城市内涝。在众多的微观、吐槽与质问的声音中,《人民日报》微博转发了学者崔卫平的话"你所站立的地方/正是你的中国/你怎么样/中国便怎么样/你是什么/中国便是什么/你有光明/中国便不黑暗"。❶ 此后,这段话在自媒体空间被众多意见领袖转发而流行起来,在一定程度上将负面的情绪转化为正面的反思,提醒每位公民从自我身体力行地推动社会的进步。此后,在众多的热点事件中,这种对负面能量的"乾坤大挪移"不断在吵吵闹闹的声音中回响,为自媒体的话语场注入了正面的参量。❷

三、建立良性发展的引导机制

引导与计划的区别就如同有引导的市场经济与计划经济之间的差异。从系统论的角度考量,其原因在于计划经济摧毁了经济系统的自组织性。自组织是系统不按照内部或者外部的直接命令,而是依据外部条件以及事物变化规律,按照内部的某种自发形成的规则(可将其俗称为"默契"),自动调节自身活动以及结构使其协同一致以适应环境变化,从而形成有序的功能和结构。市场经济中的价格、供求以及竞争机制被称为"看不见的手",便是其自组织性的表现。虽然这种自组织性并不完美,将可能造成大量损耗,但是这种不完美的自动调节过程是经济系统自动自觉完成的,不需要外在人为的干涉。计划经济越俎代庖企图用人工调节手段替代复杂经济系统精妙绝伦的自组织调节机制,其结果便是哈耶克所谓的"致命的自负"。其本质原因在于计划粗暴地摧毁了系统的自组织性,系统各要素自发自觉活动以及演化的原动力消逝了,系统的有机性以及伴随的活力便不复存在,于是系统的混乱以及瘫痪便是必然的结局。

将自组织理论上升至管理哲学层面便可以得出以下结论:管理或者治理本质上便是利用系统的自组织性实现目标,内在或者外在的人为措施应当以尊重或者不破坏系统自组织性为前提。因此,就如同"庖丁解牛",管理者应该恢

---

❶ 为何你所站立的地方正是"你的中国"[R/OL].(2012-08-27)[2013-04-10]. http://cul.qq.com/a/20130410/000048.htm.

❷ 孙卫华. 中共十八大以来网络舆情与治理的结构转型[J]. 天津师范大学学报(社会科学版),2017(3):32-34.

复、保护并利用这种自组织的规律，方能得到事半功倍的后果，否则只能事与愿违。

当然，尊重自组织性并不等于放任自流。当出现市场失灵时，政府应该进行调控，但是这种调控必须有度，应局限于宏观调控而不是微观的直接干预，因为后者损害经济系统的自组织性。当企业绩效下滑时，管理层应该采用激励机制激发员工积极性与创造力，这便是利用自组织性的明智之举。相反，如果强行规定员工加班加点将适得其反。当家长急于望子成龙时，便倾向于过度干涉孩子行为，很可能导致孩子丧失自组织的积极性，其最终结果将是家长的干涉"加量"，而孩子的主动性消解，形成一个恶性循环的死结。❶

自媒体时代下的思想教育话语权建构，一方面，必须朝着开放自主的方向改革，防止传播和说教与受众需求相脱节。另一方面，必须为自媒体话语场域树立较为科学的开放与自由度，防止出现漫无边界、自由散漫的无政府状态。英国控制论学者阿什比（Ashby）最早研究自组织的控制问题，他认为自组织系统与十几岁的青少年类似——他们有活力、富有激情且容易躁动，有自己的目标，不可能被牢牢地控制，只能通过影响他们的行为使其保持在某种边界的管辖范围内。❷国际知名自媒体龙头脸书过于注重所谓的自由与开放，长期以来放任假资讯泛滥、强化信息茧房现象以及助长持少数意见者受骚扰而备受外界指责。2018年1月24日，脸书全球政治与政府联络主管哈贝斯发表声明："如今我们一如既往地坚决对抗负面影响，以确保我们的平台毫无疑问地成为民主之善的来源。"另一位脸书主管克拉巴蒂也在博客中发表声明：脸书"察觉不良用户如何滥用我们平台"，因此目前正"努力消除这些风险"。❸自媒体为话语的随时随地接入实现了平等性、便利性与开放性，为社会个体进行信息消费、生产与传播提供了便利，同时也为主流话语权建构的边界设置以及"松紧"度把握提出了新的课题——如何在保护话语自组织自我发展的条件下实现间接引导，即保证其按照希望的大致方向发展，又保护乃至培育其自组织性。

---

❶ 张智光. 管理学智慧：为官的定理［M］. 南京：南京大学出版社，2015：46.
❷ 郝丽风，章仁俊. 自组织团队的控制［J］. 企业经济，2009（1）：38.
❸ 面簿承认社媒危害民主誓降风险［R/OL］.（2018-01-23）［2018-06-15］. http://www.zaobao.com/realtime/world/story20180123-829401.

(一) 需求满足

从传播学的角度观察，话语权所有者即为话语场域中的把关人。美国社会心理学家卢因（Kurt Lewin）于1947年提出"把关人"概念时便奠定了其渠道模式的基本框架：进入传播渠道的只有那些筛选或者过滤的信息内容。而后，众多学者对此理论进行了拓展与深化，将信息筛选的标准拓展到把关人个体价值标准（怀特）以及组织群体规范（吉伯）。随着传播学理论基础由心理学转向社会学，把关人理论的研究超越了个体的范畴，深入到整个社会体制中。如舒梅克（Shoemaker）指出了把关的5个层次：个人层面、行业规则层面、组织层面、媒介制度层面、社会体制层面。此时把关人理论突破了把关的个体局限，形成了多级层次结构，增强了其阐释力。大众传播的架构是中心化的，信息在非此即彼的信息渠道中流动，逃不出层层把关人的"五指山"。各层把关人处置消息的时候总带着某种组织的意识形态甚至个人的刻板成见。渠道的封闭性造就了把关人权力的垄断性，把关人不仅可以单方面决定进入渠道信息的数量、内容、流向，而且可以犹如烹饪般将各类信息原料进行加工，改变信息的内在结构、呈现方式。然而，这种理论进化依然在渠道模式的范畴内，在社交网络自媒体时代已经显得捉襟见肘。

当下自媒体时代的传播语境，已经从封闭的渠道模式转向开放式的市场模式，其传播特点符合自由市场的重要特性：其一为开放性。自媒体语境下个体接受以及发布信息都是对所有个体开放的，因此整个信息系统的信息与能量出入是平权且没有重大障碍的。在信息系统内部存在无数信息子系统——各种群组之间存在巨大的差异，这种差异让信息系统内部的信息与能量交换也呈现开放的非线性格局。其二为平等性。由于社交网络的去中心化结构，信息传播呈现网状点对点互动传播，中枢式的监管中心以及层层过滤的官僚式机构被散布式的立体传播网状矩阵所代替。自媒体语境下每一节点都可以原创内容（UGC），进一步强化了网状结构中所有节点的平等地位。自此大众不再是"沉默的一群"，而是广泛参与并成为集传受于一体的主人。其三为竞争性。信息生产的低门槛导致了信息过剩，信息在信息系统内外、信息子系统之间可以自由流动，进一步加剧了信息的混乱。但这种不确定性又赋予各节点与群组相互竞争的关系格局，让其不得不在注意力稀缺的市场中优胜劣汰。他们既竞争又协同，共同造就了信息系统的繁荣与发展。

基于经济学角度，自媒体信息市场是以市场手段配置信息资源的场域，是信息配置的市场经济模式。市场里个体意图获得较大收益都必须符合市场的规律，满足消费者的需求，而这便是市场营销研究的主要对象。市场营销指通过市场交易以满足消费者的现实或者潜在需要的资源配置过程。从价值链的角度分析，市场营销是位于末端实现价值的环节，即满足消费者需要，实现市场交易的达成。但是市场营销不仅包括流通（传播）环节，也包括生产环节，其本质上也是以消费者为中心在生产、流通（传播）环节的资源优化配置。把关人理论中"把关"的本质是对信息资源加以筛选、加工的过程，在自媒体的信息自由市场中如果意欲扩大其市场占有率以增强其话语影响，也必须符合信息市场的规律，以受众为导向，而这便可以借鉴市场营销的理论与方法。因此，在自媒体信息市场中，我们应该考虑摒弃业已过时的渠道模式，采取营销模式。

把关理论的营销模式必须同时具备两个理论与实践支点：一个支点为满足受众需求以争夺注意力市场，因此时把关人与受众之间居高临下的地位落差已经消解，把关人不能再无视受众需求，而必须以受众为中心，这对应营销学上的消费者满意理论。另一个支点为在获取了受众注意力的同时，如何诱导受众行为以实现个体上的规训，从而实现把关的目标，而这对应营销学上的消费者行为理论。这两个支点相互支撑，第一个支点为第二个支点的必要前提和手段，第二个支点为第一个支点的最终目标。在满足受众需求的基础上方能引导受众行为，同时，引导受众行为也在对受众需求的满足中实现。

1. 需求满足：满足受众需求以争夺注意力市场

顾客满意理论起源于欧洲，1965年由美国学者卡多索（Caradozo）完整提出，后逐渐在西方发达国家推广应用，成为新型企业管理哲学与文化。其代表理论为美国营销专家劳特朋（Lauteborn）1990年提出的4C理论，其设定了市场营销的消费者导向原则，并构筑了市场营销四个基本要素：消费者（Consumer）、成本（Cost）、便利（Convenience）和沟通（Communication）。此四个要素为探讨满足自媒体语境下的受众需求提供了良好的分析角度。

（1）受众中心：考虑受众需求。

显然，传统的把关人理论是"传者中心"，相应的效果理论为"魔弹理论"以及"皮下注射"理论,其断定大众传播强大且有力,足以将观念灌输至人们头脑中,就如枪手射击固定靶或者医生注射。自媒体时代真正步入了尼葛洛庞帝所指的后信息时代,其基本特征为"个人化",信息为个人而制作、传输。信息实现了世界范围内所有个体的自由流动,受众终于也可以平等获取话语权。在话语竞争的丛林市场中,如果哪个媒介无视受众需求,将自己置于"布道者"的圣坛上等候受众朝拜,那么将受到受众的舍弃。而4C等营销理论强调把受众满意置于首位。同样,传播学的受众中心论指的是在传播系统的传播者、受众、传播内容、效果、反馈、传播环境中,一切媒介传播行为皆以受众为中心,受众为传播系统主体,传播系统所有要素均围绕受众展开。

(2) 降低成本:降低受众总支出。

4C理论重视努力降低顾客的成本,顾客在购买商品时,资金、时间、精力与体力构成顾客总成本。降低受众的信息成本可以从宏观与微观两个方面着手。

宏观上培育信息源以节省受众信息查找成本,并同时达到把控信息源的效果。信息爆炸的当下,自媒体以社交网络为依托,所有个体都可以平等发言,造成舆论场主题失缺的众声喧哗,水平参差不齐的杂乱无章,导致信息成本的极大浪费。然而其依靠所有个体"用脚投票"的市场机制,良好的信息源逐渐在大浪淘沙中显露出来。当下在排行榜位居前列的众多公众号,都是在某个细分领域精耕细作而成为意见领袖,成为这些领域的把关人。这些把关人通过专业团队的策划与挖掘,为受众提供高价值的信息体验。对于这些把关人的培育,应采取与传统渠道模式把关人相区别的培养模式。传统模式下把关人采用的是类似于微软的工程师模式,力图将所有信息处理任务都在自己的体系中完成,这种模式吃力且不讨好,常被受众所诟病甚至抵制。当下,这种工程师模式已经被经营城市的平台模式所替代,类似于安卓市场以及苹果APP STORE,宏观把关人并不直接参与具体任务的处理,而只是制定平台的规则,通过平台竞争的机制挑选出众多的细分领域意见领袖作为具体微观把关人。通过对意见领袖的管理与引导实现对信息源的管理。这一方面节省了管理成本,另一方面有利于开发所有个体的智慧,将其吸引至自媒体平台所需要的导向上。

微观上把握传播技巧以节省受众接受信息的成本,达到信息被更好吸收的效果。首先,语言风格必须接地气。以人民日报的微博以及微信公众号(下文称其为@人民日报）为例，作为体制内影响力最大的媒体公众号，由于其摆脱了传统党报说教式话语、刻板的语调、古板的形象，受到了网民的热捧。@人民日报以接地气的草根化网络言语表达组织文字，以平等的姿态与网民进行交流。其在认真研究网络语言的基础上，大量采用"亲""给力""撸起袖子""土豪"等网络热词，极大增加了文章的可读性，高度契合了网络流行文化的特点，获得良好的传播效果。其次，排版风格必须符合电子阅读习惯。在市场营销的实践中，超市的营销人员如何通过商品位置的调整提高商品销量是十分高深的学问。阅读工具的进化带来了阅读习惯的变迁。在自媒体时代，不管纸质媒介或者电子媒介，为了让受众"悦读"以减少阅读成本，必须在排版设计风格上迎合自媒体时代电子阅读的特点。自媒体时代排版变化的趋势在于：第一，条理清晰简洁明快，增加易读性；第二，厚题薄文，以图释文，合理使用多媒体，增加速读性；第三，大量使用表情以及符号，营造悦读性氛围。适应变化趋势必须通过数据反馈以及受众互动，不断探索适合读者阅读习惯的排版方式，应用新技术、新理念以进行更时尚、便利的版面设计。在此基础上不断创新，通过开发阅读硬件以及软件，不断为受众提供新体验，从而达到引领受众的效果。

2. 提供便利：顾及受众易接近性

市场营销强调应考虑消费者的"易接近性"，最大限度便利消费者，如商店外部地理位置的选择必须考虑交通的便利，内部布局设计便利消费者参观、检索、挑选以及付款。自媒体时代下的把关人也必须考虑受众获取信息的便利性。自媒体语境下的信息分布是弥散状的，然而信息之间往往缺乏逻辑关系，因此按照某种逻辑关系为受众组织信息，优化信息的位置以及布局，从而便利受众。信息的外部位置即为信息的路牌——标题；内部布局即为与关于事件进程以及深度方面的信息结构。

首先，重视标题的引导力量。自媒体语境下的所有信息都是通过标题的链接所关联，受众对信息的索取是受标题所驱动的，只有点击了标题之后，下层的信息方得以呈现。正是由于对标题重视的"用力过猛"，自媒体时代才出现"标题党"横行的局面。然而这也从侧面反映了自媒体时代的标题在与以往标题一致的扼要、简明、精准、深刻等要求外，对创新性以及由此而产生的引导力量更为重视。

其次，引导受众对事件进程及深度的关注。近年来在重大新闻事件中，受众对新闻即时进程及深度原因的渴望愈加强烈。自媒体以即时的速度、多元的视角、广泛的参与进行报道与评论，逐渐取代传统媒介以及新闻网站成为个体主要的舆情信息来源。自媒体把关人在把握进程的过程中，除了充分利用其本身所固有的快捷与灵活的特点外，还应该特别注意：第一应筛选并突出重点。新闻信息在进程中往往在极短时间内急速爆炸，这给把关人既造成了信息挑选的难度，同时也提供了海量的信息素材。信息的空前多元为事件提供了前所未有的全息图像，从根本上解决了传统媒介环境下的"信息匮乏"难题。把关人只要从容地选取适当的角度、合适的标准便可以挖掘出符合本身价值观立场的信息素材，从而给受众提供一个"似乎"完整的故事链条，突出把关人意图传达的重点。第二应合理设置事件发展的脉络布局。微信、微博等自媒体信息发布的特点是单条信息发布，以时间轴为线索平行排列，难以与传统新闻网站类似——以专题报道的形式呈现系列信息，而呈短小精悍的特点。在有限的屏幕信息里如何把握事件发展的脉络，是对把关人极大的挑战。采用html5等技术对新闻进行可视化处理是当下较为可行之道，大量公众号每天推送的"一张图读懂×××"便为此类型新闻产品。成功的新闻可视化产品并非简单地将数据或者信息堆砌在一张或者系列图片上，而是通过有目的的选取信息素材，加以解构并以可视化的形式重构。有图片有真相、有数据有说服力、有趣味有可读性，配以音乐乃至动画，不仅为受众吸收信息提供了极大的便利，而且为受众在信息碎片的汪洋大海中提供了知识导图，无形中为受众指明了方向。

3. 用户驱动：鼓励受众沟通、互动及参与

4C理论强调企业必须与消费者不断沟通，方能构筑竞争优势。传统把关人受限于媒介工具的低效，无法与受众有效沟通。在自媒体语境下信息技术的进步让即时沟通与互动具备了可能性。以微博为例，受众的留言与互动赋予了博主"批阅奏章"式的快感，与受众的进一步互动构成双向传播，这成为信息生产源源不断的动力。受众转发、话题参与形成受众与博主、受众与受众之间的多向传播，让更多个体被裹挟进入话语的狂欢中。处于狂欢状态的个体陷入夸张游戏、插科打诨、互相模仿的状态中。这种信息冲动如果不加以引导，容易由狂欢转变为无可收拾的混乱乃至暴乱。此时更需要把关者作为意见领袖

在混乱状态中的把控能力，让话题逐步脱离混沌，建构话语的有效自组织状态。

受众不会满足于被动式的反馈，而是更主动地生产内容（UGC），让每个个体都成为传受一体的节点。传统媒介时代的"受众"在自媒体时代下需求更为多元，将其称为"用户"更为贴切。当下不仅微信、微博等自媒体平台鼓励用户共同参与内容的生产，众多的互联网软件硬件生产商，如小米手机、苹果 APP STORE 也加入用户参与产品生产设计的潮流中。在新闻领域，以 CNN 的 iReport 为代表的参与式新闻报道平台发展迅猛。iReport 于 2006 年推出，鼓励全球民众将与新闻事件相关的稿件、图片、视频上传至其网站。CNN 着重将传统新闻与参与式新闻相互融合，既吸收参与式新闻的新生力量，作为把关人又尽力将参与式新闻纳入传统新闻生产的逻辑中：播出模式上，参与式新闻与传统新闻一视同仁，在网站上拥有专区，更在传统频道中播出；业务培训上，对非专业记者通过虚拟课堂进行专业培训，让其最大限度接近专业水平；奖励机制上，专门设奖以鼓励民众参与；审核体系上，将其与传统新闻统一标准，以实现两者融为一体。❶

（二）行为引导——诱导受众行为以实现个体规训

消费者行为理论研究消费者在各种商品以及劳务的可选项间如何分配其收入，以最大化满足自身需求，亦称为效用理论。其研究目标为消费者购买时的心理以及行为特征，其中涉及消费者行为的影响因素理论、信息处理以及决策理论、终端购买行为理论对研究受众在信息的自由市场中如何选择、吸收信息具有启示意义。消费者行为影响因素的理论中最具代表性的有三要素说，该理论认为消费者行为的主要影响因素有三点：消费者的内在因素、外在环境因素及商品市场营销因素。通过以上三方面，我们可以诱导受众的信息消费行为，从而实现对网络自媒体语境下信息的把关。

1. 把握内在因素：通过生理及心理因素引导用户欲望

在三要素理论中，消费者内部要素包含个体个性与自我概念、知觉、社会阶层、家族和生活形态四个子要素，此四要素共同构成霍金斯所指的消费者内

---

❶ 常江．"参与式新闻"的理念与中外实践——以 CNN iReport 和新华社"我报道"为例［J］．中国记者，2014（7）：110-111．

在欲望。以上四要素中知觉更具普遍性及规律性，由此可从个体对信息的知觉入手对个体的信息欲望进行引导，从而把握信息把关主动权。而影响知觉的要素包括生理及心理两方面。

第一，从生理入手做好信息界面设计。认知心理学表明，产品使用过程中形成的对人机界面直观认识，是人脑加工后（认知）的产物。因此，视觉界面设计得当便可强化用户对目标信息的积极认知，通过知觉原理提高人机交互信息界面的认知效率，从而取得信息把关的效果。知觉包括空间知觉、时间知觉、运动知觉、错觉、幻觉等。以空间知觉的视觉为例，其在人机界面的影响力最为显著。其一，利用视觉元素的分布和布局原理让信息适应受众视觉的生理特点。如根据格式塔知觉相似原则，将内涵上或功能上逻辑关系相近的信息元素布局在一起，逻辑距离较远甚至对立的信息元素则采用远距离分割，强色彩对比布局。对需要重视和强调的信息元素，宜将其置于界面的中上部最佳视域。其二，掌握视觉元素的属性提高视觉元素信息单位容积，节省受众寻找时间。视觉信息查找的影响因素包括视觉元素的数量属性、形状属性以及颜色属性。以数量属性中的容积规律为例，在信息界面的视觉元素数量不宜过多，不能超过人注意的广度 7+2 个，如果过多会增加用户寻找信息时间成本。如果非要使用较多元素，则应先按照易接受的标准进行分组，在每组内视觉元素数量也不应超过上限。

第二，从心理入手引导受众动机。动机是个体为实现一定目的而从事活动的内部动力。在营销实践中，超市里面往往刻意设计出路径，将顾客意图购买的商品置于路径的末端，让消费者将琳琅满目的商品浏览完毕后方可到达自己的目标商品，而且还常在商品周围放置顾客有可能购买的商品，由此诱导顾客消费动机。在信息纷繁的自媒体平台上，用户的动机也经常被诱导。各种 APP 以及自媒体平台设计的目标都是让用户尽可能长时间的逗留，所以诱导受众进行额外的信息消费是其设计初衷。经常出现这样的情形，用户仅仅意图查一点资料或者发表一篇短文，然而登录平台之后，各种精美的图片、诱人的标题、闪耀的动画、滚动的新闻无时无刻不诱惑着用户去点击、浏览、点赞、转发、评论。当用户想起来原来要干什么的时候，时间已经从指尖无声无息地流失了，受众的动机，便悄悄地被"劫持"了。

2. 利用外在因素：营造群体环境激励或压制行为

三要素理论中外部环境因素包含文化及亚文化、社会消费机构、家庭、参照群体等要素。自媒体融合了媒介传播与人际传播，形成与现实世界不同的亚文化圈子。个体在这种亚文化环境中的信息消费与个体行为，将受到这种亚文化的影响。这种既虚拟又真实的群体环境便可用于对信息的把关。

（1）通过社会化肯定的途径进行鼓励。作为重要的传播学受众理论，"使用与满足"将媒介行为的因果连锁过程概括为"社会因素＋心理因素—媒介期待—媒介接触—需求满足"的模式。社会因素中对社会化肯定的诉求源自渴望获得认可、欣赏以及归属感。当下信息泛滥，在这种群体情境下能被"关注"本身便是一种存在价值的彰显，能给"点赞"更是一种对个体行为的嘉许。也许用户知道那仅仅是礼貌性的回应，甚至只是随手无意识的行为，但依旧能为用户带来"打鸡血"般的快感。

（2）通过沉默的螺旋效应进行压制。沉默的螺旋效应是指意见表达和沉默的扩散作为社会心理过程，是螺旋式的社会心理传播过程，强势观点将更加强势，弱势观点将少人理会并逐渐消亡。人们在舆情环境压力下害怕孤立，于是趋向于向优势意见沉默乃至接受。媒介传播可借助营造意见环境影响舆情乃至个体意见。网络媒介环境下沉默的螺旋效应的适应性虽然有所争议，但是依然被理论以及实证证明具有较强的阐释力，可适用于一定程度上的信息把关。

3. 采取信息营销：施行营销行为培育用户忠诚度

市场营销的三要素理论较之二要素理论更加重视市场营销因素的作用，可见在激烈的市场竞争中，营销行为对消费者的影响效果愈加明显。Web2.0时代，自媒体传播与大众媒介迥然不同而呈现个性化、自主性、实时性、互动性及社区化等特征。大众传播呈现的是单向线性的伞状传播模式，而自媒体传播呈现的是网状互动模式，与自由市场更为类似。个体在市场要获取更多关注，"吆喝"是必需的。在开放的观点市场中争取更多的注意力资源即为把关之目的。这就必须采取符合自媒体语境的营销行为，实现以传播者为主导向受众为主导的转变，让用户产生一定程度的成瘾性依赖，培育对把关信息的忠诚度。这种转变主要体现在以下方面。

（1）精准营销：从大众传播到个性化传播。不管是"魔弹"还是"皮下注射"理论，大众化传播的信息是"块状"的，意图"砸晕"所有个体。而当下的自媒体往往以社交网络为传播基础，"大块头"的宏观叙事难以通过社会关系的过滤网，符合个体特质的个性化信息方可以得到社会化传播的青睐而获得良好的效果。自媒体平台生成并积累了海量用户数据，为勾勒个体的偏好、习惯及行为轮廓提供了可能，奠定了精准营销的基础。基于大数据技术的精确制导，信息与用户的匹配度极大提高。因此，基于大数据进行的个性化推送精准营销信息，由于这些信息并非传播者强制灌注给受众的，而是为用户"量身定做"的，是用户自己关注、自己喜欢的，所以信息的被接受度极大提高。新闻客户端"今日头条"正努力做到"你关心就是头条"，为所有用户呈现的新闻都不尽相同，正是基于用户关注的数据预测并为用户推送信息，所以取得了巨大的成功。

（2）小众营销：从大众文化到小众文化。与经济领域的生产与销售一致，大众传播遵循的是"二八定律"，20%高忠诚度的主要用户常带来80%销售业绩。生产者、信息传播者格外重视此20%的重点用户，生产与传播（销售）以他们为中心而展开。剩余80%用户的20%需求被有意无意地忽略了。因此传统的唱片公司可以发行一张唱片，而里面也许只有一两首主打的歌曲。以往的电视、广播只有在黄金时段才播出基于大众需求的"黄金档"节目，而其他时段"搭售"的是大量低质节目。信息技术的普及、传播成本的降低、供给相对于消费的过剩都推动了信息生产与传播突破传播模式局限。技术升级让超越"二八定律"成为可能。在需求曲线中长长的尾巴，这部分以往被忽略的"小众"需求累积起来将产生比肩80%畅销品的业绩，这就是《连线》杂志主编安德森所指的长尾现象。与传统传播语境下的大众传播相比较，自媒体语境下的传播具有更明显的小众传播特点。此时，信息的生产与传播等把关行为更应该重视的是分众传播下的融合营销。以《小时代》系列电影为例，在大众传播年代，此类小众群体的小众"幼稚"需求都会被忽略，而且更不可能通过把关而被生产。郭敬明对于其处于青春期读者的年龄段需求十分了解，他们需要什么就给予什么。所以即使电影内容空洞、叙事逻辑缺失、情节编造随意、演员表演粗糙、宣传拜金主义，然而丝毫不影响粉丝群体对电影的热捧。《小时代》系列电影的营销手段整合了明星品牌营销、粉丝营销、档期营销、网络营销、线下营销、传统媒介营销、口碑营销、话题营销、植入广告等众多营销方式，正是其精准的定位以及营销方成就了其传播上的成功。

(3)社区营销：从灌输式填鸭到营造社区文化。传统把关是一种灌输式的填鸭，受众以及受众个体之间的关系往往被忽略，受众个体的孤立状态以及无可逃逸使无视受众的灌输成为可能。这种情境发生的前提是时空的断裂，而自媒体语境下所有传受个体都在一张社交网络中即时互动，当个体之间的互动达致一定频率成为一种常态时，社区便形成了。因此，把关人不仅仅要"推销"自己的信息产品，更须促进社区文化的形成，以便信息产品能够在社区文化的土壤里生根发芽。社区文化不仅让粉丝互相认同，而且产生群体归属甚至一致行动，从而进一步强化对传播把关者的信息忠诚度。只有当传播者的文化与粉丝社区文化充分互动，这种文化的共同体才可能形成。这样的文化共同体是在信息的生产、传播、消费的过程中积累、培育的。所以，可以将营销行为进行全链条铺开，在信息产品的设计生产阶段、传播阶段、消费阶段都鼓励用户参与，让其成为过程的主动推动者而非被动消费者。这种共同体会将强化用户的"主人"情感，将把关人的信息品牌内化为自身荣誉，从而信赖并推动信息产品的再生产、再传播。

（三）手段再造——重构流程以实现规训目的

自媒体为代表的新媒体突破了时间以及空间的诸多局限，再造了虚拟空间以及虚拟时间体验，极大拓展了话语规训的手段范畴。

1. 算法+

在当下众多的自媒体公众号以及自媒体平台中，其内容生产的目的在于获取更多用户并保持用户黏性，从而在激烈的商业竞争中生存以及发展，所以核心理念便是以用户为核心，解决用户个性化的需求。随着技术进步，传统议程设置中所面向的"公众"逐渐被"受众"（个体用户）所替代，而这种技术的桥梁就是算法。算法作为一种编码程序，将输入数据通过特定运算转化为输出结果。有学者将其与食物做了比较，如果数据是食材，算法便为食谱，按照食谱所指定的步骤和要求筛选、搭配食材并按照程序制作，才可以做出指定口味的食物。[1] 在3As（AI, Algorithm, Agenda-setting，即人工智能，算法、议程设置）的视野中，自媒体最大的特征在于基于用户需求筛选话语内容。通过

---

[1] M Willson. Algorithms（and the）everyday［J］. Information Communication & Society，2016（20）：1-6.

人工智能以及算法的结合可以实现以上目标，其核心为将用户个体特征和话语以及商品的特征进行量化统计并采用矩阵进行描述，并以此为基础在两者之间进行匹配，从而为用户推荐符合其特征的话语或者商品。其算法主要包含两种：一为从用户个体出发，将其定位于相似度高的用户群中，然后为目标用户推荐用户群选择概率高的话语或者商品；二为从话语或者商品出发，建立其特征库，然后基于用户个体已经选择的话语或者商品推荐类似产品。❶

自媒体时代，大数据体量的逐步庞大赋予了算法巨大的权力。大卫·比尔（David Beer）将此冠名为"算法的权力"（power through the algorithm），并认为算法所发挥的分类、搜索、判定、过滤、有限、推荐等功能常被视为是高效、理性、中立的从而值得信赖。❷ 也有学者对此持不同意见，尼兰（Neyland）和丹尼尔（Daniel）等认为算法本身是不具备社会权力的，拥有算法权力的应该是算法联合（algorithmic associations），应该考虑算法的情境性，因为算法运作是"人、规则、关系、过程"相互作用的过程，是一种人与非人因素相作用影响的结果。❸ 姜红和鲁曼指出，用户、算法与专业机构共同编制了这张传播之网。❹ 因此，算法并不仅仅是中性的技术术语，而是一个具有文化内涵的概念。既然具有文化内涵，便具有强烈的价值倾向，可以作为实现话语目标的入口甚至方法。

价值观实现是新闻主体用以选择并衡量新闻价值客体的过程。在传统媒介中其主要体现在新闻从业人员的具体新闻实践中。而自媒体平台算法能自动化选择以及衡量新闻客体价值，其价值观标准往往内嵌于代码设计与编写过程中，实现于算法分发的实际过程中。其价值观主要包含以下要素。❺

（1）场景。自媒体基于移动通信设备进行传播，其场景性十分强，算法推送很大一部分是基于服务场景的感知而进行信息服务的匹配的。基于用户使

---

❶ 王鼎钧. App 内基于人工智能和算法的议程设置分析［J］. 新闻研究导刊，2017（14）：26.
❷ Beer, David. Power through the Algorithm? Participatory Web Cultures and the Technological Unconscious［J］. New Media & Society, 2009（11）：985 – 1002.
❸ Neyland, Daniel, and Norma Möllers. Algorithmic IF…THEN Rules and the Conditions and Consequences of Power.［J］. Information Communication & Society, 2017, 20（1）：1 – 18.
❹ 姜红，鲁曼. 重塑"媒介"：行动者网络中的新闻"算法"［J］. 新闻记者，2017（4）：29.
❺ 王茜. 打开算法分发的"黑箱"——基于今日头条新闻推送的量化研究［J］. 新闻记者，2017（9）：9 – 12.

用场景的定位，自媒体常常为用户推送基于本地新闻或者身份新闻。例如，基于某师范类大学的地理位置，今日头条可能为用户推送与其学校相关、与周边社会生活相关，或者与其学生身份相关的新闻。LBS（Location Based Services）以及物联网技术为精准的信息匹配提供了强大的技术保障。

（2）流行度。一般而言，具有较强冲突性以及重要性的新闻流行程度较高。这些话语信息更容易通过算法的筛选推送给用户。移动 APP 一点资讯副总裁、著名媒体人吴晨光认为，当新闻重大程度较高时，可以从不同角度 PUSH 多条，形成持续关注度。❶ 詹姆斯·韦伯斯特（James G. Webster）的研究也发现，基于搜索引擎以及社交网络的协同过滤系统在推荐信息时都倾向于将"流行度"（popularity）作为重要指标。❷

（3）用户偏好。今日头条在其 APP 启动时便显示其宗旨"你关心的，才是头条"，这凸显了其对用户偏好的重视。用户偏好一般可以分为两种类型：一种为显性偏好，即用户在话语行为过程中所显示出来的偏好，例如用户在阅读、点击、点赞、收藏、评论、关注、转发、搜索过程中所表现出来的兴趣偏好。另一种为潜在偏好，主要为系统在搜集以及分析用户数据而推断出来的偏好。这些数据包括社交账号、LBS 地理信息（GPS 定位、手机基站定位、IP 地址信息）、手机型号等。随着用户数据的积累，自媒体平台对用户的了解程度日益加深。有学者仅仅通过解读 5.8 万名志愿者在脸书上面"点赞"的行为，便分析推测出具有强烈个人性质的大量隐私信息，如种族、性别、年龄、性取向、个性特点、智力水平、上瘾物品、父母是否离异等。❸

（4）平台优先等级。❹ 因为平台希望用户在平台上逗留较多时间，因此都着力打造一个所谓的"闭环"，平台优先等级是影响自媒体平台推荐给用户的重要因素之一。例如，脸书将优先推荐自己平台上面的信息而并非其他平台，

---

❶ 吴晨光. 超越门户：搜狐新媒体操作手册 [M]. 北京：中国人民大学出版社，2015：48.

❷ Webster, James G. The Duality of Media: A Structurational Theory of Public Attention [J]. Communication Theory, 2011, 21 (1): 43 – 66.

❸ Kosinski, Michal, David Stillwell, and Thore Graepel. Private Traits and Attributes Are Predictable from Digital Records of Human Behavior [J]. Proceedings of the National Academy of Sciences of the United States of America, 2013 (110): 15.

❹ De Vito From Editors to Algorithms: A values – based approach to understanding story selection in the Facebook news feed [J]. Digital Journalism, 2016, 5 (6): 1 – 12.

例如 YOUTUBE 上面的视频。

CNNIC 的报告显示，依赖手机推送关注新闻的网民占比 26.7%。❶ 今日头条有 1.4 亿活跃的用户，这意味着其发挥了实质上的自媒体话语信息把关人的作用，行使话语筛选的话语权。虽然其总裁张一鸣强调："传统媒体是把观点告诉别人，今日头条是提供实用信息，比如给养猪专业户提供更好的养猪信息，告诉强直性脊柱炎病人如何治疗。传统媒体是传递价值观，我们只是让有益的信息到达个体。"❷ 与此相关，今日头条也一直被诟病过于强调算法造成了信息茧房，而且因为强调阅读量被草根文化"挤走"了审美的意趣。但是，从以上的若干价值观因素可以看出，只要在所有的因素中加以人工因素进行干预或者干脆在算法中渗透进入价值观加权筛选的因素，便可以进行价值观的筛选与推荐。这便是话语权通过算法实现的路径。

以"今日头条"为例，当下诸多的自媒体平台都在不约而同地通过算法为用户提供话语资讯，同时为平台上面的自媒体公众号（今日头条称其为"头条号"）提供大数据算法服务。今日头条公司之前虽然声称只做"新闻搬运工"，只有程序员、工程师和运营人员，就如上文所分析，现在其已经采用编审人工对敏感文章进行审核以及过滤。我们暂且抛开人工审核的"手工"因素，认定其算法的个性化推荐充当了"把关人"的作用，分析其实现过程。

第一，技术运用为基础。算法把关作为一种全新的话语把控方式，是由数据结构以及算法技术共同作用的结果。今日头条总裁张一鸣介绍：今日头条是一款基于数据挖掘的推荐引擎产品，结合了搜索引擎、数据挖掘、机器学习等技术。❸ 机器学习是指数据系统在算法的基础上自我进行数据学习并形成判断。数据挖掘是指计算机分析海量原始数据，从中筛选出具有潜在价值的信息。由此，今日头条便如同自媒体领域中的百度，将用户阅读行为所体现出的兴趣以及需求作为搜索关键词，将系统推荐的内容作为机器算法帮其搜索而得出的结果。机器学习、数据发掘以及搜索引擎技术的紧密结合实现了今日头条

---

❶ 2016 年中国互联网新闻市场研究报告 [R/OL]. (2017-02-23) [2018-06-25]. http://www.199it.com/archives/558868.html? from = timeline.

❷❸ 张一鸣. 机器替代编辑？[J]. 传媒评论, 2014 (3): 36-40.

作为自媒体信息推荐引擎的技术基础。❶

第二，内容分析为储备。以以上技术为基础，今日头条将搜集的自媒体公众号信息源源不断地发布至自媒体聚合平台，在获取大量内容之后，数据挖掘以及算法开始工作，对信息进行分析。通过各个话语信息分析的结果对信息属性进行判断，为它们贴上各种属性标签以进行分类，并结合用户点击数、转发数、阅读量等数值得出当下热门话语事件的资讯，为内容推送做好准备。

第三，个体追踪为靶向。用户使用今日头条的过程中，每一次点击、阅读、上下滑动、收藏、评论、转发、阅读时间长短、阅读地点等行为都产生数据，都被自媒体平台忠实地记录着。此外，用户使用 QQ、微信、微博等社交账号登录自媒体平台的时候，其发布的内容、关注对象以及粉丝群体等诸多内容都被"一网打尽"。所有这些数据都作为后台识别、记忆以及判断的基础，通过对以上数据的分析，用户不断被标签化。系统由此判断用户对哪些类别的话语资讯感兴趣。将以上过程相结合，今日头条平台将用户标签与话语信息的标签相匹配，选择合适的相关内容个性化推送，实现话语把关的过程。依据用户对推荐信息使用情况的即时反馈，系统将对个人兴趣图谱进行不断更新和完善，并及时调整推送内容。所以，用户使用平台次数越多、时间越长，将留下更多的数据足迹让系统追踪，系统对用户的信息推送更加精准，从而极大降低了信噪比，提高用户获取信息的效率。

2. 游戏+

（1）自媒体语境下的游戏化生存。

作为人类社会与生俱来的生命现象，游戏伴随着整个人类文明的进程。但是传统社会中的游戏大都被局限于游戏本身的时空领域，与现实的社会生活有着明显的界限。随着媒介发展，这种界限逐渐模糊起来。美国的威廉·斯蒂芬森作为传播学者、心理学家以及物理学家，在大众媒介时代已经意识到这种变化："大众传播之最妙者，当是允许阅者沉浸于主观性游戏之中。"❷ 自媒体时代的移动社交语境之下，这种界限完全被打破。虚拟空间已经成为现实空间完

---

❶ 楼建坤，陈泽玺，国秋华. 算法的把关研究——以今日头条 App 为例［J］. 新媒体研究，2017（17）：19.

❷ Stephenson W. The Play Theory of Mass Communication［M］. New Jersey：Transaction, inc, New Brunswick, 1998：35-65.

全对接难以分割的一部分，原仅存于游戏中的游戏行为渗透到人类个体以及社会生活的各个角落。从淘宝的"亲，给五星好评返现哦"，到滴滴打车的"老板，给个好评吧！"；从朋友圈晒步数、背单词及其排行榜，到微信小游戏中"跳一跳"的PK；从全民疯狂答题的热潮，到节日朋友圈抢红包的疯狂，人类进入了一个数字化生存的时代，其同时亦为游戏化生存的时代。

简单而言，游戏化即游戏规则、游戏行为、游戏精神、游戏思维、游戏设计技术等游戏元素在非游戏情境中的应用，其实质上就是设置一个场景，并赋予这个场景以意义。2003年，英国游戏开发者开始正式运用游戏设计元素设计电子设备的游戏界面，而后游戏化作为一种思维模式以及设计路线被广泛应用于教育研究实践以及商业开发。凯文·韦巴赫将这种现象总结成为著作《游戏化思维：改变未来商业的新力量》。作为沃顿商学院教授，凯文·韦巴赫本身还是靡世界的网络游戏"魔兽争霸"的顶尖高手、世界流行网络游戏协会会员，凯文·韦巴赫2008年被美国总统奥巴马聘请为政府高级顾问。奥巴马被称为"Web 2.0总统"，他的团队不仅专门开发了竞选总统的小游戏，还通过自媒体与网民互动、进行广告推广，甚至进行网络众筹、病毒营销，用网络营销的方式穷尽了最新潮的自媒体政治宣传动员方式，将原本严肃的政治选举变成一个全民参与的自媒体虚拟游戏。而这其中就有凯文·韦巴赫在竞选过程中对其提供的"情报"。❶ 游戏化生存再也不仅是躲在人类社会一个角落里的自娱自乐，而且进入了人类社会政治经济生活的主要舞台。

（2）游戏化生存下的秩序与守护。

对于传统游戏者而言，进入游戏便如同进入另外一个截然不同的时空，在这个另类的时空中扮演与现实世界不同的角色。在Web 1.0时代网络作为虚拟空间逐步形成"亚文化"的游戏化时空，那是因为虚拟世界入口并不十分便捷。Web 2.0时代下所有用户随时随地都可以进入虚拟世界，之前的"亚文化"成为人类事实上生活的主体。著名社会学者鲍德里亚在其著作《拟像与仿真》（*Simulacra and Simulation*）❷ 中认为，拟像作为一种没有本源的摹本，

---

❶ 奥巴马高薪聘"魔兽高手"当顾问［R/OL］.（2008-11-16）［2018-06-15］. http://news.163.com/08/1126/15/4RME6CT30001121M.html.

❷ Baudrillard J. Simulacra and Simulation［M］. Michigan：University of Michigan Press，1994：43-56.

却看起来比真实更为真实，它成为受众"先验"（prior）的存在而影响着现实。因此，虚拟世界不再是人造的虚拟空间，它就是现实，是一种游戏化的拟真现实。

随着自媒体时代的到来，各种移动终端将个体生活对接进入虚拟空间。虚拟的游戏化现实无限延伸了人类生活的时空。网络游戏中的"大神""大虾"等用语已经延续到现实世界的交流，❶ 网络用语已经登上《人民日报》的纸质版头版头条，马路上经常可见男生女生穿戴着各式各样的"卖萌神器"，美图秀秀成为吃饭睡觉一般个体生活的标配。自2012年开始各类网络选秀、真人秀表演带火不少二、三线明星甚至草根，到当下火热的随时随地自媒体直播造就的无数"网红"，都不知道是游戏改变了现实，还是现实已经是游戏本身。

有游戏便必定有规则，规则缺失的游戏必定很快崩溃。当人们进入游戏时空的时候，意味着他已经默认接受了游戏规则。一般而言，所有游戏参与者都自觉遵守游戏规则，小到捉迷藏，大到奥运会，小部分破坏规则者必定受到严惩。在自媒体时代，由于个体相对较为平等，个体对于公平公正的秩序更为注重，这种规则必须是通过社会成员普遍认可的。正因为这种注重，社会成员对于违反规则者的反应更为激烈，对于社会贪腐以及不良行为网络曝光的压倒性舆论便为明证。这种舆论的话语力量又进一步促进相关秩序的逐步进化与完善，让遵守秩序与规则逐渐成为社会常态。

采用"游戏+"的自媒体话语规训，因为具有自媒体参与度高、互动性强、（时空）渗透率高的特点，必然呈现出与传播教育"苦行僧"式的修行不一样的面相。"游戏+"的规训，肯定是欢乐的、温情的，参与者不仅能在不知不觉、愉悦甚至上瘾的状态下完成被引导，而且将主动参与到游戏式规训的再生产中，通过社交网络甚至现实社交的方式引导更多亲友进入游戏。美国2008年总统选举被列为自媒体游戏规训的经典案例，奥巴马的竞选团队在上文所述的韦巴赫、桑斯坦等人策划下，利用自媒体在脸书上进行了成功的竞选筹款活动，将政治活动演化成一场全民尤其年轻选民主动参与的政治游戏。这场政治众筹最终获得了大量小企业主和个人的支持，虽然单位捐款数量不多，

---

❶ 胡杨，董小玉. 游戏的人与游戏精神：移动社交时代的"游戏化生存"［J］. 新闻界，2017（10）：76-77.

但是积少成多，最后奥巴马竞选资金居然超过竞争对手麦凯恩一倍，而且在众筹过程中竞选团队也成功锁定了每一个支持者的选票，取得了一举多得的效果。这种游戏的方式在2008年前后的若干"超女""超男""中国好声音"等以自媒体为主要宣传平台的类似选秀类节目中也得到了娴熟的运用。从这个角度解读，美国总统大选似乎也越来越演变成为一场自媒体游戏了。从日常生活中我们也可以感受到游戏规训的力量——淘宝商家以及滴滴司机对顾客评级的重视，大大提升了他们的服务质量。所以可以预见，自媒体话语权的"游戏+"模式在日后将大有可为。

（3）自媒体语境下的游戏规训。

微观话语权理论认为："由于有了这种监督技术，权力'物理学'对肉体的控制遵循着光学和力学法则而运作，即玩弄一整套空间、线条、格网、波段、程度的游戏，绝不或在原则上不诉诸滥施淫威和暴力。这是一种更微妙的'物理'权力，因此似乎是不那么'肉体性'的权力。"❶ 可见规训在其理论视野中也被视为一种游戏化的规则。这种微观权力"无所不在，无时不警醒着"，"纪律使一种关联性的权力得以运作，这种关联性的权力是自我维系的。它用不间断的精心策划的监视游戏取代了公共事件的展示"。❷ 在微观的权力规训过程中，最重要的是对游戏规则的合理性修改、调整，让其逐步朝着规训的目的演进。

在自媒体时代，微观话语权规训的三大要素中，监视与记录都被大数据的技术进步所解决，重要的是如何形成纪律，因此，如何让教育对象的行为遵守一定的秩序以形成纪律成为最重要的要素。个体是具有自然性与社会性的生物体，大数据时代成为实验各种"游戏"的秩序是否有效的试验场，心理学、社会学、管理学等涉及人类个体以及群体行为管理的知识都能在一定的范围内被实验，并加以调整以及推广。

关于虚拟行为的规训，实际上在各种商业中已经初见端倪。每天我们浏览网络信息，各种网页广告以及弹窗广告无时无刻不引导着我们的行为。因为较为敏感，此类实验乃至政策的舆论风险较大——毕竟所有人都不愿意别人将自

---

❶❷ 米歇尔·福柯. 规训与惩罚——监狱的诞生 [M]. 刘北成，杨远婴，译. 北京：生活·读书·新知三联书店，2003：200.

已作为实验的小白鼠。事实上类似的实验很多，政府、科技公司以及研究机构都在悄悄地推行着实验，只不过实验以及执行实验结果的过程十分隐秘而已。事实上，大数据已经成为众多互联网公司最宝贵的财产，对大数据的开发以及应用成了这些科技公司最核心的商业竞争阵地。为了达成某种商业假设或者解决某个商业问题，这些公司利用大量的数据集分析、整合、建模，进而确定方案的可行性，而后优化流程，再验证流程的效度进行重新试验，这些已经成为其日常的核心任务。亚马逊公司每天为不同顾客推荐商品内容乃至动态定价信息，并时刻依据用户购买行为的反馈数据进行调整。脸书每天所进行的数据实验达到上万次，让一组用户所看到的内容与其他用户有所不同，并对比这种改变的效果而不断进行调整。其最终研究成果必定在其平台上进行推广并不断进化迭代。这种话语权掌控的全新方式比以往的任何方式更加让受众防不胜防。你购买了一件商品，认为是自己发挥主观能动性选择的结果，而事实上这种行为是经过千万次"巴甫洛夫实验"的结果。巴甫洛夫实验是心理学上的著名实验，在每次摇铃铛的时候就给小狗喂食可口的肉，重复十几次之后如果再听到铃铛响，即使没有再给小狗喂食，小狗也一样会流口水。由此，经过不断的试验修正，通过对受众不断刺激而形成条件反射以形成"巴甫洛夫"条件反射的反射弧，最终达到规训的效果。这种尝试已经超越了商业应用的范畴，在政治领域亦已经开始逐步推行。在上一届美国总统竞选中，奥巴马的竞选团队也将严肃的政治选举视为一场游戏实验，每晚所进行的模拟试验居然达到6.2万次。而其竞争对手还是停留于传统的盲人摸象似的不断制定战略，其最终的结果便是奥巴马大获全胜而成为第一任"互联网总统"。❶ 2018年3月，因为脸书数据泄露事件而暴露出特朗普竞选团队利用民众自媒体数据隐私进行广告推广。为了取得竞选胜利，特朗普团每天进行17.5万次实验，根据不同选民推送针对性的广告，许下不同的竞选承诺！由此可以得出结论，特朗普的出格言行以及举止是经过精心设计的，因这样更容易在自媒体平台上获得传播、赢得关注，从而引导公众议程。我们可以这样认为，特朗普最终取得竞选成功在某种程度上是因为其竞选方式契合了自媒体话语场的规律。特朗普与传统政客不同的风格迎合了数量众多的美国中下层白人民众，符合自媒体时代草根文化

---

❶ 格雷格·萨特尔，沈建苗. 规模经济的终结［J］. IT经理世界，2013（19）：103.

的审美。从特朗普与 CNN 等众多大众媒体的敌对关系可以推断,他这种类型的竞选者在大众传播时代是不可能的。脸书将用户作为"小白鼠"进行实验事实上已经不是什么新近事件了,例如 2012 年始脸书就不断对用户进行"情绪感染"等系列实验,还将相关实验结果作为论文公开发表,惹怒了大批公众以及人权保护人士。❶

实质上,脸书利用用户做研究以及实验并非仅有上述个案,相关的学术以及商业研究不计其数。因为社交网络以及自媒体的数据研究以及实验与传统社会实验相比具有采样方便、数据对象数量庞大、实验即时可追踪、成本低廉等特点。脸书研究团队的负责人马洛认为:脸书是史上研究人类社会最强大的工具。脸书的实验室自身做了大量的数据实验,其目的根本上是为了获取用户信息用以进行广告销售,甚至用于政治选举。

具体到个人话语行为的规训上,一个风靡全球的网络游戏《英雄联盟》为我们做出了大胆的探索。作为拥有 6 700 万玩家的游戏,RIOT 公司聘请行为心理学专家基于大数据、人工智能的机器学习技术规训玩家行为。因为在游戏进行的过程中,许多年轻的玩家因匿名且竞争强度的上升,会不断发出污秽下流的言语,这将严重损害游戏的体验。❷

这个研究团队每天的工作便是抽取并研究数千场对抗中的聊天日志,从最开始的人工抽样发展至通过大数据代码判定玩家的言语属于"正面""中性"抑或"负面"。2012 年,研究团队从经典心理学知识中获得灵感,他们尝试在恶意行为发生之前推送某些信息或者图像给予玩家以警示。这些信息一共有 24 条,其中一些是进行正面行为激励的,例如"如果你能在队友犯错之后提供一些建设性建议,那么你获胜的概率就会大大提升";一些是警告恶意行为的,例如"如果队友犯错之后你不停地骚扰他们,那么你的队友有可能表现得更糟"。这些提示以三种颜色标注,分别在游戏不同时间段进行展示。在此之后,他们将推送提示的实验对象与没有推送提示的实验对象进行多达 216 次的对照实验,并依据试验结果不断比较、不断调整提示的策略。随后,RIOT

---

❶ Facebook 用户情绪感染试验引发投诉 [R/OL]. (2014 - 07 - 05) [2018 - 06 - 15]. tech. 163. com/14/0705/12/A0D0QF59000915BF. html.

❷ 用大数据和机器学习来"规训"人性?"英雄联盟"在尝试 [R/OL]. (2016 - 04 - 20) [2018 - 06 - 15]. http://www.v4.cc/News - 1118484. html.

公司引入"审判团"机制到游戏中，这个机制让玩家作为志愿者有机会进入具有裁判权力的组织，得以裁定其他玩家的言行性质。玩家志愿者可以在后台查看被提交的聊天记录，判定是否恶意之后进行集体投票，决定被投诉者是否应受处罚，这在实质上是一种自治机制。《英雄联盟》的众多措施在与用户互动以及试验的基础上不断迭代。例如，该研究团队开发了悔过卡片，将信息提示由人工升级为系统自动实施，将海量聊天记录导入系统以训练其判断恶意行为的能力。经过不断努力，改过自新的玩家比例上升至92%。在"英雄联盟"的排位赛中，言语谩骂的比例下降了40%。

第二节　引导话语主体自我教育

　　自我教育法即自己教育自己，自己对自己做思想工作，是受教育者依照话语规训的要求及目标，主动改正自己错误行为和思想，自觉提升自我道德水平和思想认识的手段、方法，具体体现为自我教育和群体自我教育两种类型。本节涉及的自我教育主要为群体自我教育。群体自我教育是集体内部成员的相互交叉教育，一个人在教育他人的时候自己也正在接受教育，即所谓"育人者自育"。群众性的自我教育让人民群体在不断交流、比较、学习中改正错误的思想，树立正确的观念，实际上达到话语场自我净化的效果。❶ 群体自我管理是正式或者非正式群体（如微信群、朋友圈、微博话题）按照一定共识性规则相互制约、相互监督、共同守护规范，抵制违反规范的行为。这些规范包括内部的共识性约定、道德、纪律、法律等。❷

　　自媒体语境下，随着受众地位的崛起，受众不再需要仰视传统大众媒介的布道，可以不受把关人约束地以自我为话语中介——自媒化，从而导致个体对于传统组织的游离。这一过程犹如新教徒脱离传统宗教组织的约束而取得了直接与上帝沟通的权力。但是这种自媒化的过程并不是自我封闭的"自说自话"，自媒体场域是一个自由竞争的开放话语市场。在话语市场中，每一个个

---

❶ 郑永廷等.思想政治教育方法论［M］.北京：高等教育出版社，1999：144－149.
❷ 郑永廷等.思想政治教育方法论［M］.北京：高等教育出版社，1999：148.

体必须通过自主性选择与其他话语主体进行博弈，从而推动话语系统的自我进化，这一进化过程实质上就是话语主体的群体自我教育。话语系统自我进化的过程与其自我净化的过程是同步的，一方面话语系统结构上、功能上的自我进化促进了话语的自我净化；另一方面话语的自我净化是话语系统进化的必然结果。而系统自我进化以及话语进化在实质上就是自我教育功能的实现。

自媒体话语系统的进化是话语主体反思其话语行为并逐渐达成道德共识的过程，这实质上是以形成共识为核心的自组织演变。以成员共识为基础所形成的道德性公约是系统内部形成互动、系统运行所不可或缺的要素。社交网络话语系统与之前所有话语系统相区别正是在于所有个体都有独立的话语权，他们能独立产生、扩散、转发信息。因此，话语系统的进化必须依赖个体按照一定的共识性规则进行运转，这本质上就是一种话语系统自我教育的自治过程。

一、自我教育机制的建构原则

1. 包容的心态

对于自媒体话语权的有序建构，各方必须有包容的心态。当下中国正处于高速发展的转型期，各种社会矛盾层出不穷，各种利益群体分化，各种利益诉求纷繁复杂，在现实空间又缺乏比较畅顺的发声渠道。众多网民只能在虚拟世界中进行发泄情绪。作为成熟社会以及自媒体话语虚拟空间的管理者，应该能较为宽容地理解各类声音以及立场，不强求同一个声音。话语空间的问题不应该简单地采取禁言和删帖，单一粗暴的行政管控手段在自媒体场域不仅效果十分有限，而且将适得其反地激起民众的抵触心理。自媒体话语的治理，不能依靠以往的垄断方式、权威强制，而必须适应自媒体话语发展的特点，依靠话语系统的自我协同以及互相竞争所导致的自我净化效应达到目标效果。因此，自媒体应追求话语场的最大公约数，团结一切力量。在不同的价值观与立场的话语主体之间尽量就事论事、理性对话，尽量减少"站队"乃至"约架"的分裂局面。❶

---

❶ 中共辽宁省委宣传部. 指尖上的正能量："郭明义微博"现象解析 [M]. 北京：人民出版社，2014：110.

2. 理性讨论的过程

如果自媒体空间的政治讨论是一种理性商讨的决策过程,那么这个话语空间便是真正成熟的公共空间(public sphere)。这便是政治传播学上"商讨决策"(deliberation)的范畴。"商讨决策"指达到理性讨论结果为目的的开放性讨论过程。从政治传播学的角度来看,理性中立的舆论是比较适宜的,对话语环境的健康发展十分有利。所以,如果自媒体话语空间在其自身因素影响下其话语传播达到了较为中立且理性的话语效果,那么我们可以认为,它已经自我完成了一种净化的功能——从碎片化、无序、偏激的混沌状态自我净化出了理性中立的话语自组织秩序。❶ 这种秩序状态不可能是一蹴而就的,完全依赖自我演化的自发过程速度太慢、概率较小。我们可以为其营造适合自组织秩序形成的外部规则环境,设定商讨等内部运动的路线。这样可以间接为其子系统以及内部个体的运作搭建秩序框架,将它们的行为限制于一定的幅度之内,既有利于防止系统的崩溃,也有利于行为秩序的形成。

3. 及时的引导

作为新型的媒介平台,自媒体既可能是谣言的温床,也可能是辟谣的有效工具。单纯将自媒体视为谣言的"罪魁祸首"或者简单将其捧为"自我净化器"都过于简单。人民网研究院的相关研究表明:对于不同种类的谣言,在网络中的净化能力各有不同,自我净化能力最强的是科普类谣言,有些谣言例如涉及富人、警察、官员类的往往越来越为极端;而有些谣言的自我净化能力需要依靠外部诸多条件,如涉及公共安全类的谣言,它们属于"可控型"谣言。可控型谣言的自我净化能力取决于以下因素:与公众利益的相关度(动机是求真还是求利)、公众的刻板意见是否存在(求真的可能是否存在)、信息是否多元(求真的能力是否具备)。谣言被揭发的即时性十分重要,只要第一时间能指出谣言的纰漏,包括政府、大众媒体、意见领袖以及当事人提供多方信息进行证实或者佐证,谣言的自我净化能力方才明显。❷

---

❶ 杜骏飞,黄煜.中国网络传播研究(总第一卷第一辑)[M].上海:复旦大学出版社,2007:201.

❷ 郭小安,蒲珏伶.网络对谣言的自我净化:可能及影响要素——对人民网研究院调查结果的一项检验与补充[J].北京理工大学学报(社会科学版),2014(3):137-145.

二、底线伦理及法律规制机制

1. 底线伦理规制机制

以往我国的宣传战线习惯于命令式的管理模式,造成"一统就死、一放就乱"的局面。这种命令式的管理模式醉心于形式上的整齐划一,效率上的一呼百应,其实质上是管理的惰性使然。在自媒体以及相关的网络、媒介技术日新月异的背景下,这种命令低效且结果适得其反。我们需要一种能自主调节个体规则,让成员自觉履行社会规范以及义务的社会规范模式。而任何一个社会,无论现实还是虚拟,基本道德共识是其维系良性发展的前提。作为一种媒介传播工具,自媒体本身并不产生以及传播谣言,造成话语失范的是自媒体的使用者,所以有必要对自媒体使用者进行伦理规制。这就要求管理者重视底线伦理,将其作为自媒体用户的自觉行为底线,并与法律相配合共同营造良好的自媒体话语秩序。

20世纪90年代北京大学哲学教授何怀宏的底线伦理学说具有较为深远的影响。底线伦理作为基本规范或者道德底线,与高高在上的道德有所不同,它是每位社会成员所必须自觉遵守的最低限度的道德规范。❶他强调,个体可以追求自我的生活方式和价值目标,但必须遵守一些基本的社会规则,不能逾越起码的界限。在多元化的自媒体话语场域中,从"底线伦理"出发以形成基本共识是较为现实可行的做法,据此寻求自媒体话语规训的信心以及动力。何怀宏教授将"底线伦理"划分为三个层次:第一层是最基本的自然义务,即人之为人的义务,如不伤害和侮辱生命、不欺诈他人;第二层是与制度、法律密切相关的公民义务,如奉公守法,捍卫法律尊严,抵制对公民权利的侵犯,同时也履行自己的公民义务;第三层是各种行业的职责或特殊领域内的道德,如官德、师德、生命伦理、环境伦理、网络伦理等。以上三个层次,越为前者越为根本。另外他还强调,权力越大,责任越重。❷

在自媒体空间里,无论是普通用户、平台的管理者抑或社会管理者都必须坚守无害、公平以及诚信的底线伦理。2013年由网信办倡导的"七条底线"

---

❶❷ 何怀宏. 我为什么要提倡"底线伦理"[N]. 北京日报,2012-02-20.

得到了中国互联网协会与众多网民、名人积极响应。这"七条底线"包括："一是法律法规底线；二是社会主义制度底线；三是国家利益底线；四是公民合法权益底线；五是社会公共秩序底线；六是道德风尚底线；七是信息真实性底线。"❶ 这"七条底线"对自媒体话语场中的各角色提出了要求：其一，对于网络运营商而言，由于掌握了基础设置以及基础数据，比监管者更了解自媒体的运行特点以及规律，所以政府应采用政策扶持、税收减免等诸多措施鼓励其在自我发展的同时，自我约束诚信经营，积极承担自媒体信息流识别、预警以及正能量话语引导的社会责任。运营商可以通过人力、物力以及技术构建用户诚信体系，完善不良信息处理系统，为各参与者在自媒体空间的负责任表达创建良好的基础设施。其二，对于平台管理者，应鼓励其加强自身平台的管理，运用政策杠杆、约谈等治理方式引导其保证自媒体空间公共意识的真实性和理性，自觉减少不良以及虚假信息的生产与传播，引导自媒体成为正能量的话语场。其三，对于广大的自媒体用户，要教育他们"己所不欲，勿施于人"，对自己的每次话语行为负责任，尽量做到发布信息准确、理性、不造谣传谣。遇到可疑、有害的信息时自觉防范并与平台以及监管者相配合，为健康的话语场的建立尽自己的义务。❷

底线责任的重要性体现在"没有底线、互联网就没有未来；没有底线，结果只有一个，就是在混乱中走向自我毁灭"。❸ 如果要责任有效，其必须明确且有限度。底线责任便是一种明确且有限度的责任。当然，"七条底线"的责任表述还是较为原则性的，需要后续制度的继续完善。❹

2. 底线法律规制机制

自媒体话语场域话语权的建构在本质上是自媒体话语的治理，涉及社会公共安全以及公民个体言论自由之间的平衡。目前，我国立法在摸索、借鉴经验的过程中逐渐形成具有我国特色的法律规制体系，基本上兼顾了两者的平衡。

---

❶ 守住"七条底线"是每个网民责任 [R/OL]. (2013-08-15) [2018-06-15]. http://news.xinhuanet.com/politics/2013-08/15/c_116961278.htm.

❷ 朱兰萍. 论自媒体条件下表达自由的规制 [J]. 大学教育，2015 (5)：159-161.

❸ 没有底线，互联网就没有未来 [R/OL]. (2013-08-19) [2018-06-15]. theory.people.com.cn/n/2013/0819/c40531-22608103.html.

❹ 钟瑛. 中国新媒体社会责任研究报告 (2014) [M]. 北京：社会科学文献出版社，2014：261.

当前涉及自媒体话语治理的法律规定主要分为两大种类：一部分为传统法律在自媒体治理领域的延伸使用；另一部分为网络安全领域相关的专门法律。其中，2016年通过的《网络安全法》具有重要的里程碑式的意义，所以下文单独对其进行探讨。

（1）基本法律规制为规制搭建了基本框架。《宪法》作为根本大法，第35条规定公民享有言论、出版、机会、结社、游行、示威的自由。第51条规定：公民在行使自身自由和权力时，不得损害国家、社会、集体利益和其他公民的合法自由和权利。这两项条款为下位法关于自媒体话语治理的规制奠定了基础。在《刑法》方面，在《刑法修正案（九）》颁布之前，自媒体话语治理可能触及的罪名包括：侮辱罪、诽谤罪、敲诈勒索罪、非法经验罪、寻衅滋事罪等。《刑法修正案（九）》在此基础上增设了非法利用信息网络罪、编造、故意传播虚假信息罪、拒不履行信息网络安全管理义务罪等新罪名，对网络运营商赋予更多安全以及管理义务。2017年通过的《民法总则》，通过对名誉权、荣誉权以及隐私权的保护，保障个体免受网络谣言的伤害。在其第110条、第130~132条中明确了自然人享有以上权力，并且行使这些权力有权不受他人干涉，同时又规定了行为底线：必须履行法律规定和当事人约定的义务，不得滥用权力损害国家、社会或他人的合法权益。

（2）各专门法律在各领域划定了红线。涉及自媒体话语治理的法律规制以2000年颁布的《互联网信息服务管理办法》为基本蓝本，延伸至众多具体领域。其包括表5-1所示内容。

表5-1　我国涉及自媒体话语治理专门立法规制汇总

相关规定	规制对象	规定内容
《计算机信息网络国际联网安全保护管理办法》	所有单位和个人	不得利用国际联网制作、复制、查阅和传播下列信息：（五）捏造或者歪曲事实，散布谣言，扰乱社会秩序的
《互联网信息服务管理办法》	互联网信息服务提供者	不得制作、复制、发布、传播含有下列内容的信息：（六）散布谣言。扰乱社会秩序，破坏社会稳定的
《电信条例》	所有组织和个人	不得利用电信网络制作、复制、发布、传播含有下列内容的信息：（六）散布谣言，扰乱社会秩序，破坏社会稳定的

续表

相关规定	规制对象	规定内容
《互联网站从事登载新闻业务管理暂行规定》	互联网站	登载的新闻不得含有下列内容：（六）散布谣言，编造和传播假新闻，扰乱社会秩序，破坏社会稳定
《全国人大常委会关于维护互联网安全的决定》	所有组织和个人	为了维护国家安全和社会稳定，对有下列行为之一，构成犯罪的，依照刑法有关规定追究刑事责任：（一）利用互联网造谣、诽谤或者发表、传播其他有害信息，煽动颠覆国家政权、推翻社会主义制度，或者煽动分裂国家、破坏国家统一
《互联网上网服务营业场所管理条例》	互联网上网服务营业场所经营单位和上网消费者	不得利用互联网上网服务营业场所制作、下载、复制、查阅、发布、传播或者以其他方式使用含有下列内容的信息：（六）散布谣言，扰乱社会秩序。破坏社会稳定的
《互联网络域名管理办法》	所有组织和个人	注册和使用的域名不得含有下列内容：（六）散布谣言，扰乱社会秩序，破坏社会稳定的
《互联网文化管理暂行规定》	互联网文化单位	不得提供载有以下内容的文化产品：（六）散布谣言，扰乱社会秩序，破坏社会稳定的
《规范互联网信息服务市场秩序若干规定》	互联网信息服务提供者	不得实施下列侵犯其他互联网信息服务提供者合法权益的行为：（二）捏造、散布虚假事实损害其他互联网信息服务提供者的合法权益，或者诋毁其他互联网信息服务提供者的服务或者产品
《互联网用户账号名称管理规定》	所有机构和个人	注册和使用的互联网用户账号名称，不得有下列情形：（六）散布谣言，扰乱社会秩序，破坏社会稳定的
《网络出版服务管理规定》	从事网络出版服务的单位	网络出版物不得含有以下内容：（六）散布谣言，扰乱社会秩序，破坏社会稳定的
《互联网信息搜索服务管理规定》	互联网信息搜索服务提供者及其从业人员	不得通过断开相关链接或者提供含有虚假信息的搜索结果等手段，牟取不正当利益

资料来源：梁思雨.《网络安全法》视域下的网络谣言治理［J］.信息安全研究，2017（12）：1091-1095.

(3)《网络安全法》的法律规制。

2016年我国正式通过《网络安全法》,建立具有中国特色的网络安全审查制度。其中涉及自媒体话语治理的内容包括基本原则、实名制、网络运营者安全保障义务以及政府部分管理监督等条款。

在基本原则上,《网络安全法》第12条规定了网络治理的纲领:"国家保护公民、法人和其他组织依法使用网络的权利,促进网络接入普及,提升网络服务水平,为社会提供安全、便利的网络服务,保障网络信息依法有序自由流动。任何个人和组织使用网络应当遵守宪法法律,遵守公共秩序,尊重社会公德,不得危害网络安全,不得利用网络从事危害国家安全、荣誉和利益,煽动颠覆国家政权、推翻社会主义制度,煽动分裂国家、破坏国家统一,宣扬恐怖主义、极端主义,宣扬民族仇恨、民族歧视,传播暴力、淫秽色情信息,编造、传播虚假信息扰乱经济秩序和社会秩序,以及侵害他人名誉、隐私、知识产权和其他合法权益等活动。"在以上规定公民的强制性义务的同时,赋予了公民举报的权利,第14条规定:"任何个人和组织有权对危害网络安全的行为向网信、电信、公安等部门举报。收到举报的部门应当及时依法作出处理;不属于本部门职责的,应当及时移送有权处理的部门。有关部门应当对举报人的相关信息予以保密,保护举报人的合法权益。"从而引导公民参与到网络治理中来。

在治理手段上,实行前台自愿、后台强制的网络实名制。我国在吸取世界各国网络实名制实行经验与教训,尤其韩国实名制失败的教训基础上,制定了我国的网络实名制制度。《网络安全法》第24条规定:"网络运营者为用户办理网络接入、域名注册服务,办理固定电话、移动电话等入网手续,或者为用户提供信息发布、即时通讯等服务,在与用户签订协议或者确认提供服务时,应当要求用户提供真实身份信息。用户不提供真实身份信息的,网络运营者不得为其提供相关服务。国家实施网络可信身份战略,支持研究开发安全、方便的电子身份认证技术,推动不同电子身份认证之间的互认。"与此规定相配套,国家互联网信息办公室先后制定并公布《互联网新闻信息服务管理规定》《互联网用户公众账号信息服务管理规定》《互联网群组信息服务管理规定》《互联网跟帖评论服务管理规定》《互联网论坛服务管理规定》等众多文件,在涉及网络新闻、网络公众账号、网络群组、跟帖弹幕、网络论坛等众多领域落实实名制。这让用户在包括自媒体的网络发言中不再毫无忌惮,将自己的虚拟话语行为与现实世界中的道德标准看齐,大面积减少了网络诈骗等犯罪行为的出现。但是,网络实名制要求用户后台实名认证身份信息,导致运营商掌握大量用户实名数据,极大加剧了大面积用户数据泄露的危险。

《网络安全法》同时也规定了网络运营商的责任。因为掌握着用户活动的大量一手数据,控制着平台运营的一系列政策,网络运营者是自媒体话语治理的重要主体,是进行日常话语治理的中坚力量。《网络安全法》第47条规定:"网络运营者应当加强对其用户发布的信息的管理,发现法律、行政法规禁止发布或者传输的信息的,应当立即停止传输该信息,采取消除等处置措施,防止信息扩散,保存有关记录,并向有关主管部门报告。"该条款赋予网络运营者维护安全的义务,加强用户发布信息的管理,并要求运营者通过技术手段加强大数据分析,舆情预警等,及时采取应对措施并向上级汇报。近年来,腾讯、新浪、百度、各视频网站等网络运营商都具有技术运用与受众的优势,与国家相关部门合作治理自媒体。以百度为例,2017年9月,在经历了魏则西事件等多次网络风波之后,百度终于跟随新浪、腾讯的步伐,上线辟谣平台,全国各地共372家网络警察执法账号入驻该平台。至此,中国最大的三家网络运营商BAT都正式投入到自媒体话语治理的第一线之中。

在监管者的权力与职责上,《网络安全法》第50条规定:"国家网信部门和有关部门依法履行网络信息安全监督管理职责,发现法律、行政法规禁止发布或者传输的信息的,应当要求网络运营者停止传输,采取消除等处置措施,保存有关记录;对来源于中华人民共和国境外的上述信息,应当通知有关机构采取技术措施和其他必要措施阻断传播。"当下我国正致力于建造服务型政府,政府在治理、服务全社会的过程中进行自媒体话语治理。政府对于自媒体话语的治理体现在事前、事中、事后三个过程中。事前,政府必须制定并维护好相关法律法规政策的执行,监督相关网络平台的运作;事中,政府必须及时采取各种措施稳定自媒体舆情,在应对突发事件以及谣言时,应及时调查并公布调查结果;事后,监管者应在追责相关责任方的基础上及时总结经验教训,及时调整管理方法、政策,修订法律法规。

三、宏观约谈引导机制

行政约谈作为一种灵活新颖的行政手段，近年来在宏观管理上得到广泛的应用。一方面，政府的行政约谈符合社会管理手段的创新，达到执法手段柔性化、多样化的目的；另一方面，行政约谈可以有效弥补执法过程中管理者与被管理者沟通不足的问题，引导被管理者加强自我管理、自我约束。但是近年来约谈制度在一定程度上被质疑，有人认为其制定程序缺乏科学性、民主性、约谈内容缺乏明确性与严谨性、需要完善约谈的救济方式等。❶ 这种质疑确实具有一定的合理性，但其依据还停留在传统的理性抽象行政执法的思路上。

当下是一个充满着不确定与风险的时代，在风云变幻的自媒体场域更是如此，自媒体话语事件你方唱罢我登场，令我们目不暇接的同时为社会的稳定和发展带来了极大的不确定性。这种风险为包括行政法在内的传统法律带来了极大的挑战。首要的是，不确定性的风险为传统法律所依赖的理性合法性标准的确立造成了极大的困难。法律是一种普遍适用的抽象行为，法律行为的认定以及法律责任的归结都要求事实认定的客观准确，实体法依据的明确并要求行为手段、目的、后果与责任之间进行比例界定。❷ 但是，在当下以自媒体空间为代表的社会中，事实并不确定、证据较难获得、行为与行为后果难以很清楚地进行界定。以"阿拉伯之春"为例，2010 年在突尼斯发生的一位失业青年自焚事件在自媒体空间传播，最后居然引起了席卷阿拉伯世界的"阿拉伯之春"革命运动，共有 100 多万人丧失生命，单计算基础设施的破坏便达 1 万亿美元。起初一条小小的自媒体信息居然引起蝴蝶效应，导致这么严重的后果，此类事件采用传统法律认定的方式是很难具有说服力的。

面对这种以自媒体话语为代表的不确定性与复杂性，如果现代国家的治理遵循复杂化的路径往下推导，将导致国家治理最终成为一套人类无法把控的体系而无法善治。在面对日益复杂多变、难以驾驭的治理格局时，西方现代法治逐渐倾向祭起"奥卡姆剃刀"——欧洲中世纪哲学家奥卡姆的简约主义。简

---

❶ 张珏芙蓉. 我国行政约谈制度存在的问题及其法治化探析 [J]. 天中学刊, 2014 (4): 27-32.
❷ 王虎. 风险社会中的行政约谈制度: 因应、反思与完善 [J]. 法商研究, 2018 (1): 23.

约主义在法治上的应用将导致现代国家的治理理念、制度去向与措施安排都必须为简约明了的,从而在国家治理中体现出简约、高效的特点。❶

简约并不等同于简单生硬,在此背景下"回应型法"产生了。作为美国现实主义法律进程的一部分,其具有以下四个特征:在法律推理中目的的支配性地位,法律应降低对服从的要求,法律权威应被广泛地分享,法律的主要任务是保证机构拥有实现自我使命的意志和能力。❷尤其从后面的两个特征中,可以推断出当下治理对于被治理对象自治的重视。行政约谈制度与回应型法的理念相暗含,成为现代行政以及法律对风险社会予以"回应"的重要手段。行政约谈并不拘泥于法律规则的形式主义,而是通过沟通与协商,以法律目标为终极愿景,采用灵活的方式进行法律适用,从而在具有不确定的风险社会中把握确定的治理目标。在这种背景下,我国也发展了具有中国特色的网络政策约谈制度。

2010年以来,我国调整了互联网监管方针,将"加强管理"的表述调整为"依法管理"。党的十八届四中全会进一步要求深入推进依法行政,加快法治政府建设,依法规范网络行为。在这样的背景下,对于2011年成立、2014年重组的互联网信息内容监管机构——国家互联网信息办公室(以下简称国家网信办)而言,当务之急是有效规范互联网信息传播秩序,提升互联网信息内容监管的依法行政水平。2015年4月28日,国家网信办发布《互联网新闻信息服务单位约谈工作规定》(业界简称为"约谈十条"),正式建立了互联网信息内容监管领域的约谈制度。在这一规定推出之前,国家网信办和北京网信办已经约谈了网易、新浪等互联网企业负责人,并且取得了明显的成效。

"约谈十条"对约谈的行政主体、行政相对人、实施条件、方式、程序等作了明确规定。实施约谈的9种具体情形包括:未及时处理公民、法人和其他组织关于互联网新闻信息服务的投诉、举报情节严重的;通过采编、发布、转载、删除新闻信息等谋取不正当利益的;违反互联网用户账号名称注册、使用、管理相关规定情节严重的;未及时处置违法信息情节严重的;未及时落实

---

❶ 马骏,朱正威,何艳玲.中国政府与治理:全球华人视角[M].上海:上海人民出版社,2013:25.

❷ 诺内特,塞尔兹尼克.转变中的法律与社会[M].张志铭,译.北京:中国政法大学出版社,1994:8,81-116.

监管措施情节严重的；内容管理和网络安全制度不健全、不落实的；网站日常考核中问题突出的；年检中问题突出的；以及其他违反相关法律法规规定需要约谈的情形。❶

此次确立的约谈制度受到社会各界的积极评价，认为该制度将依法办网和依法治网相结合，不仅对互联网信息内容监管机构的权力边界和程序作了规定，而且通过行政主体（网信办）和行政相对人之间的柔性沟通交流，推动互联网信息内容监管法治化、常态化、程序化。"约谈十条"公布之后，先后约谈了新浪、腾讯、金山公司、百度、今日头条、优酷、爱奇艺等众多互联网媒介公司，柔性的约谈取得了良好的效果，在网民中取得了较高的赞誉。

四、中观行业自治机制

媒介一直都有行业自律的传统。自媒体自律包括各类行业协会，也包括各种自律联盟。从长远看，这些组织有助于监管者净化行业生态，维护自媒体行业共同利益。目前，世界主要网络国家的自媒体运营者基本上都加入了自律组织，这些组织通过内部沟通、行业内部分工、行业规范制定、公众投诉治理、媒介素质教育等方式，在维护行业利益以及社会利益上发挥了重要作用。❷ 不少国家对于行业自律采取了奖惩结合的方法进行引导，例如1998年美国的网络免税法，给予自律效果良好的网络经营商两年新税免征的待遇。尤其需要提及的是英国互联网自律的"互联网监看基金会"。作为世界互联网自律的楷模，其成立于1996年，其基本文本是政府相关部门与主要互联网服务商共同制定的《R3网络安全协议》，R3即为分级（Rate）、报告（Repert）和责任（Responsibility）。它们很好地概括了该基金会的工作模式。第一，各家网络服务商作为该基金会的会员，负有对所提供的服务内容审查的责任，并依据法规对色情等不适合青少年的内容分级标注。第二，基金会主要职责为处理用户关于不良信息的举报，基金会在调查评估的基础上认定被举报的内容是否非法，是则通知相应服务商将该内容从服务器上删除。经过该基金会与政府部门的通

---

❶ 罗宇凡. 网信办发"约谈十条"，促约谈规范化 [N]. 新华每日电讯，2015 - 04 - 29 (06).
❷ 张仕勇. 论我国网络媒体自律的进程与制度建设 [J]. 新闻界，2013 (3)：38 - 41.

力协作，英国网络上的网络色情内容几乎完全消失。❶

我国自媒体自律的探索也与世界基本同步。在博客时代，方东兴等"大V"便呼吁博客必须自律。在相关主管部门组织之下，我国互联网行业发起了多次自律公约签署活动，并且成立了中国互联网协会作为行业自律组织。从该协会的章程上看，其基本任务为："（一）团结互联网行业相关企业、事业单位和社会团体，向政府主管部门反映会员和业界的愿望及合理要求，向会员宣传国家相关政策、法律、法规。（二）制订并实施互联网行业规范和自律公约，协调会员之间的关系，促进会员之间的沟通与协作，充分发挥行业自律作用，维护国家信息安全，维护行业整体利益和用户利益，促进行业服务质量的提高。（三）开展我国互联网行业发展状况的调查与研究工作，促进互联网的发展和普及应用，向政府有关部门提出行业发展的政策建议。（四）组织开展有益于互联网发展的研讨、论坛等活动，促进互联网行业内的交流与合作，发挥互联网对我国社会、经济、文化发展的积极作用。（五）积极开展国际交流与合作，组织国内互联网相关企事业单位参与国际互联网有关组织的活动，在国际互联网事务中发挥积极作用。（六）办好协会网站、刊物，组织编撰出版中国互联网发展状况年度报告，为业界提供互联网信息服务。（七）承担会员单位或政府有关部门委托的其他事项。"❷ 可见，其任务基本为宣传、协调、研究、论坛、国际合作等，在地位上还是作为行政硬管理的附庸，互联网内容监管以及引导等自律功能还是由传统的网络警察、国安等行政部门履行。

我们必须从治理能力提升的角度，将自媒体自律机制的建构作为自媒体监管以及治理的战略手段，在某种程度上，必须将其上升到比行政监管等硬手段更重要的位置上，改变以往重行政、轻自律的心态。现代治理制度的治理主体是多元的，对于自媒体话语的治理也应该如此。我们应该以自媒体自律机制建构为基本目标，逐步独立从而摆脱依赖行政监管的局面，建构有机、协同、互动的多元共治结构。行政监管部门必须充分意识到行业协会、自媒体平台以及网民个体在自治以及自律机制中的主体地位；必须放下身段、尊重多种主体在

---

❶ 新华网. 英国互联网内容管理：监看基金会功不可没 [J]. 青年记者，2011（5）：83.
❷ 中国互联网协会章程 [R/OL]. (2011-08-12) [2018-06-15]. www.isc.org.cn/xhgk/xhzc.

自治中的作用；与其他治理主体平等协作、分担责任，将自身精力更多致力于长期战略目标的制定以及配套设施建设上，而不是深陷于琐碎的日常具体监管事务。行业主管部门必须以国家网信办成立、管理机制得以理顺为契机，在《网络安全法》的基础上通过政策、立法推进自媒体自律机制以及互联网管理自治的法治化进程。相关法律法规必须保证行业自治机构的自治权，通过行业机构的自我管理、自我净化实现行业生态的自我净化。

行业自律组织必须逐渐淡化官方色彩与行政权力脱钩，其地位从行政权力的附庸，逐渐过渡到真正行业自治组织上来。在社会组织与行政权力脱钩的大背景下，培育多层次、多种类的行业自律组织，赋予行业组织独立地位以及自主空间，提高协会决策自主权，引导其发展自我管理能力。在这个过程中不能过急地"望子成龙"而越俎代庖，需要耐心地允许失误、给予其时间以及空间试错成长。

五、微观平台自律机制

作为自媒体生态的承载者以及缔造者，平台当然成为自媒体自律最主要的主体之一。它们是自媒体法律以及政策的日常实施者，缺少了它们的参与，自媒体生态无法形成，自媒体自律更无从谈起。较为可喜的是，在主管部门的指导之下，大型自媒体平台在自我管理方面不断进化，自律效果不断提升。以新浪微博为例，其在 2012 年 5 月率先进行自媒体平台自律，在征求众多网友的基础上制定了《新浪微博社区公约（试行）》《新浪微博社区管理规定（试行）》《新浪微博社区委员会制度（试行）》，将自媒体平台的自律作为一项日常的重要工作。新浪微博随后在用户中招募了大量社区委员作为微博社区管理志愿者，参与社区日常管理与自治。在志愿者管理以及上文所述的辟谣制度共同努力下，微博社区的治理取得了较好的效果。

微信与微博相比较为私密，除了公众号的传播之外，更多的是在熟人或者准熟人的圈子里面传播信息，人际传播的特点较为明显。从不良信息传播的角度观察，有人认为微博信息的"碎片化""非理性"的弊端将于微信中有所缓解，微信更加有可能在熟人的圈子里面实现谣言的自我净化。也有学者认为微信谣言是不可避免的，但是将会以一种新的形态存在。微信作为当下中国影响力最大的社交网络以及自媒体平台,具有较高的社会责任意识,在平台净化上面已经履行了大量的义务,保证微信整个系统运作良好。在逐步摸索的过程中,微信从 2015 年起逐步建立了微信的"生态安全宏观法则"。这个法则包括以下若干部分。

(1)以国家相关基本政策为基础的"红线"。这一部分主要以 2014 年国家互联网信息办公室的《即时通讯工具公众信息服务发展管理暂行规定》以及 2015 年 3 月推出的《互联网用户账号名称管理规定》为基础,作为微信生态安全宏观原则的"七条底线"以及"九不准"(见图 5 - 1)。

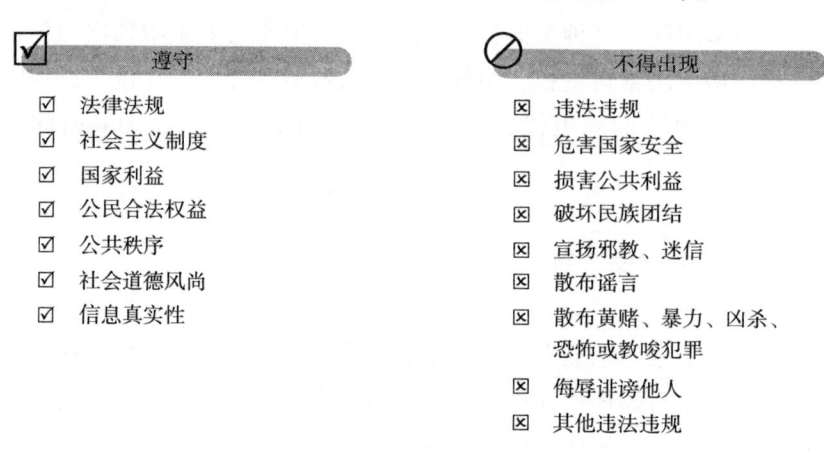

图 5 - 1　"七条底线"和"九不准"相关内容

资料来源:"被封号,怪谁?",微信团队首次公开解读"微信生态安全法则"[R/OL].(2015 - 06 - 11)[2018 - 06 - 15]. www.admin5.com/article/20150611/603505.shtml.

(2)对于公众号运营和朋友圈应用的生态原则:划定"高压线"并进行阶梯式处罚(见图 5 - 2)。该方面主要是以上宏观法则在公众号运营以及朋友圈运用的落地规则。微信安全团队为此推出了《微信朋友圈使用规范》,并与此相配套进行举报申诉机制与阶梯式处罚机制。微信为履行话语社会责任,在生态安全上重点治理以下行为:首先为违法犯罪行为(包括非法行为、非法物品交易、非法分享以及欺诈等);其次为治理淫秽色情低俗信息(包括传播、贩卖淫秽色情内容、利用低俗标题和图片诱导点击);再次为整顿散布谣言的行为;最后为严惩破坏微信传播规则的相关投机行为(如诱导用户分享、骗取用户隐私、违规互推等)。为了鼓励用户举报,微信特地开发了方便用户举报的程序,只需要用户长按相关内容,在弹出的窗口中点击"投诉"或者"举报"便可以了。对于以上的若干重点区域,微信平台采用了"阶梯式处罚"的方法:第一为梯度封号,将公众号在不同时间段暂时封冻;第二为内容删除,将违规内容删除,并依据情节进行警告;第三为功能封闭,将部分或全部功能禁止或限制,严重的封禁账号乃至注销;第四为惩罚公示,将相关惩罚执行并将结果进行公告。

图 5-2 微信平台高压线

资料来源:"被封号,怪谁?",微信团队首次公开解读"微信生态安全法则"[R/OL]. (2015-06-11) [2018-06-15]. www.admin5.com/article/20150611/603505.shtml.

(3) 保护并鼓励原创,打击侵权行为。自 2014 年开始,为了治理微信公众号相互抄袭转发的野蛮生长状态,微信平台逐步保护并鼓励原创,并推出众多可执行的细化功能和制度。为了减少抢发内容,微信团队将"原创"与"首发"的概念加以区分,"首发"只有是"原创"的才受保护。同时明确以下内容的文章不能申请原创保护:①法律、法规,国家机关的决议、决定、命令和其他具有立法、行政、司法性质的文件,及其官方正式译文;②时事新闻;③历法、通用数表、通用表格和公式;④纯粹用于营销的文章等。此外,在打击侵权的具体措施上,微信团队设立了五级阶梯处罚规范,并设立了便利

的电脑端以及微信端投诉举报渠道。❶

2016年腾讯公司与网络空间安全协会联合主办了2016互联网安全责任论坛,腾讯公司发布了《微信生态安全报告(2016)》。报告显示,2016年前三季度微信处理的不良以及违法信息高达2 196万条,关闭的群组以及账号237万个。自2015年微信辟谣中心设立以来,已经有470多家机构加入该辟谣中心。这些机构类型包括媒体、政府、专业机构等,辟谣的范围包括公共安全、医疗卫生、食品安全等各重要领域。2016年辟谣中心已经处罚造谣传谣账号10万个,处理谣言文章20多万篇。此外,微信坚决打击借助微信群等功能发布涉黄内容或者从事涉黄交易,利用技术对低俗图片以及不雅视频进行识别,对16 500余个相关群组限制功能,对1万余个涉赌账号限制支付功能,协助相关部门破获案件14起,一共抓捕129人。❷

2017年年底,腾讯公司在互联网安全责任论坛上发布了谣言治理的相关数据。截至2017年年底腾讯公司辟谣文章阅读总量已达8亿次,拦截谣言超过5亿次,并对辟谣榜单进行了研究,发布报告累计达76个,并与1 304家辟谣相关机构达成合作。不仅如此,腾讯公司还成立了反诈骗实验室以打击网络诈骗行为,经过努力其反诈骗的风险判断准确率达到40%~95%,并向20多个城市输出了反诈骗能力。在传统电信诈骗领域,腾讯公司判断正确率已经达到95%。2017年上半年与2015年上半年相比,用户被诈骗资金损失下降67.7%。❸

自媒体平台具有数据优势以及技术优势,是自媒体自律的首要把关人,同时又是平台利益的直接受益者。自媒体对于平台话语的健康发展不能抱着置身事外的态度——将自己的责任仅限定于维护平台正常运转,而对平台上非自己生产传播的内容不予理会。对于平台的管理责任,《网络安全法》在法律上明确了"谁接入、谁负责""谁运营、谁负责"的主体责任,将自媒体运营者的

---

❶ "被封号,怪谁?",微信团队首次公开解读"微信生态安全法则"[R/OL]. (2015-06-11) [2018-06-15]. www.admin5.com/article/20150611/603505.shtml.

❷ 微信今年处理谣言文章20多万篇 约10万涉谣帐号[R/OL]. (2016-11-24) [2018-06-15]. tech.sina.com.cn/i/2016-11-24/doc-ifxyawmm3262463.shtml.

❸ 微信上什么谣言最多?腾讯用大数据告诉你[R/OL]. (2017-12-20) [2018-06-15]. mini.eastday.com/mobile/171220205333315.html.

信息安全义务以及责任法定化。《网络安全法》第9条对网络运营者的信息安全义务做了总括性的规定：必须遵守法律、行政法规，尊重社会公德，遵守商业道德，诚实信用，履行网络安全保护义务，接受政府和社会的监督，承担社会责任。在分则章节中对相关义务进行了细化，其主要包括：第一，建立信息安全管理制度的义务（第21条）；第二，建立用户身份信息审核义务（第24条）；第三，建立用户发布信息管理义务（第47条）；第四，保障个人信息安全义务（第40~44条）；第五，违法信息处置义务（第47条）；第六，信息记录义务（第21条）；第七，投诉处理义务（第49条）；第八，报告义务（第47~48条）；第九，配合监督检查的义务（第49条）。❶

《网络安全法》所规定的以上义务，必须经过相关法律法规的进一步具体细化才能落地。而以上相关规定明确之后，《刑法》第286条第1款规定的"拒不履行网络安全管理义务罪"方具有可操性。当然，法律的规定只能是从自治要求的最低要求出发，我们不希望也不可能将每一个网络运营者都作为宣传部来履行主流话语权建构的职能，作为运营商的首要推动力依然是市场以及盈利。因此，营造良好的市场环境，通过上文所论述的人才以及资本的掌控，才有可能让自媒体平台实现更高水平的自治，实现自媒体话语上的自我教育。

第三节　促进话语时空有序演化

在话语秩序的建构以及演化过程中，人们经常围绕时空的公共意义进行争夺以及斗争。对于话语权的争夺常常体现在话语时空掌控权的争夺上。规训的最终目的是让个体的时间以及空间与占统治地位的公共意义自动保持一致。

自媒体时代由于话语空间的泛化，导致了自媒体话语形成过程的失序，话语权形成的封闭格局被瓦解，话语权中心控制形式已经消亡。这是因为话语中介的过度泛媒介化导致话语封闭空间解体，一方面泛媒化引起私人领域公众化，另一方面则导致公共领域私人化。从自媒体时代话语权的本质上看，它具

---

❶ 《网络安全法》之网络运营者的责任和义务 [R/OL].（2017-05-27）[2018-06-15]. www. sohu. com/a/143950992_ 257305.

有协同动力学的特质,协同动力学具有客观规律性,这种规律性通过微观权力演化的宏观有序性加以体现,以微观对话求得的"协同性"取代经典理论中真理和知识的客观性,这与后现代哲学的基本观点不谋而合。既然自媒体话语演变具有客观规律性,那么我们必须把握其话语有序演化的规律,才能有效建构其话语权。

一、促进话语时间有序演化

在自媒体时代,建构话语权过程的同时也必须掌握自媒体话语的时间规律。马克思在《资本论》第一卷第八章《工作日》中,对于生产和价值创造的时间意义争夺进行了具有预见性的说明,并催生了大量关于时间以及空间的研究以及评论。马克思认为,从不同阶级视角出发支配着对时间的不同理解,对于工作日、工作周、工作年和工作生涯的斗争史占据了阶级斗争历史的显著位置。在这方面,马克思比福柯更早意识到时间在话语权形成与演变过程中的重要性。

在马克思之后,福柯也十分重视时间的规训技术,并将其命名为创生性技术,他研究了戈布兰工厂和学校的做法后,认为时间规训技术的核心在于把每个人有用的时间组织起来,以便充分地利用每个人的时间以及发挥他们的效率。第一,必须将时间分割成独立的或者连续的片段,要求每个人必须在规定的时间内结束一个片段。这样做的目的是将事件分解为细微但是各自独立的过程,再由浅入深逐级训练。第二,将分解拆散的时间由简到繁依照一定原则进行组合而成为序列。第三,确定每个片段的持续时间,并通过考核结束每个片段。第四,依据个人的水平、级别、资历等将每个人分层训练。在教育和训练机制之中引入这种时间规训技术,便形成分解但是完整的细致入微的教育。于是,这种教育机制将各种因素以及各训练时间片段整合到时间序列的整体之中,从而使权力能干预并控制时间。这种时间规训技术的目的在于:一是每个人能在单位时间内将自己的能力发挥至极限;二是可以综合评估每个人的表现和能力,从而能更好发挥其潜力。❶

---

❶ 马汉广. 论福柯的启蒙批判 [M]. 哈尔滨:黑龙江大学出版社,2014:199.

(一) 自媒体时代微观时间规训的核心

在工业化时代，福柯的这种时间规训技术是十分有效的，封闭的工业生产空间以及教育空间保证了其实施的有效性，极大提高了资本主义生产的效率。在信息化时代，尤其自媒体时代，这种时间规训技术由于空间的开放性而难以施行。以学生的课堂教育为例，虽然似乎他坐在课堂里面听讲，但是实质上他在课桌下面刷微博、刷朋友圈。以前被视为"垃圾时间"的等公交、等电梯、坐地铁的碎片化时间反而成为最有效获取信息以及资讯的时间，"整块"的学习以及工作时间被各种弹出广告、微博信息、微信聊天以及朋友圈所肢解，也成为碎片化的了。因此，如何有效整合各种碎片化时间，成为时间规训技术所必须面对的新课题，同时也是自媒体时代时间规训的核心。

1. 碎片化时代的策略：以碎片对碎片

不可否认，当下我们已经进入了"碎片化"时代，各种微信、微博等带来的微内容、微创新弥漫在我们日常生活的点滴之中。微博之前因为短小而容易被阅读、被传播，微信朋友圈里面也许有长文，但是更受青睐的还是被严格控制在3分钟内的"轻阅读"文章。碎片化之所以在这个时代受到青睐，还是与社会深层需求相关。生活节奏的加快让大多数人失去了大块时间进行阅读以及思考，在各种交通工具上的碎片化时间往往成了难得的"独享"时刻。碎片化是媒介适应这种需求为大众提供的快餐式策略。碎片化阅读策略在手机屏幕上的成功迅速蔓延至其他阅读界面，其他种类的媒介也纷纷效仿，这导致各种文化产品都呈现出或者典型或者非典型的"碎片化"趋势。在各种碎片化文化产品的"训练"之下，作为消费者的我们也被驯化而习惯接受各种碎片，从而对于"大部头"的静默阅读以及思考的能力逐渐退化。

在各种碎片化的浪潮里，许多以往不那么碎片的文化产品也适应了这种需求，诞生了不少新类型的"经典"。例如2013年热映的商业科幻电影《云图》，在获得口碑与票房双丰收的同时，被文化界、学术界公认为具有思考人类、思考宇宙的"相当"哲学深度。2小时44分钟的放映时间中居然有六条叙事线索交叉推进情节的发展。如果用数学公式进行计算，六条线索所相互交叉切割而成的故事片段达到了6^n之多。类似采用碎片化叙事策略的还有《舌尖上的中国》系列和《美丽中国》，亦取得了商业上与口碑上的双丰收。这两部纪录片所采取的碎片化叙事方式具有相当的话语生产以及传播优势。

（1）生产内容上碎片化提高了信息量。这两部纪录片脱离了我国传统《经济与法》为代表的情节直叙型创作模式，采用了国际纪录片"碎片化叙事"的创作习惯。为了提高知识普及的"干货"含量，将矛盾冲突、人物情感以及情节转折相对淡化。与《动物世界》一样，《舌尖上的中国》一个"碎片"片段中的主角，将随着"碎片"结束而退出，而由下一个"碎片"与其新主角取而代之。这种手段大大增加了节目的信息量。

（2）生产过程上碎片化提高了对创作者的要求。碎片因为短小，所以不得不"精悍"，创作者对于一个个独立的片段不得不精雕细琢。《舌尖上的中国》中的食物让观众隔着屏幕口水欲滴，不管是冰皮月饼的剔透如玉，还是毛豆腐的整齐如棋子，这些富有质感的镜头正是创作人员前期起早摸黑、精细采光，后期小心剪辑、不断调色等苦心制作之后方可达到以上效果。在前期拍摄时，采访中希望没有杂音，必须要等到天完全黑且室外很少车辆经过的时候；画面质感效果的取得，通常必须等到早、晚各一个小时才开始拍摄；后期制作被戏称为"工程"，镜头、配乐的选取、节奏的把握、情感的渲染都是必须呕心沥血才能得到精妙的效果。❶ 当下思想政治教育者或者宣传工作者不断抱怨工作难做是因为环境不好，受众不听话，却很少有人反思自己的工作是否真的精益求精。所以，自媒体语境下话语生产传播的碎片化对于建立起慢功夫、求细节、重品质的风气，提升话语规训的整体品质是大有裨益的。

（3）传播过程上碎片化提高了传播的灵活度。《舌尖上的中国》每一集都由若干独立的碎片所组成，可以拆分成几分钟的传播单元，这极大提高了传播的灵活度。不仅可以在电视、电脑上播放，也可以在手机等移动终端灵活传播。不仅如此，由于相关美食的介绍容易与受众的乡愁、旅游经历、好友宴请等诸多情景相关联，这些独立的碎片化片段可以通过社交网络进行方便快捷的传播。由于相关美食的介绍与众多饮食商家有所关联，众多商家便在门口显眼处树立大屏幕重复播放相关片段。所以，碎片化反而容易取得传播效果的最大化。

---

❶ 赵爽."碎片"与"整合"——《舌尖上的中国》叙事方式初探［J］.南京师范大学文学院学报，2015（6）：135-138.

2. 碎片化整合营销传播关键：围绕关键元素产生"溃坝效应"

如上文所论述，在自媒体时代的话语规训过程中，话语生产传播者作为新型的把关者应该将自我定位与受众地位相平等，采用营销的方式获取受众的信任，取得市场份额。在碎片化整合传播的过程中，我们也应该采用整合营销的方法。在进行整合营销的过程中，传播内容中的传播碎片应围绕着传播关键元素。

首先，创造传播关键元素。传播关键元素是可用来进行传播营销的人物或者事件。❶ 它贯穿于话语生产、传播以及受众关联三个完整营销环节。因为必须与传播对象产生良好关联，所以设定传播元素的时候必须考虑被传播的产品与传播对象即消费者两者之间的关系，在两者之间形成联通的桥梁。传播关键元素是营销传播的关键，它具有可重复性，其效用不会因为使用次数的增加而减少，反而会随着使用而逐渐递增。一般而言，作为营销的传播关键元素在自媒体传播过程中必须考虑以下三种元素。

第一，互联网代词。互联网代词是首选的传播元素。自媒体在社交网络中进行碎片化传播的过程中，最初始的完整信息在传播过程中会逐渐发生解体，许多信息将被逐渐剥离。这一原理，与日常生活中的"以讹传讹"类似。这时，短小精悍的文字传播中的关键词汇最容易被保存、传播、记忆且保持不变形。我们姑且将其称为互联网代词。互联网代词就如同话语事件在互联网上的代名词，容易被传播而且记忆。互联网代词有许多成功的案例，例如"油条哥""表叔""房叔""非诚勿扰""奔跑吧兄弟""囧"等。这些词汇在产生良好的传播效果的同时，能保证在多次传播中不变形，在受众中容易被记忆。

第二，互联网形象元素。互联网形象元素不仅仅局限于文本，往往以图片、动画配以声音或者音乐的形式出现。这种形象元素所包含的内容较互联网词汇丰富得多，包含更多的细节。互联网形象元素一方面因为内容丰富更能给受众带来更多的感官刺激，另一方面较互联网代词的传播效果稍差。这种相对劣势的传播性成为其较为笨重的缺点。例如，北京奥运会吉祥物"贝贝""晶晶""欢欢""迎迎""妮妮"在奥运会结束之后并没有留给我们很深刻的印

---

❶ 童佟，蔡京通，奉姝，等. 网络整合营销的道与术 [M]. 北京：机械工业出版社，2010：30-50.

象，中国联通2012年推出的卡通形象——优帕（U-Power）至今并没有多少人知晓，其所代表的联通新势力业务却成为家喻户晓的代词。互联网形象元素亦有不少成功的案例，例如"凤姐""芙蓉姐姐""姚明囧"等。

第三，复合型元素。这类元素往往是互联网代词与互联网形象元素的组合。例如日本熊本县地方吉祥物熊本熊（见图5-3），由日本著名设计师水野学设计并经过一系列的营销运作，居然将一个默默无闻的熊本县变成了世界闻名的熊本熊之县城。

图5-3 熊本熊❶

其次，碎片化信息必须紧紧围绕传播关键元素。用户对于传播关键元素的记忆与英语单词背诵十分相似，单词背诵需要记忆大量的词根、词缀、词性等众多碎片化的记忆单元。为了让用户能对众多碎片化的信息产生深刻印象并形成记忆，所有的碎片化内容必须围绕传播关键元素本身。在传播的过程中，所有内容碎片必须围绕核心传播关键元素进行，不能分散。如果分散则可传播关键元素也就分崩离析了。传播核心在传播之始便须定位清楚且不能发生改变。如果改变则将导致话语消费者印象模糊，导致传播效果大打折扣。例如，在塑造"油条哥"的形象过程中，传播的碎片内容有其网络歌曲MV、网络话剧、央视《焦点访谈》、微电影等，都围绕"诚信经营，质量为本"这一核心传播关键元素进行，产生良好的正能量效应。

---

❶ 童佟，蔡京通，奉姝，等.网络整合营销的道与术[M].北京：机械工业出版社，2010：30-50.

再次，碎片化内容与传播关键元素之间不一定需要形成强烈的逻辑关系，更重要的是形成记忆上的关联关系。在商业营销上，最成功的营销是让客户对品牌产生直接的非理性联想，例如看到洋酒"人头马"马上联想到的上流精英的生活，想到碧桂园马上联想到"给你一个五星级的家"。但是也有不自觉形成的失败的案例，例如一看到撞人的报道，即刻联想到的很有可能是宝马干的，是蛮横的土豪对弱势群体造成的伤害；看到红色宝马里面坐着一个美女便马上对此美女进行非理性的定位——很有可能是被包养的。传统话语模式内容过于强调内容与主题的逻辑关系，在网络传播时代，大数据已经证明逻辑关系在相当程度上并不是十分之重要的，重要的是碎片化信息与传播关键元素之间形成相关关系。对于用户的话语消费而言则是用户能从碎片化信息中联想到传播关键元素所要表达的主题，背后的逻辑关系对于绝大部分的消费行为而言是次要的——毕竟，便利并取悦消费者才是最重要的，让消费者每次消费行为都考察背后逻辑关联是否紧密并做相关论证是笨重且没有必要的。

最后，整合与控制碎片化传播内容的关键在于促使用户产生对传播内容尤其关键元素的消费，这就必须让消费者产生信息消费上的"溃坝效应"。[1] "溃坝效应"意为水坝蓄水达到一定水位的时候将发生崩溃。在碎片化传播过程中，我们可以将传播关键元素视为水库里的水，话语营销行为对碎片化话语内容的投放视为蓄水行为，用户对内容消费视为水坝。当话语营销行为让用户对可传播关键元素的接触、认知和记忆达到一定阈值后，"溃坝效应"便会产生。就如同堤坝崩塌，用户此时不仅将消费话语内容，而且在话语环境的裹挟下将传播关键元素的内容信息分享出去，从而产生自扩散、自传播、自推广的效果。

关于碎片化信息的整合营销，此处必须进行一些说明：其一，碎片化信息整合营销与传统隐形教育具有姿态上的区别。隐形教育毕竟是教育，依旧是从上而下的布道的姿态。在经济界有这样的实例，微软公司在其强盛时期，其内部负责与客户沟通的部门名为"客户教育中心"。在受到谷歌、苹果等众多真正意义上的互联网公司冲击之后，他们方将其更名为"客户体验中心"。从姿

---

[1] 童佟，蔡京通，奉姝，等．网络整合营销的道与术［M］．北京：机械工业出版社，2010：30－50．

态上将客户视为营销行为的中心,是真正意义上将客户视为"上帝"。其二,传统"大块头"的话语宣传模式犹如阵地战,必须有正规的场合、合适的时间传播正儿八经的内容;碎片化的话语营销犹如游击战,不那么正规甚至不那么正经,经常还会打一些擦边球。但是,传统阵地战的模式被自媒体时代所抛弃是必然的,毕竟当大家以游击战的方式传播碎片化内容的时候,传统话语曲高和寡地进行阵地战是很难有胜算的。其三,从时空相互转换的角度上分析,碎片化整合营销传播从某种意义上犹如国民政府抗战时的策略——"以空间换取时间",利用碎片化内容空间占领碎片化时间,对其进行有机整合形成围绕传播关键元素的弥散状内容"星云",从而达到有效整合用户时间的根本目的。

3. 碎片化整合营销传播的灵魂:故事即品牌

碎片化的营销并不是满足于碎片化,而是将众多的碎片中的品牌以及产品诉求十分巧妙地融合于一个良好的故事中,形成让人较为难忘的故事,从而突出传播的主体。以熊本熊为例,熊本县政府在卡通形象的设计外,启动了一系列疯狂的营销活动。例如,县政府正式聘任熊本熊为临时县长,并在大阪发放1万张卡通名片;熊本熊在大阪出差过程中,由于被大都市的魅力所吸引居然下落不明,县政府居然召开记者招待会寻找熊本熊;熊本熊遗失了自己的两个腮红,县政府居然一本正经地去警察局进行报案。所以,碎片化的内容不仅仅是传播短小信息,而是通过信息传播某种价值观。在营销过程中,文化产品力求让品牌在市场上的受关注度最大化,并试图触动消费者的情绪,让其感受到品牌的内涵以及价值。例如,在熊本熊厚大的皮套里客串的演员,无论是一开始县政府的工作人员,还是后来由专业演员进行踩单车、从新干线列车上摔下、骑摩托车、炒菜起火受惊吓、蹦极等高难度表演,甚至T台走秀、在天皇面前跳舞等,都让人感受到其"呆萌"甚至"贱萌"的可爱,让受众感受到其是活生生存在的。[1]

将传播内容中所蕴含的价值观以及信念泛化,甚至内化为某一阶层甚至整体社会的价值追求或者理想生活方式是话语权建构成功的关键所在。在整合碎片化信息的过程中渗透式的传递文化内容的核心价值观,让内在精神感动受

---

[1] 熊本熊是如何成为风靡全球的吉祥物［R/OL］.（2016-01-19）［2018-06-15］. socialbeta. com/t/how-kumamon-become-the-most-popular-bear.

众、影响社会,而不仅仅是主角或者形象的自我标榜。以央视的系列专题《中国好人》为例,其塑造的好人形象"油条哥"从一个普通人的角度进行描绘:以前也会重复使用食用油,后来认识到废油重复使用的危害,决定从行动上改变这种现状,更后来发现"不用复炸油,一点儿不吃亏",高品质才会有高收益——最后感触"我卖的不是油条,而是生活"。❶ 故事平凡,话语朴实却能触动观众,树立了良好的形象,传播了正能量而达到良好的话语规训效果。

(二)微观时间规训的节奏

在传播关键元素确定之后,由于用户是以非线性的方式对信息进行感知,因此营销话语资源必须按照其感知规律进行有节奏的投放。人类对传播内容的认知是循序渐进的,这种渐进方式并非通过不断重复传播取得效果,而是逐步让传播关键元素渗透式地影响用户,从而一边让用户理解传播元素,一边让用户加深认识、印象和情感。人类认知的规律告诉我们,用户无法一次性吸收过多信息,需要一定的节奏和时间。因此,话语营销的资源投放必须按照一定的节奏,给予用户足够时间,以便其吸收传播内容。一般而言,进行有节奏的投放必须按照以下步骤进行。

第一步,确定投放资源。投放资源可以分为两类:一为强制推广内容资源或广告资源,所谓干的传播资源。强制推广的资源具有必要性,碎片式传播的不完整性缺陷需要大量的广告资源让用户对传播关键元素形成宏观完整的认知,这种广告资源的投放同时也有利于用户将传播关键元素与其他干扰信息相区分。因此,必须针对传播关键元素进行一定数量级的广告资源投放。二为与用户兴趣相关联的传播资源,所谓湿的传播资源。互联网技术社会学专家克莱·舍基认为,工业化时代的组织方式是干巴巴的,人与人之间通过硬性的组织方式建立联系,缺乏弹性情感沟通。后工业化时代的组织方式是通过社会性工具进行组织的,是有情感、有温度、有趣味,是"湿漉漉"的。资源传播的原则是,一定要在重要的流量入口进行投放。这些入口包括门户网站的首页、SNS社交平台中活跃程度高的游戏,或者粉丝较多的博客或者微博,甚至

---

❶ 卖生活的油条哥 [R/OL]. (2012-05-21) [2018-06-15]. http://news.cntv.cn/special/zghr2011/zghrxhlha/.

微信、支付宝等类似的流量入口等。通过这种方式确保可传播元素获得较高的关注度，而且容易进入社交网络传播渠道。

第二步，确定投放节奏。依据用户对传播关键元素的认知规律曲线以及传播者所拥有的节奏投放资源确定节奏投放的时间。用户一般对某个传播关键元素的认知在三个时间段会达到高潮，传播者应在这三个用户能集中关注的时间点上进行关键性营销资源投放，从而让更多受众接触到传播关键元素（见图5-4）。❶

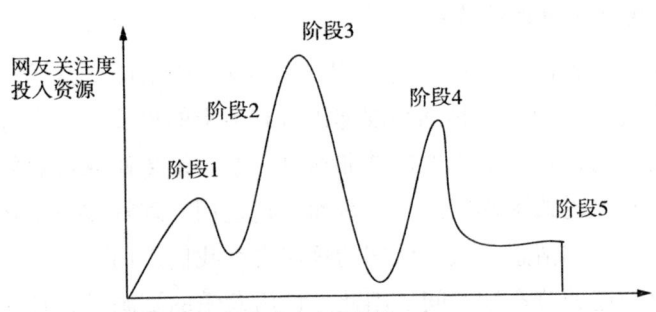

图5-4 可传播元素认知过程❷

第三步，机动调节投放节奏。用户关于自媒体传播关键元素的感知是一个动态的过程，其认知曲线同时也是随着内外因素影响而变化的。在投放节奏的把握上，电影《小时代》可谓作出了教科书版的演示。用户感知的动态过程随着传播元素的质量以及传播资源投放的数量而发生变化。因此，根据以下两点可以确定机动投放的时间：其一，用户对信息的自我传播状况。自媒体是基于社交网络而进行人际传播，这种人际传播的情况与用户对该主题信息的关注度、信息本身的传染性以及信息传播的环境有关。例如前文所举的"天价虾"事件，刚好发生在国庆假期期间，是大家对此类事件较为关注的时候，容易在

---

❶ 童佟，蔡京通，奉姝，等. 网络整合营销的道与术［M］. 北京：机械工业出版社，2010：30-50.

❷ 童佟，蔡京通，奉姝，等. 网络整合营销的道与术［M］. 北京：机械工业出版社，2010：35.

此时间点上发生人际传播。其二，门户网站、传统大众媒介等具有公信力的媒体对信息的扩散程度。这些大众媒介毕竟具有专业性、真实性、可靠性的信息公信权威，这些信源因为具有较强大的信用作为背书，具有强大的媒介传播能力，能对各个群组进行直接的信息投送。

（三）微观时间规训的整合营销策略

微观时间规训的重要策略在于如何将用户的碎片化时间有效进行整合，在自媒体的平等化时代，必须以客户——受众为中心，与受众进行多渠道的沟通。其基本思路在于：首先，必须关注受众所关注或者受众时刻变化的价值取向。其次，思考如何将不同传播手段进行协调，将不同传播工具的优势发挥出来。最后，在深刻理解受众价值取向的基础上，将需要传播的价值观融入品牌或者传播关键元素中，通过品牌感受引导消费者产生相应价值取向的心理体验，通过价值取向心理体验将品牌或者传播关键元素植入消费者脑海，从而建立品牌体验，最终达成品牌传播、口碑营销的效果。依据近年来网络公关的经验，适用于自媒体整合营销的有以下六大策略模型。❶

（1）F4话题整合营销模型。话题整合营销的一般思路为从新闻话题出发，形成热门话题的效应，从而达到推广品牌以及产品的目的。其中F指的是"Focus"，即为营销焦点，4意为四项指标，分别为：第一，相关媒介的覆盖量与传播量、重要媒体推荐的发布位置；第二，相关推广内容创意的质量、吸引力所产生的品牌传播能力；第三，目标受众的浏览量、参与互动的数量；第四，搜索引擎的搜索表现或者社交网络关键词的热门表现。所以，F4话题整合营销模型指的是通过具有营销价值的新闻事件进行品牌建构，进而通过重点内容的推广活动进行整合营销的方式。简单而言，就是通过具有创意的点子引起营销话题，通过媒介投放产生品牌传播能力，引导目标受众浏览并参与互动，并在搜索引擎以及社交网络上达到一定热度，从而达到品牌塑造的效果。

（2）FEA整合营销模型。❷ FEA整合营销传播模型中Focus, Event, Activity分别代表着话题、事件与活动。通过分析产品和品牌的价值，组合应用多种话题、事件以及活动，持续性多层次展开整合营销。首先为多元化创造与

---

❶ 邓超明. 网络整合营销实战手记［M］. 北京：电子工业出版社，2014：305-320.
❷ 邓超明. 网络整合营销实战手记［M］. 北京：电子工业出版社，2014：304.

传播关键元素相关的内容；其次通过文字、图片、动画、声音、食品等多种形式，依托以自媒体为依托的多种网络传播平台，进行海量投递；进而引发互动式参与并导致病毒式传播；从而最大化地扩大产品与品牌的目标受众辐射范围，在活动中能进一步与目标受众达成深度沟通，加深目标消费者对品牌的信任。

（3）FEAVA 整合营销模型，即俗称的"飞舞"整合营销传播。FEAVA 为"Focus"（话题）、"Event"（事件）、"Activity"（活动）、"Video"（视频）、"Animation"（动漫），所以 FEAVA 整合营销模型即为以上五种营销模式的结合。以上任何一种传播手段都可以单独制作完整的营销计划，再将五个营销计划完整整合到一个品牌营销计划之中。网络营销经过几年的发展，逐渐摸索出创意引爆、精准投放、整合资源的路线，通过微博、微信等自媒体平台作为其主要的媒介载体，从而达到推广内容的多样化整合。以《我是歌手》官方微博为例，该平台已经熟练运用了 FEAVA 整合营销模型，整合了其他专业视频网站内容、官方微博内容、音乐电台官方微博的音乐等。"@我是歌手"主页为受众简单明了地呈现了节目便捷全面的信息，包括最新漫画、视频、明星动向、官方以及民间的活动等，给粉丝带来极致体验的同时也为他们留下了活动参与的入口，同时树立了品牌形象。

（4）FM 模型。FM 模型一般从微博或者微信等具有较大的自媒体平台进行发动，通过微博或者微信"大 V"主推，官方微博微信发布，其他加"V"的公众号进行佐证，意见领袖微博分享，然后由一群具有较大影响力的公众号进一步发散，通过一步步扩散的形式，将某个事件逐渐捧红且具有较高关注度。其最终的目的是不仅在自媒体平台上形成热议的话题，而且辐射到更多媒介，如大众媒介、视频平台、网络论坛、音频平台等的进一步跟进。

（5）FV 模型。FV 模型是以视频作为出发点的网络整合营销，例如视频的病毒传播、视频征集大赛、系列微电影等，良好的轰动效应需要较好的创意、精良的拍摄以及制作水平。如果需要达到更好的效果，还需要在多种媒介平台上购买给予充分展示的位置，通过自媒体的转发或者其他活动进行造势。当下是视频等信息大爆炸的时代，受众的关注力已经被极大分散，即使是十分精良的名家制作，如果仅仅依靠自身力量的传播而没有借助外部的力量或者某一背景事件的推波助澜，很难在短时间内获得大量的关注。所以有针对性的营销必须借助其他辅助性媒介进行传播推动,方有可能形成较大规模的影响。

(6) FA 模型。FA 模型是从漫画作为出发点而开始的网络整合营销,以某个主题的系列漫画或者连续多组四格漫画作为传播源头,揭示一种现象或者传播科普一种知识,引起人们的共鸣。例如,著名的公众号"混子曰"将众多的历史以及科普知识以漫画的方式进行知识娱乐推广,居然达到粉丝量 140万,阅读量过千万,单条广告 30 万的水平。❶

二、促进话语空间有序演化

空间与时间一同构成人类社会的基本要素。马克思在《1857～1858 经济学手稿》中便认为"用时间消灭空间",开创了阐释空间与媒介话语之间关系的先河。1970 年以后,法国学者列斐伏尔的"空间的社会生产"理论更是开启了西方学术界中从时间到空间的理论转向。他认为,空间不是社会的反映,而是社会的表现;空间就是社会本身,而不是社会的镜像。从话语角度观察,空间理论是人们对人在当下环境中生存状态进行阐释的理论模型。而后在全球化、信息化的浪潮中,关于空间的描绘出现了大量的学术研究成果,例如信息城市理论、全球城市理论、比特之城理论、媒体城市理论等。❷ 关于以自媒体为代表的互联网所带来的社会空间复杂关系的理论研究也成为近来理论研究的热点,例如"流动空间"理论、媒介空间理论、关联空间理论、传播地理学理论等。❸

空间规训技术在微观话语权理论的思想理论体系中占据着重要的位置,空间不仅是权力实施的场所,而且是权力施行的实践。但在自媒体"过度分享"的趋势中,其空间出现了泛化的现象,这种现象与福柯所假设的封闭化的规训前提有所冲突。因此,传统的空间规训方式效果被极大消解。自媒体语境下的空间规训所面临的境况已经超越福柯空间规训的理论阐释范畴,针对自媒体的

---

❶ "混子曰"怎么"混"出来 140 万粉丝的?[R/OL].(2016 - 11 - 01)[2018 - 06 - 15]. weixin. niurenqushi. com/article/2016 - 11 - 01/4648559. html.

❷ 强荧,戴丽娜. 新闻传播学理论前沿:在媒体融合的视域下[M]. 上海:上海社会科学院出版社,2016:145.

❸ 包亚明. 现代性与空间的生产[M]. 上海:上海教育出版社,2003:48.

碎片化、开放性、流动化生产的空间,我们必须超越福柯的空间观,掌握其话语演化的实际规律。

为了便于分析,下面从列斐伏尔的空间形式分类出发,分析自媒体场域下话语演化过程的规律。列斐伏尔在《在场与缺场》中将空间区分为三类:❶ 第一,物理空间,即以物质形式存在的空间形态,强调其物质属性,例如自然与宇宙;第二,精神空间,即以概念形式存在的空间形态,强调其精神属性,例如逻辑抽象以及形式抽象;第三,社会空间,即社会实践的空间,由社会所生产,同时也生产社会。❷

(一)物理空间——再造意义场景

1. 场景定义自媒体物理空间

作为以物质形态存在的空间形式,在传统社会中是以自然环境以及社会环境的形态呈现的。自媒体场域颠覆了传统的物理空间存在模式,诱发了虚拟物理空间这一全新的空间存在形式。传统社会中人们总是基于特定地理空间,进行生产、交往等经济以及社会活动的。以社会交往为例,"在场交往和在场经验是贯穿在游牧社会、农业社会乃至工业社会的基本形式,自上而下的控制模式是权力运行的基本结构"。❸ 即使书信、语音等方式勉强能跨越地理场所,然而依然受地理位置坐标清晰的环境、地理等相关生活习惯以及习俗所制约。自媒体对生活渗透的意义在于第一次于实体空间之外再造了一个虚拟空间。虚拟空间在相当程度上消解了环境、地理、身份等束缚,人类的经济活动以及社会活动从此从清晰的地域性关系中挣脱出来,实现对空间乃至时间的穿越。不同地域、不同阶层的个体可以无须面对面而在虚拟空间中一起生产、一起生活。在自媒体场域中,地理空间的隔阂被消解了,可以随时随地进行话语生产与传播以及关系的建构与维系。这导致固有基于传统空间建构的社会权力结构以及阶层关系加速分解,新的利益以及兴趣因素成为组织新社会关系的要素,跨越地理属性的生产与生活逐渐在人类存在方式中占据越来越重要的位置。

在这样的虚拟社会中,全新的社会运行规则决定着个体社会角色和社会行

---

❶ 陈长松. 论网络空间公共领域、私人领域的融合及影响[J]. 学术论坛,2009(11):156.
❷ 包亚明. 现代性与空间的生产[M]. 上海:上海教育出版社,2003:48.
❸ 刘少杰. 网络化时代的社会转型与研究方式[J]. 学习与探索,2013(7):34.

为。而当下我们的传统规训发源并适用于传统现实空间。在传统空间架构中，固定的空间环境决定了个体稳定的行为模式。从社会学的角度进行考量，戈夫曼视社会生活为多幕的戏剧，每个人带着面具在不同情景中扮演不同角色。不同场所的区隔决定了社会行为角色的标准。在自媒体的移动互联网虚拟世界中，各种社会角色如阶层、身份、职业等所依赖的物理空间不再固定不变，信息的充分流动消解了所有角色之间的界限。因此，我们必须抛弃对在固定的物理空间中发生的社会生产、生活与交往所产生的传统认知，不能再局限于以静态眼光看待并影响人们的行为以及关系，而必须在适应信息即时流动以及相应的虚拟环境生成、演变过程中对它们进行解读。美国作家梅罗维茨被视为戈尔曼和麦克卢汉的合体，他提出"场景"的概念用以解释日益电子化的媒介社会现象。他认为，场景实质上是一个信息系统，由媒介所构成的信息环境已经与人类以往行为时所处的物质化环境如公园、礼堂、卧室等一样重要。他并且"相信社会现实并不是存在于人们行为的总和中，而是存在与所有场景行为模式的总体之中"。❶

场景这一概念原指电影、戏剧中的场面，而后被引入社会学。"描述人与周围景物关系的总和，其最为核心的要素是场所与景物等硬要素。"❷ 这一场景概念多被学者所认同，随着信息技术的发展，场景不仅包括有形的物理场所，还包括由数字信息技术所建构的虚拟场景，以及控制这些场景的规则。虚拟场景的构成要素包括虚拟环境、用户在线状态、用户使用情况、用户群体社交环境等。因此，场景不再受限制于某一具体地理坐标，可能是跨区域的甚至是现实世界中完全不存在的。所以，梅罗维茨将场景视为建构人们全新交往模式的信息系统。电子媒介赋予个体在不同时空轻松共享同一场景的能力。以电子媒介为中介的生产、社交以及生活行为已经与物质地理环境相脱离。场景解构了传统采用地理位置逻辑的空间观念，重构了以媒介技术为基础的虚拟空间。❸ 梅罗维茨甚至认为"电子媒介最根本的不是通过其内容还影响我们，而

---

❶ 约书亚·梅罗维茨. 消失的地域：电子媒介对社会行为的影响 [M]. 肖志军，译. 北京：清华大学出版社，2002：33.
❷ 郜书锴. 场景理论的内容框架与困境对策 [J]. 当代传播，2015（4）：38-40.
❸ 江飞. 场景研究：虚拟民族志的逻辑原点 [J]. 学海，2017（2）：131-132.

是通过改变生活的'场景地理'来产生影响"。❶ 在自媒体语境下,如果还是像传统规训一样以固定封闭的地域划分空间并进行规训行为,无疑是刻舟求剑。所以,自媒体场域中的话语权建构必须符合虚拟场景的空间逻辑。

2. 场景与自媒体话语规训

互联网时代的场景一般包括虚拟场景以及应用场景。虚拟场景例如网络游戏、QQ 秀、社交聊天等,应用场景是用户使用互联网产品时所进入的情境。随着互联网产品的社交化趋势越来越明显,这种区分越来越不明显。例如滴滴打车的支付场景中包含分享群发红包的功能,将这两种场景融合在一起。

场景有以下几层意思:第一,场景的构成类似于现实物理空间,包括时间、地点、任务、事件以及连接方式,例如钉钉的多人会议,哪些人在什么时间介入,讨论什么议题,描绘了一个会议的场景,又例如一个人早上 7 点佩戴手环公园跑步,而后分享到朋友圈引起点赞,激励了他继续坚持,这就是一个"跑步+社交"的场景。第二,场景是一种个体连接方式,就如同自媒体并不是自说自话,重要的是对外传播,场景的意义也在于不断连接不同个体,通过二维码扫描、微信转发、朋友圈转发、分享滴滴红包都是连接形式。第三,场景是以被连接的个体的体验所感知,个体在阅读、聊天、群组、游戏、支付中感受场景的亚文化。第四,场景通过个体细节体验的感知给予个体意义上的刺激,进而完成意义的内化。❷ 第五,场景是价值交换形式以及新生活方式的表现形态。在微信公众号里获得了阅读的快感,通过微信支付打赏,在直播平台上为一位唱歌的美女献花,这便是典型的价值交换。通过小米路由控制家里的小米空气净化器、通过 VR 眼镜观看 TFBOYS 的演唱会,这是一种全新方式的场景展现。❸

因此,构建什么样的社群将成就什么样的亚文化,选择什么样的场景便决定了自我与周围环境什么样的连接方式。没有场景,社交便没有展开的场所而

---

❶ 约书亚·梅罗维茨. 消失的地域:电子媒介对社会行为的影响 [M]. 肖志军,译. 北京:清华大学出版社,2002:33.

❷ 郭勤贵. 互联网新商业模式:传统商业模式颠覆与重构 [M]. 北京:机械工业出版社,2016:143.

❸ 正在发生的场景革命是什么? [R/OL]. (2015 - 07 - 09) [2018 - 06 - 15]. http://tech.163.com/15/0709/16/AU3IUN2F00094P40.html.

无法更新；没有场景，个体间便没有话语情境而无法交流。场景在商业上定义了用户的付费规则，在文化上定义了人们的生活方式，最终建构了人们存在的意义。

与 Web 1.0 PC 时代的互联网传播相比较，自媒体移动时代场景意义被极大强化，腾讯总裁马化腾多次表示，在未来互联网的发展中，更重要的一个要素是"场景"。彭兰教授断定，移动传播的本质是基于场景的服务，也就是对场景感知并进行服务适配。移动互联网的进化推动着媒介竞争从 PC 时代的渠道之争到当下的媒介融合，媒介融合的关键在于场景的开发和应用。如果说传统媒介时代争夺的是眼球，Web 1.0 时代争夺的是流量，那么，Web 2.0 时代以后争夺的是场景。媒介场景也从传统大众媒介的受众场景向自媒体媒介融合与人际传播相结合的用户场景转变。媒介融合对于自媒体用户而言表面上让人们的选择无穷无尽，可以选择喜欢的场景以及场景承载的媒介形式，似乎自由以及解放近在咫尺，但其依然无法逃脱消费主义以及各种话语权力结构的包围。❶ 在这种背景之下，自媒体时代的话语权必须牢牢把握住场景的建构，利用场景进行空间的规训。

3. 场景空间规训的方法

自媒体时代，用户对于场景也是以一种消费的姿态进行的。马克思认为，消费者的需要、愿望和意志"根本不是一种赋予你支配我的产品的权力的手段，倒是一种赋予我支配你的权力的手段"。❷ 自媒体融合的多种媒介形式已经将各个领域的文化形态和各种消费策略组合起来，利用传播的技术优势，迅速创造或再现各种场景，复制各种拟态符号，将消费者置于无孔不入的消费意识形态控制之下。❸ 著名学者刘同舫教授也认为，"正是凭借符号编码的巨大作用，消费代替了一切意识形态，承担了'社会驯化'的作用和功能，成为实施社会控制的有力手段"。❹

从反抗的角度考虑，当下用户所感受到的都是经过编码的拟真世界，即数

---

❶ 强荧，戴丽娜. 新闻传播学理论前沿：在媒体融合的视域下 [M]. 上海：上海社会科学院出版社，2016：148.
❷ 张美君. 马克思消费思想及其当代价值研究 [M]. 北京：光明日报出版社，2016：102.
❸ 张笑扬. 论现代性的消费逻辑与话语规训 [J]. 理论研究，2015（5）：67.
❹ 刘同舫. 马克思的解放哲学 [M]. 广州：中山大学出版社，2015：217.

码场景,它不是客体的再现,而是否定和超越自身的真实,即超真实。超真实可以挣脱真实的自然以及社会规律,而受特定目的以及模式的调制,在其场景语境中获得不容置疑的存在意义——这种意义在商业社会里是消费文化,同时也可以被主流话语所收编。这种模式到底扮演什么角色,是作为消费社会的训导者,甚至恐怖主义的帮凶,或者作为为社会发展服务、为个人自由全面发展服务的辅助者都是可能的,这种角色定位十分重要。从这个意义上,将这种场景的调整模式服务于消费意识形态原罪的救赎,批判并反思其虚假的主体意识,塑造良好的社会风尚导向,为所有个体提供自由发展,为社会服务的虚拟环境氛围是十分重要的。❶

(1) 场景营销策略。*

当下,不仅传统规训模式,传统的广告模式也逐渐失效——毕竟我们每天端坐着看书、看电视的时间寥寥可数。我们每天奔波在各种场所之间的时间越来越多,地铁、公交站牌的广告越来越吸引我们的眼球,它们越来越多地进行场景营销。这些场景营销比较成功的有"三生三世""许你十里桃花"的地铁通道、专属"桃花列车"(见图5-5)。在这些场景中,用户在这些布满电视场景的专属车厢里面听歌、自拍、合影、分享照片、与朋友互动,从而增加用户对品牌的记忆。自媒体语境之下,用户是从消费的角度进入场景的,所以必须深入了解用户的需求。可以从时间、地点、人物、目标、情感五个角度挖掘用户需求,即用户在什么时间、什么地点、什么情况下,为了达成什么目标需要使用产品。❷ 从策略上,场景营销可以采用"故事+场景+互动"三个相互连接的步骤。

---

❶ 王国富,马心竹. 消费意识形态的原罪与救赎 [J]. 华中科技大学学报(社会科学版),2016(1):118.

* 故事+场景+互动,互联网时代品牌营销策略思考 [R/OL].(2017-08-16)[2018-06-15]. https://www.digitaling.com/articles/39270.html.

❷ 五个场景分析工具,让你和你的产品更有意义 [R/OL].(2017-05-06)[2018-06-15]. www.sohu.com/a/138669404_313572.

第五章 自媒体视域下话语权建构策略

图5-5 "三生三世"专属车厢❶

2018年全国"两会"期间，人民日报新媒体中心利用自媒体平台举行了线上线下结合的全民互动自媒体主题活动"中国很赞"，该活动在北京、广州、上海、成都等诸多大城市的地铁上铺开。自2月10日开始，人民日报通过其客户端、微博公众号、微信公众号启动留言征集活动，浏览量累计超过400万，逾2万名网友留言表达了"点赞"中国的心情，既留言讲出最让自己骄傲的中国事，又表达了祝福和期许祖国的中国心。为营造场景，清新简约的专列车厢以红、绿、蓝、黄等大色块渐变色为主色调，辅以中国古典装饰纹样中的中国结、祥云、竹子等吉祥符号，以城市地标、著名桥梁、名山大川等作为地贴进行串联，将共享单车、移动支付、科技发展等诸多"中国新发明"融入其中，取得了良好的场景效果。而后在"两会"期间，人民日报新媒体中心从留言中精选数百条留言，将其印刷在地铁车票背面、刷进地铁车厢。❷例如"以前出国，别人问我来自哪里，我说'China'，现在出国，别人问我来自哪里，我说'中国'，他们照样能听懂！""你问我，全世界哪里最美？答案是，你身边""中国，我喜欢的样子你都有"。这些场景引发了乘客的互动，乘客们不仅在车厢内合影、自拍，还将照片上传到自媒体空间引发再次传播

---

❶ 《三生三世》杨幂赵又廷喜结桃花缘 优酷唯美开年 [R/OL]．（2017-01-25）[2018-06-15]．ent.enorth.com.cn/system/2017/01/25/031523679.shtml．

❷ "中国很赞"主题地铁上线，300多条网友留言刷进成都地铁 [R/OL]．（2018-03-17）[2018-06-15]．http://www.thepaper.cn/newsDetail_forward_2032257．

（见图5-6~图5-8）。

图5-6 "中国很赞"专属车厢❶

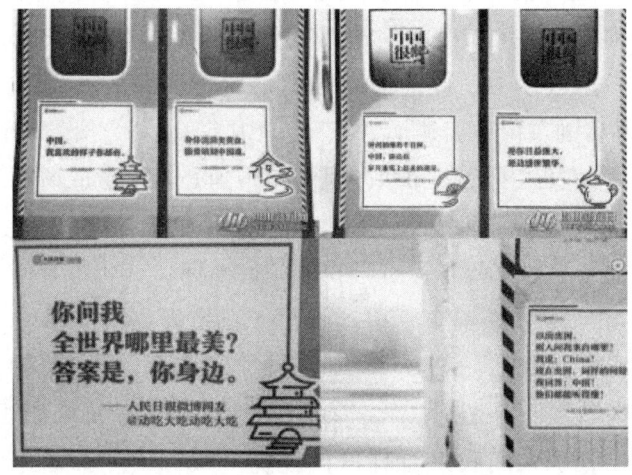

图5-7 "中国很赞"网友留言❷

---

❶❷ "中国很赞"主题地铁专列上线运营［R/OL］.（2018-03-17）［2018-06-15］. www.scpublic.cn/news/getdetail/id? id=95831.

图 5-8 "中国很赞"场景引发互动（自拍+分享）❶

第一，挖掘故事，让用户触景生情。图 5-9、图 5-10 都是较为成功的软广告，每一句日常心情的表达、每一句引发伤感的歌词都连接着众多用户类似的经历，将心情、故事、歌词等内容置于产品之上，从而实现品牌情感的建立。为了让品牌与用户产生情感连接，可以让用户自己产生内容，征集用户故事，在自媒体空间传告话题引发评论，或将用户产生的内容放置于相关产品上。例如，2016 年河南开展的"一件身边好事 一个河南好人"主题征集活动便获得了良好的效果。

图 5-9 可口可乐 歌词瓶❷　　　　图 5-10 江小白表达瓶❸

---

❶ 首列"中国很赞"地铁开过来了！超高颜值，一定要看！［R/OL］.（2018-03-13）[2018-06-15]. www.diyitui.com/content-1520918882.73514029.html.

❷ 不懂网络运营，你将错过一个时代！［R/OL］.［2018-06-15］. www.cqxinhua.com/course/wlyy/? webqianduankecheng? PCZYC.

❸ 故事+场景+互动，互联网时代品牌营销策略思考［R/OL］.（2017-08-17）[2018-06-15]. www.17pr.com/news/detail/200512.html.

第二，营造产品氛围。场景包括文案场景以及环境场景两种。文案场景是通过文本引发阅读者的想象，例如经典广告词"碧桂园，给你一个五星级的家"，网易云音乐的乐评区里的广告词"愿所有晚安都有人回应"。环境场景指的是虚拟或者现实营造的给用户的直接感官感受，例如"三生三世"在地铁通道中营造的桃花场景氛围便让人与电视里的美丽世界产生联想。

第三，产生趣味互动。这种互动包括产品与用户之间的互动以及用户之间的互动。产品与用户之间的互动是广告带动用户产生行动或者心理感受上的互动效应。例如，起初味全每日 C 的瓶身上印了很多句生活场景，例如"加班辛苦了。""你要喝果汁听身体的""你要喝果汁世界在你身上""你要喝果汁听妈妈的话""你要喝果汁你朝五晚九""你要喝果汁做个好爸爸""你要喝果汁不爱晒太阳""你要喝果汁不会削苹果""你要喝果汁"。后来，为了加强与用户互动，将"××××××，你要喝果汁"的前半句改为用户自己可以随意修改的形式，用户可以根据自己的心情或者想表达的话写在上面，增加用户和产品的互动。最后，他们第三次改包装推出 42 款拼字瓶，用户可以将多个瓶子摆放于一起拼成一句话（见图 5 - 11）。

图 5 - 11　味全 C 的广告更新❶

---

❶ 故事 + 场景 + 互动，互联网时代品牌营销策略思考［R/OL］. (2017 - 08 - 17) [2018 - 06 - 15]. www.17pr.com/news/detail/200512.html.

另一种为互动式用户群体之间的互动，例如著名的冰桶挑战的活动规则：被邀请者要么在24小时内接受挑战，在社交网络上发布自己被冰水浇遍全身的视频，要么为"渐冻症"患者捐款100美元，或者两者都做，完成后还可以指定3名挑战者。这实际成功地建构了一个场景，并将场景延伸形成互动，将意义性、趣味性与互动性融于一体，堪称话语公益传播的经典。此活动受到科技界、体育界、演艺界等众多明星的支持，形成的影响力导致美国总统奥巴马宣布自己放弃继续传递而选择捐款的行为居然受到了各界的批评。

（2）再造仪式强化场景。

自媒体作为一种社会化媒体，个人的行为以及思维方式、社会的运作模式都发生了巨大改变，而作为人际交往方式以及社会组织模式的仪式也经历着解构与重构的过程。一方面众多的仪式逐渐被解构，例如过年上门拜年的少了；另一方面媒介空间正经历着一种"再仪式化"的过程，例如在大众媒介时代，央视"春晚"便成功地成为具有强烈空间规训意味的媒介仪式，自媒体时代一样可以再造"春晚"的辉煌。汶川赈灾期间，大量中国用户的QQ、MSN头像都更新为"中国心"头像。这种自媒体语境下的"再仪式化"本质上是一种空间的"再生产"。自媒体通过空间的压缩与再造虚拟场景，不断生产新的社会空间。新的社会空间在全新的网状结构中产生出全新的仪式，例如重大的节日，群主不发红包是有压力的，这便是自媒体仪式性需求使然。

再仪式化主要有两种类型：一种是传统仪式的媒介化。例如传统的发红包变成了群里"抢"红包，清明节的祭奠变成了网上扫墓或者朋友圈点蜡烛。这两年支付宝的网上凑五福亦成为全民参与的游戏型仪式。另一种是现实生活的媒介仪式化。例如美食上桌首先必须拍照发朋友圈，朋友的联系演变为点赞与评论，在观看网络直播的时候，有些用户已经认为没有参与或者弹幕吐槽，观看便显得索然无味。新型的仪式依托自媒体的社会化功能逐渐成为人们在虚拟场景中社会化生活的重要组织形式。人们在虚拟仪式中塑造自我形象、维护社会关系，组织在虚拟仪式中也获得了新的凝聚力。这种效应应该在话语权的建构过程中加以充分利用。在此方面，已经有一些研究对此做了实证关注，例如中国青年政治学院的李华伟对《人民的名义》粉丝社群采用参与式观察法，对其"弹幕"进行研究，基于柯林斯的互动仪式链理论进行解读。研究发现：受众的互动以及反馈奠定了互动仪式的基础，粉丝群体的运转由观影仪式和讨

论仪式的交替进行维系，群体团结则由相互关注以及情感连带所催生。这种互动链接作用于社会现实并促进其改变。❶

按照柯林斯的理论，互动仪式具有四种构成元素。

其一，两个或两个以上个体必须聚集于同一场所，身体在场且能互相影响。自媒体时代移动互联所带来的持续性在线服务为所有个体营造出了真实空间在场感受，媒介融合带来了更多的感官互动元素。在网络亚文化群体仪式中，互动仪式多数时候被认为带有一定娱乐性质，但是其依然实实在在地为亚文化群体带来了仪式的感受乃至群体的狂欢，成就了亚文化群体的凝聚力。❷

其二，对局外人设限。社会学家萨拉·桑顿认为亚文化资本使用最近的装扮、行话，或者具有标识性的物品将亚文化形式具体化，例如某一种发型、唱片等。❸ 在网络亚文化中也同样呈现出不同的表现形式。例如在青少年群体中流行的"火星文"，各种A站（AcFun弹幕视频网）、B站（Bilibili弹幕视频站）、C站（吐槽视频站）、D站（原画站）、F站（福利区）、O站（动漫社交网站）。在他们之中也存在互不通约的行话和俚语，例如二次元和三次元之间的壁垒就难以逾越。❹ 局外人如果想逾越，除了进行迎合亚文化的自我改变之外还必须进行一段时间的学习。

其三，对共同关注焦点产生交流并产生共同符号。柯斯林认为，如果人群具有共同的关注焦点，往往能获得共同的符号，这导致群体延长团结感。网络亚文化群体从一开始便是由具有共同旨趣的个体所组成，在参加群体活动的过程中由于信息茧房效应而加强了群体的凝聚力以及关注焦点。与现实仪式不同的是，在自媒体交往的过程中，共同的焦点必须通过共同的话语进行表达，所以共同符号的产生几乎成为必然，文字、图片、声音甚至特殊的场景都可能成为共同的符号。符号系统自诞生之日起便被再次纳入群体交流的话语循环，不断演化并在这一过程中不断自我强化。

---

　　❶ 李华伟. 互动仪式链视角下反腐剧粉丝社群的互动研究——以《人民的名义》为例 [J]. 东南传播，2017（7）：14.

　　❷❸ 吴迪，严三九. 网络亚文化群体的互动仪式链模型探究 [J]. 现代传播（中国传媒大学学报），2016（3）：18.

　　❹ "二次元"即二维，原来指二维平面的动漫，后演变为对动漫、游戏等作品中虚构世界的一种称呼用语。"三次元"即三维，是与二维动漫虚拟世界所对应的三维现实世界，也常被用于指代现实的人物、事物。

其四，共同情感或情绪体验的分享。柯林斯认为此四个要素之间相互影响，尤其第三点和第四点之间关系更为紧密。当仪式场内个体具有共同的关注焦点时，容易与其他成员产生同频共振，气氛也会因此越来越浓，气氛又促进了个体情绪激动或者悲愤。自媒体语境较现实语境的话语行为更加突出了互动性，更加容易形成这种情感的共享。

利用以上四个构成元素，将促进我们更好地分析虚拟场景的仪式并加以改造和建构。例如，在2008年奥运圣火传递期间，因为国外一些敌对分子对我国圣火传递活动的破坏，中国人民便采用了一次中国乃至世界历史上参与人数最多的爱国主义集体活动，MSN以及QQ上采用"红心China"作为头像（见图5－12）的用户不计其数，整整齐齐一片红，QQ上共有1.3亿网友参与圣火传递游戏。在这次反对国外敌对势力分裂中国，维护祖国统一，支持北京奥运的爱国运动中，虚拟场景的仪式化拉近了炎黄子孙的距离，放大了人们的爱国情绪，形成了同仇敌忾的效果，增强了民族以及国家的凝聚力以及向心力。

图5－12　红心中国头像❶

（二）精神空间——把握话题规律

列斐伏尔认为空间除了物质属性之外，同时具有精神属性。他的精神空间没有具体概念限定，只是含糊地认为其作为抽象的形式源自头脑的想象和思辨。但是他同时强调，空间的形式并非完全客观，它不仅为各种自然以及历史因素的结果，而且是社会意识形态的结果。他说道："精神空间意味着逻辑上的连贯性、实践上的一致性、规范上的自觉性，它还表现为以下的关系：部分

---

❶ 红心中国［R/OL］．（2018－01－21）［2018－06－15］．https：//baike.baidu.com/item/红心中国/1802634？fr＝aladdin．

以及整体的关系、局部序列相似性的形成，还有形式的逻辑以及内容的逻辑等。"[1] 所以即使精神空间是一种构想的概念化空间，它不是飘忽不定的，其活动是具有主体性的、自省的、个性化的、具有自相似性以及实践上和形式上的规律性。

如果将场景视为自媒体空间的物理空间，那么在虚拟物理场景中所进行的话语交流便具有精神空间的特质，其具体体现为话题的组织形式以及话题的内容等。在自媒体语境之下，话语传播方式呈现出碎片化、多元化、复合化的特征。传统简单的层次结构、扁平结构以及线性传播结构的机械连接逻辑已经无法解释自媒体传播的特征，因此，对于这种精神空间是否具有逻辑上的连贯性、实践上的一致性、规范上的自觉性，以及它们整体与部分的关系，局部之间的规律都需要一种新的方法或者思路进行研究。

自媒体既然在精神空间具有分形特征以及自循环特征，那么在把握其话语发展的过程中我们必须重视这种现象，对于分形现象所引发的蝴蝶效应更应该重视。蝴蝶效应正是通过原始激发点不断进行的分形裂变，最后才出现涌现效应。所以，在自媒体话语发育发展的各个阶段应该从其演化演变的规律入手，在其转化的关键点上进行"点穴"，自媒体话语的构筑才能达到事半功倍的效果。

（1）源头把控，降低初始条件敏感性。任何一个大规模自媒体话语事件的发生都是源自于最初始某个种子的自相似发育与迭代。初始信息最为微小的变化都很有可能带来最后灾难性的后果，产生蝴蝶效应。例如"皮鞋很忙"的谣言事件源自赵某的"不要再吃老酸奶和果冻了"的微博。正因为自媒体话语事件对初始条件在一定条件下具有极高的敏感性，因此在日常中必须努力降低话语事件的燃点，将可能的负面事件扼杀于萌芽状态。这需要日常保证自媒体信息的公开透明以及公正。具体做法包括：首先在时间上必须及时发布事件相关信息并持续跟进，对舆论高地必须抢占；其次在传播渠道上充分建立各种媒介的权威信用，利用它们的信用背书提高话语信息的可信度。

（2）过程把脉，降低二次发酵概率。从近年来众多自媒体话语事件发展

---

[1] Henn Lefebver. The Production of Space [M]. Trans. Donald. Nichlson-Smith. Maiden：Blackwell-Publishing，1991：3.

的脉络来看,很多事件都是由于官方或者当事人态度的不诚恳引起不满从而导致事件的二次发酵。自媒体话语场景重视互动,强调细节,要求平等,所给予受众的体验或感受在某种意义上就是真相本身。好的态度可以赢得受众的宽容与谅解;隐瞒、忽略、无视乃至傲慢将会"火上浇油"引发受众群体的不满情绪,让受众不仅打破砂锅问到底,而且在最后面对真相时情绪尚未消解而不善罢甘休。所以,在面对自媒体话语事件的时候,官方或者当事人务必本着"实事求是"的态度,有则改之无则加勉,不遮掩、不含糊,对质疑反应要迅速诚恳,从过程上减少谣言以及情绪发酵的概率。例如在2016年银川公交纵火案发生后两小时,银川市政府新闻办官微便发布权威消息,随后各大媒介纷纷转引其报道,正面舆论氛围迅速形成,在大面积质疑以及不满情绪蔓延之前,用官方证实的真实消解了负面话语生长的趋势。而后,众多媒介又跟进详细报道了对嫌疑犯抓捕细节以及真实犯罪动机,让网民对恐怖袭击、民族矛盾等众多而造成的人心惶惶猜测得以平息。

(3) 利益入手,切入事件发展关键因子。分形与具有超循环特征的系统最大特征是部分与整体有着某种相似性,而且这种相似性具有嵌套性,这为我们提供了一个全新的视角,在进行自媒体话语事件分析的时候,利用分形方法可以迅速发现不同时间的耦合点,寻找事件中的分形演变或者超循环效应中最根本的单位,然后寻求微观层面上各种社会关系的利益对应关系,从而追踪随机时间或者多种形态发展至最终结构的多种推动力,从源头发现事件的起因。例如2014年突然网上出现了一股"李白很忙"的热潮,众多网友纷纷"挖出"李白诗作里面有很多是暗藏着预言的藏头诗,网上还出现了大量关于"李白很忙"的漫画、动画、MV等,通过数据跟踪以及分析,原来是网友对马航MH370失联事件不明不白案情的吐槽情绪大爆发。引爆点便是某网友胡编的李白所作藏头诗"马腾驾祥云,航行阔海郡,失于蓬莱阁,踪迹无处找",将其首字串联便是"马航失联",网友的不满情绪被点燃引起蝴蝶效应而触发了话语热点事件的爆炸。

在具体的事件中,只要从众多事件表现形态中分离出事件原型之后,可以将当事人以政府为限分为内部当事人以及外部当事人。外部当事人指的是参与到话语事件中的意见领袖、网民等众多个体。各方当事人的利益诉求千差万别,有的希望通过自媒体维权,有的希望发泄,有的为了自我表现。因此,我们必须对各种分形的演化最终状态加以分类,寻求各种类型相同与不同的奇异因子,进行分类引导。

(4) 因果连接,构建循环耦合环节。在具体系统的联系中注意构建循环耦合环节;构建因果关系链,特别注意在不同层次之间构建因果关系链条。[1] 客观上讲,自媒体作为人类最便利的信息沟通渠道,只要保证了信息沟通系统的开放性,并保证在广泛合作的基础上建立信息的协同竞争机制,网络信息的耦合十分畅顺,海量网民在相互碰撞将产生无限丰富想象力,不需要进行过多干预与操作。但是过度想象经常会将话语复杂系统发展的路径"带偏"。所以,需要在把握相关联系的节点上建立因果关系,协助打通耦合环节,引导自媒体话语事件向目标方向发展,从而建构自媒体话语权。例如在银川公交车纵火案上,官方通过议程设置的方式进行耦合环节的建构。"@宁夏发布"每隔若干小时便主动公布一次事件进展,将大众舆论关注点牢牢锁定在议程架构之内,其实就是在真相与谣言散布的各种事件碎片中建立一种确定性的因果关系,将谣言发生的空间极大压缩。银川市委市政府在8小时后召开的新闻发布会上对各种公众质疑一一答复,公安机关"锁定犯罪嫌疑人"、"正在抓捕"等公开的信息与公众预期相符合。多位负责人就医治伤者、消防安全、善后处理等事宜向公众作解释说明,得到高度认可。针对众多公众对恐怖袭击、民族矛盾等犯罪动机的猜测,"@宁夏发布"等及时对案件调查进行跟进,打消了公众的顾虑。当媒介对犯罪嫌疑人因为讨薪未果泄愤而纵火的犯罪细节进行充分报道时,公众又产生了一定的误解,认为罪犯"情有可原"。《中国青年报》《新京报》等媒介发表相关社评,认为追求正义不能祸及无辜,恶性事件应该保持零容忍,得到大量点赞与转载,引导公众话语发展方向。相反,在舆情事件风起云涌之时,对于不愿意看到的发展方向,应该在某种程度上切断其因果关系,通过压制意见领袖,切断各信息自组织之间弱关系的方法,解构可能的因果关系链,防止舆情事件的火烧连营。

(5) 联结控制,建立或者切断循环链条。社会学依据网络节点之间联系的紧密程度可以将关系划分为弱关系以及强关系。强关系即联系较为紧密的关系;如亲戚、好友之间的关系,弱关系即联系较为稀疏的关系,如久未谋面的

---

[1] 吴彤. 自组织方法论研究[M]. 北京:清华大学出版社,2001:160–161.

朋友，甚至从未见面的网友。社会学研究表明，社会网络的强壮性与强关系的关系并不明显，将强关系移除并不影响社会网络的存续。相反，社会网络对弱关系的依靠性十分高，移除弱关系将引起整个社会网络崩溃，而且这种崩溃影响较为深远。自组织方法也强调必须注意远缘关系以及相关关联（对应弱关系），因为这将诱导超循环得以发生以及延续。同时，当需要的时候将这种循环锁链打开，可以由打开的缺口处演化出更多发展链条或者路径。❶ 所以，自媒体话语朝着我们不希望的方向发展的时候，必须注意不能火上浇油，而必须通过减少它们之间可能的关联进行釜底抽薪。此时，需要切断关联的并非强关系，而是对整个话语系统存续至关重要的弱关系。这样，话语系统内部各子系统之间缺乏联系而互相孤立，从而拆解循环发展的关系链条，在系统内部无法形成分形。

（三）社会空间——重构空间关系

列斐伏尔在对物质、精神、社会三种空间的分析中，最为钟爱社会空间。他在辨析"生产"概念的基础上企图对三个空间之间的分野进行描绘，以证明并阐释社会空间包罗万象，对其阐释必须一并考虑自然、历史和生产力发展。所以社会空间的构成不仅是事物，更是一种关系。按照他的推演，对于社会空间不仅仅指代某个事物，而是不但包容了空间的事物，同时容纳了事物同时共存的，无序或者有序的各种相互关系。❷

自媒体的空间社会化生产最突出的后果在于对空间的重组。在社会关系上，自媒体擅长通过激活空间的社会化功能、发现并构建新的人际网络关系。例如，微信的周边人、"摇一摇"，陌陌的地理空间交友等都是依靠 LBS 地理位置定位服务建立个体之间的社交联系。自媒体公众号通过朋友文章推荐，从而发生关注并阅读的行为，这都是空间对另外空间的发现、识别与联接。他们原先存在于其他的关系网络中，经过新的连接过程相互融入对方的空间关系网络，导致空间关系的重组，这一过程便是空间的社会化生产、是一种流动的，动态的生产关系。

福柯的空间规训术发生的前提是对空间进行封闭化、静态化、栅格化处

---

❶ 吴彤. 自组织方法论研究［M］. 北京：清华大学出版社，2001：160-161.
❷ 陆扬. 空间何以生产［J］. 马克思主义美学研究，2008（1）：203-209.

理，将教育对象置于被抽离真空的隔离空间之中。自媒体所带来的流动空间让这种空间技术一时之间似乎无用武之地。然而，正如俗语所云"分久必合、合久必分"，世界范围内的互联网版图正经历着一场从开放到逐渐封闭的发展过程。以中国为例，逐渐形成以 BAT 为代表的多个具有产链闭环的互联网集团。在自媒体空间也同样存在这样一种相对封闭化发展的过程。自媒体平台在经过初始发展的无序混战状态之后，各种基于兴趣、地缘、利益等结成的群组较先前相对稳定，也因此形成各自的亚文化而趋于封闭。自媒体新闻平台逐渐形成今日头条、腾讯新闻、凤凰新闻客户端、网易新闻客户端等几大寡头。在同一自媒体平台上，内部生态逐渐成熟，群组虽然时刻动态变化，但处于基本稳定状态之中。如果没有外部短时间内大量的事件或者信息输入，其将保持一种相对稳定的状态。所以，微观权力的空间规训技术在一定程度上仍具有应用价值。在空间规训技术中，除了相对较封闭的空间之外，必须对空间进行分割并加以分类，对每个人加以定位并为其分配确定的位置。每一个因素的身份以及权力是由其所在系列的位置，以及与其他因素的间隔规定的。❶ 因此，对于自媒体空间的规训，我们可以尝试通过分割、分级的方式对其进行空间关系的重构。

1. 建立互联网内容分级制度

关于我国互联网内容分级制度的呼吁，多年来在各个层面上一直没有停止。出于诸多因素的考虑，互联网内容分级制度并未真正铺开，仅在小范围内进行了试验。笔者认为建立包括游戏在内的互联网内容分级制度具有必要性。其一，未成年人健康成长需要分级制度对其加以保护。其二，兼顾成人权力需要内容分级制度。在建设社会主义道德的过程中对一些"低级趣味"的内容一禁了之并不能真正解决问题，人的基本需要、商业的擦边球是无法用一纸禁令堵住的。其三，建设多元道德生态系统的需要。一个健康具有活力的道德生态必定是多层、多元的。雅俗共存、百花齐放对于主旋律文化而言并非坏事。丰富有活力的道德生态系统对于上层的主旋律道德子系统往往是有利的。现在"只做不说""只堵不疏"的做法，往往让大众无所适从。建立互联网内容分级制度，为社会建立了内容分级的显性标准，在丰富多元内容生态的同时能将

---

❶ 马汉广. 论福柯的启蒙批判［M］. 哈尔滨：黑龙江大学出版社，2014：196.

非主流的信息置于阳光之下,从而也不必担心其不良影响的扩大。其四,面对海量的自媒体和互联网内容,采用直接行政审查的方式不仅浪费行政资源,而且效率十分低下。

互联网内容分级制度已经成为世界各国较为通行的做法,例如德国按照年龄组分级、韩国的内容审查制度、美国的间接监管方式、英国的协会自治式,这些做法的成功以及失败的经验都值得我们借鉴。基于我国国情,相关监管制度宜采用间接监管、多元主体共治、行业标准自治的方法进行。首先,间接监管制度。分级标准、过滤标准不直接由政府制定。政府对相关标准进行备案、公示,并组织第三方机构对相应标准进行评估以及监督;采用奖惩兼用的原则对相关行业、机构以及公司进行引导。其次,多元主体共治。治理的主体应该充分发动各种有利于治理的主体,例如信息服务提供商、行业协会、未成年人保护组织、教育机构、未成年人以及家长、公众以及政府主管部门。❶ 多元主体参与共同治理方有利于利用多种力量共同治理。最后,标准自治。互联网内容分级制度的核心是其标准的制定流程以及内容。分级标准的合理性、方法的有效性具有高度专业性,往往只有行业内部人员才可能熟悉,政府往往无法事无巨细地对其进行把控。所以,这种标准自治权力的下放既是一种权力,同时也是一种责任。只要内容透明化、过程透明化、监督社会化,这种行业标准的自治应该是十分有效的。

2. 建立主体分级制度

2017 年,我国对包括自媒体的互联网主体制度开始实行一系列的分级管理制度。8 月,国家网信办公布《互联网跟帖评论服务管理规定》,被称为跟帖评论"史上最严"13 条新规。该规定除了规定相关提供商 8 条义务、弹幕相关规定外,要求跟帖评论服务提供商建立用户分级管理制度,并对用户跟帖评论行为进行信用评估,依据信用等级确定服务范围以及功能,对严重失信的用户列入黑名单,停止被列入黑名单用户的服务,且禁止其重新注册使用跟帖评论服务,并要求提供商提供必要的数据、技术以及资料支持。这些措施都一一对应着微观话语权理论的空间规训技术的要求。9 月,国家网信办印发《互

---

❶ 杨攀. 我国互联网内容分级制度研究[J]. 法律科学(西北政法大学学报),2014(2):82 - 188.

联网群组信息服务管理规定》，明确指出互联网群组信息服务提供者应当对互联网群组信息服务使用者进行真实身份信息认证，建立信用等级管理体系，合理设定群组规模，实施分级分类管理，建立黑名单制度，并采取必要措施保护使用者个人信息安全。❶

以上的分级制度，是对空间规训的有益尝试。利用大数据时代所有个体行为可见性的原理，采用信用档案的方式将个体定位在一个具体的层级位置之上，在具体层级位置赋予其相应位置的身份以及权力——信用高的网络用户使用权限高，信用低的权限低，列入黑名单的禁止其使用，用分级的方法重构了个体身份以及空间关系，是空间规训技术的有益尝试。

---

❶ 交友互联网群组信息服务管理规定发布：合理设定规模分级分类管理 [R/OL]．(2017 – 09 – 07) [2018 – 06 – 15]．news. 163. com/17/0907/18/CTOICIN4000187VE. html．

结　论

　　人类已经全面步入数字信息时代，数字信息所带来的后现代网络文化给人类社会的治理带来了一系列的新挑战。在这个过程中，话语载体的个人化、个性化以及社交化的趋势越来越明显，这给自媒体话语权建构带来了极大的挑战。自媒体的主体平等化与去中心化、内容个性化与小众化、形式多元化与碎片化、传播即时化与社区化、媒介草根化与跨界化的形态特征与传统话语的一元性、政治性、科层性特点格格不入。在这种不可逆转的背景下话语权建构必须直面挑战，从内容与形式上进行适应性的重塑。

　　回溯相关研究史，国内相关学者已经意识到传统话语权所面临的理论以及实践困境，并作出了十分有益的探索。但是这些努力在相当程度上还是停留在传统的框架内对当下的话语现状进行"眺望"，虽然意识到必须深入了解自媒体的传播规律但还是停留在表面特征的"观摩"，仍未深入探求这种话语权在新语境下的本质。在方法上也在相当程度上停留在空洞的"套路"上，例如思想高度重视、打造一支队伍、建立一个平台、传播者提高水平、受众提高素质等"放之四海而皆准"的对策。

　　自媒体话语权是统治阶级阐释并支配自媒体话语的权利和权力，是统治阶级支配权与受众信息自主生产传播以及信息自由协作的权力在自媒体空间的有机结合。如何在自媒体"散落一地"的去中心化、平等化、多元化、草根化的话语碎片状态中将其有效整合并取得引导权，是解决问题的关键。传统话语权的封闭模式肯定行不通，那是一种"致命的自负"。❶ 自媒体话语场是一个具有自组织性状的话语巨复杂系统，虽然不能明确地进行掌控，但具有哈耶克所形容的"自发秩序"，难点在于如何在不强行干预其内在发展机制的前提之

---

❶ 《致命的自负》是哈耶克生前最后的一部著作，也是其最具代表性的作品之一。

下，对其进行引导。哈耶克在诺贝尔颁奖典礼上的演讲给我们指明了路径。他用花园进行了比喻，"在所有广泛存在的有组织事件的复杂领域内，他们不能获得全部知识来使自己掌握各种可能事件。因此，人们不得不使用能够获得的知识，而不能像工匠那样去塑造手工艺品，只能通过提供合适的环境来促进增长，就像园丁对待他的植物一样"。❶ 因此，自媒体语境下的话语建构应该在遵循自媒体话语规律的前提之下，通过环境营造以及要素干预进行间接引导。

第一，在表达资格上，传统话语权所有者面临去中介化的困境，因此，必须进行话语再中介化。面对话语中介的瓦解，新制度主义认为应该将组织内部的强关联关系变为弱关联关系，采取"脱耦"策略。自媒体话语权的建构应该抛弃既往封闭的，企图"搞定一切"的"微软模式"（对应"计划经济"模式)，而采用苹果APP商店或者安卓市场的"经营城市"模式（对应"市场经济"模式，与哈耶克的"花园模式"类似），只需要经营好话语平台，以话语平台为中介，让各话语主体跟随着平台中介引导的方向竞争与协同，便可以采用类似市场经济发展模式实现话语场域的繁荣，同时实现话语权的领导。再中介化的措施包括：其一，培育有序竞争的外在条件，其主要研究保证系统开放，如何培育系统的活力，如何引导系统的演化以及如何构建系统发展的非线性机制。其二，建构有序竞争的动力机制，通过竞争与协同的方式构建动力机制。以协同机制为例，如何设计人才与资本融合、媒介融合的协作机制是重中之重。其三，建立有序竞争的引导机制。传统意识形态话语采用封闭、单向的模式已经不适应自媒体话语传播现状。自媒体传播场域是开放性、平等性、竞争性的信息自由市场。在信息市场中，应该采取以话语受众为中心的策略：首先以使用与满足理论为基础，吸引并引导受众主动参与信息生产与传播；其次通过诱导受众行为以实现个体规训，从内在因素出发通过生理以及心理因素引导个体欲望，从外在因素出发营造群体环境激励或压制个体行为，从营销角度出发通过话语营销行为培育用户忠诚度；最后通过流程再造，例如通过类似滴滴打车评价、跑步分享排行榜等游戏化生存的方式为话语行为设置虚拟场景，并赋予其意义的泛游戏化方式进行话语上的规训。

---

❶ 张守凯等. 诺贝尔经济学奖颁奖词与获奖演说全集［M］. 杭州：浙江工商大学出版社，2015：132.

第二，在表达者的地位上出现了受众话语权的崛起与滥用的困境，所以必须推行自我教育的自治机制：其一，宏观上建立"威权弹性治理"模式，总结网信办"约谈式"治理自媒体行为乱象的成绩与可改进之处。其二，中观上规范各行业自治的机制。其三，微观上完善平台自律的自我教育机制。

第三，在话语空间上出现了自媒体话语权形成过程的外溢与失序的困境，所以必须推动时空有序化。一是在时间上，通过碎片化整合营销传播促进话语时间有序演化。二是将空间分为三类：在物理空间上通过场景营销、仪式再造的方式进行虚拟场景空间的规训；在精神空间上把握话语的自相似分形规律以及超循环规律进行话语引导；在社会空间上改进空间规训技术逐步摸索自媒体内容分级制度以及主体分级制度。

或许有些人对于自媒体话语权的引导持有一种较为反感的态度，甚至将其斥之为"危险"，并将自媒体视为话语自由市场的"乌托邦"，不应该去干预，即使是间接的，而应该放任。然而，正如福柯在其就任法兰西学院院士时的演讲《话语的秩序》中断言"话语即权力"，自媒体这个愈来愈重要的话语场不可能是权力的真空，更不可能逃离权力这只有形无形的手。话语技术就如同科学技术，关键是看掌握在谁手里、如何加以使用。如果我们不去研究它、使用它，自然会有他人觊觎。更何况，基于当下信息爆炸的语境，与其让受众在众多垃圾信息前无所适从、无所作为，还不如基于群体的智慧、专业的知识、数据的力量为其指明较为有效、有用、有益的信息路径。而这，本身就已经难能可贵。

参考文献

[1] 马克思恩格斯文集（第1—10卷）[C]. 北京：人民出版社，2009.
[2] 中国共产党第十九次全国代表大会文件汇编 [M]. 北京：人民出版社，2017.
[3] 习近平. 习近平谈治国理政 [M]. 北京：外文出版社，2014.
[4] 国务院关于积极推进"互联网+"行动的指导意见 [M]. 北京：人民出版社，2015.
[5] 习近平总书记系列重要讲话精神学习读本 [M] 北京：中国方正出版社，2014.
[6] 刘同舫. 技术的当代哲学视野 [M]. 北京：人民出版社，2017.
[7] 刘同舫. 马克思的解放哲学 [M]. 广州：中山大学出版社，2015.
[8] 李彪. 舆情：山雨欲来——网络热点事件传播的空间结构和时间结构 [M]. 北京：人民日报出版社，2011.
[9] 人民网舆情监测室. 如何应对网络舆情——网络舆情分析师手册 [M]. 北京：新华出版社，2011.
[10] 杨家诚. 自组织管理："互联网+"时代的组织管理新模式 [M]. 北京：人民邮电出版社，2016.
[11] 吴彤. 自组织方法论研究 [M]. 北京：清华大学出版社，2001.
[12] 吴彤. 生长的旋律：自组织演化的科学 [M]. 济南：山东教育出版社，1996.
[13] 沈小峰，吴彤，曾国屏. 自组织的哲学：一种新的自然观和科学观 [M]. 北京：中共中央党校出版社，1993.
[14] 张彦. 系统自组织概论 [M]. 南京：南京大学出版社，1990.
[15] 蓝敏. 建设项目的自组织智能管理模式研究 [M]. 成都：四川大学出版社，2007.
[16] 刘钊. 社会系统论——结构、能量与组织 [M]. 成都：四川人民出版社，1996.
[17] 王介南.《周易》——自组织理论与21世纪 [M]. 杭州：浙江大学出版社，2010.
[18] 李桂花. 自组织经济理论：和谐理性与循环累积增长 [M]. 上海：上海社会科学院出版社，2007.
[19] 吴元梁. 社会系统论 [M]. 上海：上海人民出版社，1993.
[20] 陈力丹. 精神交往论：马克思恩格斯的传播观 [M]. 北京：中国人民大学出版

社,2008.

[21] [法]米歇尔·福柯.疯癫与文明[M].刘北成,等译.北京:生活·读书·新知三联书店,2003.

[22] [法]米歇尔·福柯.知识考古学[M].谢强,马月,译.2版.北京:生活·读书·新知三联书店,2003.

[23] [法]米歇尔·福柯.规训与惩罚[M].刘北成,等译.北京:生活·读书·新知三联书店,2003.

[24] [法]米歇尔·福柯.性史[M].张延琛,等译.上海:上海科学技术出版社,1989.

[25] [美]约翰·霍兰.涌现:从混沌到有序[M].陈禹,译.上海:上海科学技术出版社,2006.

[26] [德]哈肯.信息与自组织[M].郭治安,译.成都:四川教育出版社,2010.

[27] [比]尼科利斯,[比]普里戈京.非平衡系统的自组织[M].徐锡申,译.北京:科学出版社,1986.

[28] [德]哈贝马斯.公共领域的结构转型[M].曹卫东,译.上海:学林出版社,2004.

[29] [加]哈罗德·伊尼斯.传播的偏向[M].何道宽,译.北京:中国人民大学出版社,2003.

[30] [美]约书亚·梅罗维兹.消失的地域:电子媒介对社会行为的影响[M].肖志军,译.北京:清华大学出版社,2002.

[31] [美]沃尔特·李普曼.公众舆论[M].阎克文,等译.上海:上海人民出版社,2011.

[32] [法]古斯塔夫·勒庞.乌合之众:大众心理研究[M].冯克利,译.北京:中央编译出版社,2011.

[33] [美]麦库姆斯.议程设置大众媒介与舆论[M].郭镇之,等译.北京:北京大学出版社,2011.

[34] [丹]克劳斯·布鲁恩·延森.媒介融合:网络传播、大众传播和人际传播的三重维度[M].刘君,译.上海:复旦大学出版,2012.

[35] [美]克莱·舍基.人人时代——无组织的组织力量[M].胡泳,等译.北京:中国人民大学出版社,2012.

[36] [比]G.尼科里斯,[比]I.普利高津.探索复杂性[M].罗久里,等译.成都:四川教育出版社,1986.

[37] [美]理查德·H. 戴. 混沌经济学 [M]. 傅琳,等译. 上海:上海译文出版社,1996.

[38] 何跃,苗英振. 自组织思维刍议 [J]. 系统科学学报,2012 (11).

[39] 亨利·法雷尔. 互联网对政治的影响 [J]. 国外理论动态,2013 (1).

[40] 隋岩,赵牧笛. 群体传播时代亚文化的新发展及其政治含义 [J]. 编辑之友,2015 (2).

[41] 任丙强. 网络、"弱组织"社区与环境抗争 [J]. 河南师范大学学报(哲学社会科学版),2013 (3).

[42] 范晓影. 新媒体时代对"把关人"理论的新考量 [J]. 新闻研究导刊,2015 (7).

[43] 习近平. 在网络安全和信息化工作会议上的讲话 [N]. 人民日报,2016 - 04 - 26 (02).

[44] 习近平. 在第二届世界互联网大会开幕式上的讲话 [N]. 人民日报,2015 - 12 - 17 (02).

[45] 习近平. 在庆祝全国人民代表大会成立60周年大会上的讲话 [N]. 光明日报,2014 - 09 - 06 (02).

[46] Laurent Dobuzinskis. The Self-Organizing Polity:An Epistemological Analysis of Political Life [M]. Westview Press,1987.

[47] Walter Lippmann. Public Opinion [M]. Transaction Publishers,1998.

[48] Francis Graham Wilson. A Theory of Public Opinion [M]. Transaction Publishers,2013.

[49] Max McCombs. The News and Public Opinion:Media Effects on Civic Life [M]. Polity Press,2011.

[50] Jaap van Ginneken. Collective Behavior and Public Opinion [M]. Erlbaum,2003.

[51] I Granic,AV Lamey. The Self-Organization of The Internet and Changing Modes of Thought [J]. New Ideas in Psychology,2000,18 (1):93 - 107.

[52] G Melin. Pragmatism and Self-organization:Research Collaboration On The Individual Level [J]. Research Policy,2000,29 (1):31 - 40.

[53] F Lafond. Self-organization of Knowledge Economies [J]. Journal of Economic Dynamics & Control,2015,52 (518):150 - 165.

[54] R Rizzo. Self-Organizing Neural Networks Application for Information Organization [J]. Journal of Health Communication,2014,10 (1):119 - 36.

[55] SE Page. Self Organization and Coordination [J]. Computational Economics,2001,18 (1):25 - 48.

[56] JT Ismael. Self – Organization and Self-Governance [J]. Philosophy of the Social Sciences, 2010, 40 (3): 327 – 351.

[57] Adv. Information, Change, and Evolution: Alchain and The Ecomomics of Self-Organization [J]. Economic Inquiry, 1996, 34 (3): 427 – 443.

后　记

　　阳春三月，阳光明媚，春意盎然。也到了为论文写后记的时候了，这是一件让我十分开心的事情。

　　开心，因为这是一场修炼的过程，虽然与上刀山下火海相距甚远，但是一路走来确犹如跋山涉水，历经磨难。不经历关卡、突破极限是得不到正果的。

　　开心，因为自己的小朋友们开心快乐地长大。我总觉得论文的撰写犹如婴儿的成长，在论文一天天字数上升，逐渐成形的过程中，也经历了两个小朋友一天天地长高，一天天地蜕变。在这个过程中我每天都沐浴着成长的喜悦和满足，这种感觉让人陶醉。

　　开心，不是因为任务完成的释怀或者论文有哪些地方可以令自己洋洋得意，而是在每一次的寸进中都收获了酣畅淋漓的快感。撰写的历程是我一生中学习最为集约的阶段，在这个必将终生难忘过程中，我研究过、模仿过众位大家尤其恩师的为文之道，虽仅仅习得皮毛但也勉强有些进步。在经历了无数次的尝试、挫折甚至从头再来之后，时常在突破某个瓶颈后兴奋得手舞足蹈、大喊大叫！这种历尽百转千回的滞涩后柳暗花明的快感令人幸福，同样也令我陶醉！

　　家里的两个小朋友也陪伴着我度过这段时光，如今我已接近完成论文，他们也已经能一起玩耍打架了，两个可爱的小生命让我无数次回忆我童年的岁月和父母养育我的点点滴滴。爸爸说过，"叫别人爸爸容易，被别人叫爸爸难"。为了完成论文，我几乎没有时间外出陪孩子们玩耍，所以我只能尽力利用休息的时间为他们洗澡、陪他们读书、训练他们阅读的姿势、监督他们适量使用电子产品。但是，我对孩子们更多的只是陪同，而不是陪伴。我陪小姐姐睡上下铺，有两次夜深在饭厅写论文时，突然听到小姐姐的哭声，冲进门一问原来是她醒来发现爸爸不在身边，怕黑所以哭泣。所以我只能与她达成协议，爸爸在下铺开着小灯工作陪她继续睡觉，她懂事地答应了，一会儿翻身又睡着了。看

后 记

着她熟睡的样子，我既感动又有些许愧疚。

父亲母亲永远是我们坚强的后盾，任劳任怨又不计回报。父亲母亲和丈母娘轮流过来为我照看孩子。忙于工作与学习，我确实与父母的交流少了，幸而在母亲做小手术时能较为妥当地安排好相关事宜，让母亲满意且高兴。这稍许弥补了我心中的不安。因为时间上的焦虑让我时常没有耐心聆听父母的唠叨，日后不能再以任何的理由继续这样的心态，毕竟陪伴他们的时间指日可数了！

还有静静陪着我的太太，是她无怨无悔的付出让我的研究与生活毫无后顾之忧。在每天工作辛劳之后，她还要操持家务，照顾孩子们，监督做作业。为孩子周末的游玩操心，为孩子的课外学习操心。在假期更是承担了家庭内外几乎所有事宜，只为我能安心做好论文。无数次她累得靠在床边便睡着了，孩子还在身边兴高采烈地玩耍。我只能愧疚地抱起小朋友到客厅，悄悄地将门关上，让她好好休息一会。为了不影响论文的进度，甚至影响了她自己事业发展的步伐。这种支持与陪伴，我将记于心中，也将会一样的支持她。

论文一路写来恩师刘同舫教授的教诲如影相随，我对恩师的感激难以用语言表达。恩师在学术上和事业上的巨大成就，尤其在为人和道德上的高风美德，让我深深折服。数年前有幸入师门开始读博，虽而后恩师前往名校高就，但是依然利用各种机会对吾辈在人生哲理上言传身教，在学术修为上悉心指导。这么一位大家却如此不辞辛劳地为一个学生付出，让我感激涕零，无以回报。只能寄望于日后努力，为师门增光。

这个没有什么逻辑的后记唠唠叨叨，啰啰唆唆，是因为这篇习作中倾注了这些年我的思考，浸泡着我的生活，凝聚了众人的付出。现在无以回报，只能暂用这篇后记进行一个回顾，表达我的感激、愧疚和希望。这篇论文总体上没有什么很突出的特点，论证较为生疏，用词较为生硬，只能算是多年来在自媒体话语规训方面基于自己理论探索和实践验证的一点总结。如今将这个刚刚铸就的粗胚交给各位师长专家点评，诸多忐忑，诸多期待。既担心让诸位师长失望，又盼望我的这个小小的起点能顺利起步。不管如何，这将是被解剖、被质疑、被激励的一场洗礼，这将是催我化蝶的一场蜕变，我期待着。

许 哲

2018 年 3 月 8 日